역사저널

그날

4

역사저널 그날

4

임진왜란

KBS 역사저널 그날 제작팀

민음사

　　우리 역사 속에서 '역사를 바꾼 결정적 그날'로 언제를 꼽을 수 있을까? 왕건이 궁예를 몰아낸 날, 이성계가 위화도회군을 한 날, 세종이 훈민정음을 창제하고 반포한 날, 이순신 장군이 명량해전에서 승리를 거둔 날, 안중근 의사가 이토 히로부미를 사살한 날 등 많은 날들을 떠올릴 수 있을 것이다. 그리고 이처럼 역사적인 그날이 있기까지 많은 정치적·사회적 모순과 그것을 극복하려는 인간의 대응이 있었다.

　　「역사저널 그날」은 다양한 패널이 우리 역사를 바꾼 그날로 들어가서 당시 상황을 소개하고 자신의 소회를 피력하는 독특한 형식의 프로그램으로 출발했다. 그동안 KBS에서는 「TV 조선왕조실록」, 「역사스페셜」, 「한국사傳」 등 많은 역사 프로그램을 제작해 왔지만 토크 형식으로 역사를 이야기하는 시도는 처음이었다. 다행히 '역사와 이야기의 만남'은 역사를 보는 새로운 관점을 제시하였고, 「역사저널 그날」은 역사 교양 대표 프로그램으로 자리 잡아 가고 있다. 이 책은 '그날'의 배경을 먼저 서술하여 독자의 이해를 도운 후 방송의 내용을 체계적으로 정리하는 방식을 취한다. 주요 내용을 압축한 소제목을 제시하여 사건의 흐름을 파악하기 쉽게 했고, 필요에 따라 관련 사료와 도판을 삽입하여 방송에서 다룬 영상을 보다 구체적으로 전달하고자 했다.

　　이번 책에서 다루는 내용은 모두 한국사 최대의 국난인 임진왜란과 관계된 것이다. '조선 통신사 상반된 보고 하던 날'은 임진왜란 직전 통신사를 파견하여 일본의 내부 사정을 살폈던 조선이 정세의 심각성을 인식하지 못한 채 안일하게 대응했던 사실을 지적하고 있다. '임진왜란 개전, 일본군 부산에 상륙하다'에서는 부산진과 동래성을 차례로 함락시킨 일본군이 파죽지세로 북진하는 모습과 신립 장군이 이끈 조선의 관군이 탄금대 전투에서 크게 패함으로써 위태로워진 조선의 운명을 그렸다. 관군의 무기력한 패배와 선조의 피란으로 이어진 암울한 상황에서 조선을 구한 것은 해전 불패의 신화를 이룬 이순신 장군과 전국에서 자발적으로 일어나 일본군의 허를 찌른 의병의 활약이었다. 3장 '조선의 반격, 바다로부터 시작되다'는 누란의 위기에서 나라를 구한 숱한 영웅들의 이야기다. 이어지는 4장 '정유재란, 일본군 다시 조선을 침략하다'는 1597년에서 1598년까지 벌어진 정유재란의 배경과 주요 전투들을 소개하고 있다. 5장과 6장은 조선의 명재상 류성룡과 그가 임진왜란을 반성하며 쓴 『징비록』에 대한 내용을 담고 있다. 인재를 볼 줄 알았던 류성룡은 전란 직전 이순신과 권율을 요직에 추천함으로써 위기 극복의 전기를 만들었고, 훈련도감 설치, 면천법과 작미법의 실시 등 전란 수습 위해 다양한 개혁안을 제시하고 실천했다. 이외에도 『징비록』이 일본에 유출되어 베스트셀러가 된 사연부터 평양성 전투의 구체적인 장면까지 다양한 이야기가 펼쳐진다. 마지막 7장 '광해군 세자 책봉되던 날'에서는 전쟁이라는 비정상적인 상황 덕분에 세자가 된 광해군이 아버지 선조와 갈등을 겪는 과정이 심층적으로 나타나 있다.

이번 책에서는 왕과 관료, 장군, 백성들이 전란의 위기에 대응하는 모습들이 패널들의 다양한 생각과 대화를 통해 생생하게 드러난다. 전란 과정에서 드러난 선조들의 시행착오를 반면교사로 삼을 지혜가 필요하다.

이 책이 탄생할 수 있었던 데에는 역사학자들의 논문이나 저서를 두루 섭렵하고 영상 매체로 역사를 쉽게 전달하기 위해 노력한 역사저널 그날 제작팀의 열정과 노력이 무엇보다 크다. 특히 방송의 시작부터 지금까지 대중의 눈높이에 맞춰 쉬운 언어로 대본을 써 준 김세연, 최지희, 홍은영, 김나경, 김서경 작가들의 노고가 없었다면 이 책은 탄생하기 힘들었을 것이다. 또한 현재까지 함께 진행을 하고 있는 최원정 아나운서와 류근 시인을 비롯하여, 「역사저널 그날」에 출연하여 많은 지식과 정보를 제공해 주셨던 전문가 선생님들께도 감사의 말씀을 드리고 싶다.

필자는 「역사저널 그날」의 기획 단계에서부터 참여하여 지금까지 출연하고 있는 인연 때문인지 이 책에 대한 애정이 누구보다 크다. 이 책을 통해 역사를 바꾼 결정적인 '그날'의 역사로 들어가 당시 인물과 사건을 만나고 이야기하면서 현재의 역사를 통찰해 보기를 권한다.

건국대학교 사학과 교수

신병주

1

조선통신사, 상반된 보고 하던 날

　임진왜란의 역사적 무게는 조선 시대를 전기와 후기로 가르는 기준이 된다는 사실에서 가장 또렷하다. 그 사건은 그런 획선이 될 만큼 기간과 규모와 영향 모두 거대한 전쟁이었다. 당연히 그 과정은 끔찍하고 처참한 죽음과 죽임으로 채워졌다.

　임진왜란은 조선이 건국된 지 꼭 200년 만에 일어났다. 그동안 조선은 큰 전란을 겪지 않고 오랜 평화를 누렸다. 그것은 발전의 토대가 되기도 했지만 안일의 근거가 되기도 했다. 임진왜란과 관련해 조선의 상황은 뒤쪽에 가까웠다.

　혼란의 조짐은 전란 1년 전인 1591년 3월 일본에 파견된 조선통신사의 보고가 엇갈린 데서 감지된다. 정사 황윤길은 일본이 침략할 것이라고 예측했고 부사 김성일은 그렇지 않을 것이라고 아뢨다. 서장관 허성은 황윤길의 의견에 찬성했다. 일본의 수장인 도요토미 히데요시를 보는 시각도 달랐다. 황윤길은 "눈에 광채가 있으니 담력과 지혜를 겸비한 사람 같았다"고 보았고 김성일은 "눈이 쥐와 같으니 두려워할 것이 없다"고 판단했다. 이런 엇갈림에는 그들의 당파가 서인과 동인으로 달랐던 것도 한 원인으로 작용했다. 아무튼 조선의 외교를 담당한 두 인물이 이렇게 상반된 의견을 내놓은 사실은 어려운 전황이 전개될 것을 예측케 한다.

　임진왜란의 발생 원인은 오랜 전국시대를 끝내고 일본을 통일한 히데요시의 정복 야망이라는 이념적 배경부터 전란이 끝나자 직업을 잃은 무사들의 불만을 해외로 돌리려는 현실적 필요, 명과의 무역을 독점하려는 경제적 목적까지 다양하게 지적된다. 거대한 전쟁이 일어난 데는 이런 원인들이 복합적으로 작용했다고 보는 것이 타당할 것이다.

임진왜란은 1592년 4월 13일 고니시 유키나가가 이끄는 700여 척의 배가 부산 앞바다에 나타나면서 시작되어 1598년 11월 종결되기까지 동아시아를 뒤흔들었다. 그 영향도 지대했다. 가장 중요한 사실은 전란이 끝난 뒤 명과 일본 모두 왕조나 정권이 교체되었다는 것이다. 그전부터 침체했던 명은 참전 뒤 더욱 허약해졌고 결국 멸망했다. 일본에서도 도요토미 히데요시가 죽고 도쿠가와 이에야스가 막부를 수립했다. 도쿠가와 막부는 1868년 메이지 유신으로 무너질 때까지 250여 년간 존속하면서 일본의 중세를 이끌었다. 그러나 역설적이게도 전쟁터로 가장 큰 피해를 입은 조선은 쓰러지지 않았다. 전쟁 이후 조선은 체제를 수습했고, 그동안 지내온 것보다 더 오랜 기간을 존속했다.

7년 동안 전국이 유린되며 수많은 인명이 살상된 임진왜란은 그때까지 한반도에서 벌어진 전쟁 가운데 가장 크고 참혹했다고 말할 만하다. 공교롭게도 그것은 여러 측면에서 350여 년 뒤 한반도에서 발발한 또 한 번의 거대한 전쟁과 비슷했다. 우선 전쟁의 조짐이 적지 않게 나타났지만 충분히 대비하지 않아 개전 초기 연패를 거듭하며 국토의 끝머리까지 쫓겨갔다는 사실이 그렇다. 전황도 비슷하게 전개되었다. 아군 쪽으로 전세가 역전된 결정적 계기는 외국군의 참전이었다. 그러나 그 뒤에도 승패를 가리지 못한 채 오랜 기간 소모적 대치와 살상이 지속된 후에야 전쟁은 종결되었다. 그 뒤에는 정신적 격변이 몰려왔다. 참전해 도와준 외국을 일정 기간 숭배에 가까운 태도로 바라보게 된 것이다.

한국사의 크나큰 수난이자 비극인 임진왜란을 일본이 일으켰다는 사실은 오랫동안 한반도와 일본 열도가 빚어 온 갈등에 더욱 깊은 골을 만들었다. 그 골은 긴 시간이 지난 21세기에도 좀처럼 메워지지 않고 오히려 깊어지는 것 같다.

조선통신사, 상반된 보고 하던 날

1591년 3월(선조 24),
일본에 파견됐던 조선통신사 황윤길은
머지않아 조선에 병화가 일어날 것 같다는 보고를 올린다.

대명국(大明國)에 들어가 우리 나라의 풍속으로
중국 400여 주를 바꾸어 놓고 (중략)
귀국이 선구(先驅)가 되어 입조(入朝)한다면
장래에 희망이 있을 것이요.
눈앞에는 걱정이 없을 것이다.
— 「도요토미 히데요시의 국서」 中

일본을 통일한 도요토미 히데요시는
공공연하게 전쟁 계획을 밝혔는데,
그를 직접 만나고 온 통신사들은
서로 상반된 의견을 내놓는다.

왜적은 반드시 침범할 것이오니
대비책을 마련하심이 옳을 듯하옵니다. (정사 황윤길)

일본에서 그런 정황을 보지 못했으니
걱정할 일이 아니라 사료되옵니다.
정사께서 과장되이 아뢰어 민심을 동요시키는 것은
잘못인 듯하옵니다. (부사 김성일)

정사의 말씀이 옳은 듯하옵니다.
분위기가 범상치 않아 필시……. (서장관 허성)

뿐만 아니라 도요토미 히데요시에 대한 평가도 서로 달랐다.

눈에 광채가 있으니
담력과 지력을 겸비한 사람 같았사옵니다. (정사 황윤길)

아니옵니다.
그 눈이 쥐와 같으니 두려울 게 없사옵니다. (부사 김성일)

일본에 대한 조선통신사의 엇갈린 주장,
이들은 왜 이렇게 상반된 보고를 한 것일까?

그날 조선 건국 이래 최대의 위기 임진왜란, 전쟁이 무려 7년 동안 진
　　행됐고, 그 피해 또한 엄청났죠. 오늘은 그 임진왜란에 대해 심
　　층적으로 알아보도록 하겠습니다.

이근호 대개는 임진왜란을 단순히 조선과 일본의 전쟁으로 이해하는데
　　사실 임진왜란은 상당한 규모의 국제전으로 생각할 필요가 있습
　　니다. 비슷한 시기인 1588년에 영국과 스페인 사이에서 칼레 해
　　전[1]이 벌어졌죠. 그때 동원된 인력이 양측 합해서 3~4만 정도밖
　　에 안 됩니다. 그런데 임진왜란에 동원된 인력, 즉 조선, 명, 일본
　　의 군사를 합치면 30만 명 이상이에요. 임진왜란은 엄청나게 큰
　　국제전이었던 거죠.

조선통신사의 상반된 보고

그날 일본에 다녀온 통신사[2]끼리 서로 의견이 달랐어요. 왜 그런 거죠?

신병주 당시는 지금처럼 일본과 교류가 활발하던 시절이 아니어서 정보
　　가 절대적으로 부족했고, 또 일본에 대한 통신사 개인의 입장도
　　달랐습니다. 실제로 도요토미 히데요시에 대한 인물평도 다릅니
　　다. 예를 들어 김성일은 "그는 눈이 쥐와 같으니 족히 두려워할
　　위인이 못 됩니다." 이렇게 표현해서 도요토미 히데요시가 침략
　　전쟁을 일으킬 가능성을 일축하죠.

이해영 도요토미 히데요시 눈이 쥐 눈처럼 생긴 것하고 전쟁이 무슨 상
　　관이 있나요?

류근 특정 동물을 닮은 사람은 반드시 비범한 업적을 이뤄낸다는 이
　　야기가 있어요.

신병주 나중에 류성룡이 김성일에게 '그때 왜 일본이 조선을 침략하지
　　않을 거라고 이야기 했습니까?' 하고 묻자, 김성일이 이런 말을
　　합니다. '황윤길과 허성이 당장이라도 일본군이 쳐들어올 것처

도요토미 히데요시 작자 미상, 1601년

럼 이야기해서 그랬습니다. 전쟁이 난다고 하면 민심이 흉흉해지고 조정도 혼란해질 거 아닙니까. 그런 혼란을 막기 위해 일부러 그렇게 이야기한 것입니다.'

그날　지금도 전쟁 이야기만 돌면 사재기에 예금 인출 사태 등 온 나라가 난리잖아요. 당시에도 전쟁 난다 했으면 분명히 민심이 동요해서 문제가 생겼을 거예요. 그걸 염려해서 일부러 그랬다는 말이 어느 정도 이해는 되네요. 큰 사건 없이 이대로 상황이 유지될 거라고 낙관했던 거죠. 한편으로는 일본에 대한 자신감이 그런 낙관의 원인이 되지 않았을까 싶어요. '너희 같은 오랑캐가 감히 우리를?' 그런 자신감이요.

신병주　실제로 김성일이 통신사로 가면서 쓴 시 가운데 이런 게 있어요. '오랑캐는 바다 동쪽 구석에 있는데 성질이 교만하고 지역도 별스럽다. 그들의 마음은 이리요, 소리는 올빼미다.'† 결국 일본을 미개한 오랑캐로 보는 김성일의 잘못된 인식이 일본에 대한 객관적인 판단을 불가능하게 만든 거죠.

† 바다 동쪽 한쪽 구석에 오랑캐가 사는데 / 有夷生在海東角
성질은 교만하고 지역도 별스럽다 / 性氣驕亢區域別
오랑캐들 중에서도 네가 가장 간교한데 / 氐羌之中爾最黠
웅덩이인가 벌집인가 바닷가에 의지했네 / 水渦蜂房依海窟
심보는 이리 같고 목소리는 올빼미며 / 心如狼子音如鶚
독을 품은 전갈이라 가까이 하기 어렵네 / 蠆尾有毒難可押
걸터앉거나 쭈그리고 앉는 것을 예절이라 하고 / 箕踞蹲坐是爲禮
말과 되 저울 등도 성인의 법이 아니어라 / 斗斛權衡非聖法
마소에 옷 입힌 듯 또 몸에는 문신을 하고 / 馬牛襟裾且文身
남녀가 구별이 없으니 어찌 친족을 묻겠는가 / 男女聚麀寧問族
허한 데를 습격하고 약한 자 능멸하여 못된 짓 다하고 / 搗虛凌弱逞狙詐
남의 불행을 이롭게 여기고 위태로움을 타서 덤비네 / 利災乘危爭豕突
배에 살고 집에 사니 사람이라 하겠으나 / 舟居室處雖卽人
벽에 구멍 내고 담을 뚫는 쥐와 같은 도적이네 / 穴壁穿墻眞鼠竊
규성(奎星)이 빛을 발하여 성군(聖君)이 나시자 / 奎文騰輝聖神興

읍루족(挹婁族) 오환족(烏桓族)이 모두 와서 복종했네 / 挹婁烏奴渾率服
짐승 벌레 같은 무리 저절로 길이 들고 / 虫肝獸胃自馴擾
호묘성과 천랑성도 요사한 기운 못 부렸네 / 胡昴天狼妖不作
글 읽는 선비 가슴에 만갑을 간직하였는데 / 佔畢書生胸萬甲
주둥이 발톱으로 누가 만인적을 자랑하나 / 觜距誰誇萬人敵
멀리 떨어진 일본 땅이 지척에 바라뵈니 / 參商日域視咫尺
우물 안 개구리는 배우지 않겠노라 / 不學井蛙空適適
오랑캐의 임금 신하 앞 다투어 우리를 환영했지만 / 蠻君鬼伯爭我迎
버들가지 꺾어 이별할 때 마음 더욱 감격하였네 / 折柳離亭膽愈激
오랑캐와 화친하고 먼 나라 평정함도 하나의 복성이니 / 和戎定遠一福星
장건이 절역에 간 것에 어찌 비할 것인가 / 肯數張騫窮絕域
다만 충신을 가지고 성스러운 조정을 도울 뿐이니 / 都將忠信翼聖朝
남월(南越)의 재물 실어오는 것 내 하고 싶은 바 아니로세 / 越橐連輸非所欲
— 김성일, 「해사록(海槎錄)」 「차오산의 '이십팔수체3'를 차운하다」

선조는 왜 김성일의 의견을 따랐나?

그날 　교과서에서는 조선통신사의 잘못된 보고에 대해 어떻게 기술하
　　　고 있나요?

이다지 　지면 부족 때문에 교과서에는 전쟁 발발 전 상황이 자세하게 기
　　　술되어 있지 않아요. 대개 "조정에서는 붕당정치4가 시작되고
　　　국론이 분열되어 임진왜란에 제대로 대처하지 못했다." 이 정도
　　　로만 설명하고 있어요.

그날 　김성일과 황윤길의 엇갈린 의견, 이게 정말 당파 싸움의 영향일
　　　까요? 김성일은 동인이고 황윤길은 서인이라 그렇게 생각하기
　　　쉽지만 사실 허성은 김성일과 같은 동인이잖아요.

신병주 　허성은 동인임에도 불구하고 김성일의 의견을 좇지 않고, 서인
　　　인 황윤길의 의견을 따라요. 결국 당파보다는 자신의 주관이나
　　　국제 정세에 대한 인식, 이런 것들의 영향을 받은 거죠. 결과적
　　　으로 사신 세 명 중 두 명이 전쟁이 일어난다고 했는데, 선조는
　　　한 명의 의견을 믿었어요. 이게 이해가 잘 안 되죠.

그날	사실 그게 제일 궁금해요. 선조는 왜 소수인 김성일의 의견을 따랐을까요?
신병주	선조도 좀 더 낙관적인 이야기를 믿고 싶었겠죠. 당시 기축옥사 등으로 정국이 혼란스러웠고, 사회·경제적으로도 어려운 상황이었거든요. 그런데 전쟁까지 일어난다고 하면 조정과 민심이 동요할 게 뻔하잖아요.
그날	전쟁 가능성이 조금이라도 있다면 조정에서는 전쟁을 준비하는 게 맞는 거 아닌가요? 전쟁이 일어나지 않았으면 좋겠다는 소망 때문에 그걸 진짜로 믿어버리면 안 되죠.

일본을 대하는 조선의 입장

이다지	전쟁이 일어나지 않을 거라는 낙관에는 일본 군사력에 대한 낮은 평가도 꽤 중요하게 작용했던 것 같아요. 임진왜란이 발발하기 얼마 전에 선조가 신하들을 불러서 의논을 했대요. '일본이 진짜 침략할 것 같나?' 그랬더니 한 신하가 웃으면서, '일본은 배 한 척에 100명밖에 못 싣고, 배는 많아봐야 100척 밖에 동원하지 못합니다'라고 말했대요. 그런데 실제로 도요토미 히데요시가 임진왜란에 동원하도록 지시한 배는 2000척 가까이 됐던 거죠. 조선은 이렇게 일본의 군사력을 한참 과소평가하고 있었던 거예요. 이즈음 도요토미 히데요시가 국서를 보내왔어요. 그런데 조선 입장에서는 그 국서의 내용이 굉장히 오만방자하게 느껴졌던 거죠. 여기 보면 도요토미 히데요시가 자기 태몽 이야기를 하면서 스스로를 태양의 아들이라고 칭한 부분도 있고, 또 자기가 전쟁을 하면 지는 일이 없다면서 자신감을 넘어 오만한 모습을 보이기도 하거든요.[†]
그날	타국 왕에게 보내는 문서에 자기 태몽까지 쓰고, 도요토미 히데

요시는 왜 그렇게 부끄러운 짓을 했을까요? 자기가 태양의 아들
이라니 그건 스스로를 신격화하는 건데, 일본을 평정한 뒤 자신
감이 과해져서 과대망상으로까지 발전된 것 같아요.

이근호 당시 조선이 국서에서 문제 삼은 내용은 대명국, 즉 명나라에 가
서 풍속을 바꾸겠다는 부분이었어요. 바꿔 말하면 명나라를 공
격하겠다는 이야기니까요. 또 조선에 입조하라고 하는데, 입조
가 뭐냐면 신하의 예를 갖추라는 것이거든요. 거기에는 일본이
조선보다 상국이라는 인식이 담겨 있죠. 줄곧 얕잡아 봤던 일본
이, 오랫동안 형님으로 모셔 왔던 명나라를 함께 공격하자고 하
니 조선 입장에서는 절대로 받아들일 수 없었던 거죠.‡

† 삼가 나의 사적(事蹟)을 살펴보건대 비루한 소신(小臣)이지만, 일찍이 나를 잉
태할 때에 자모(慈母)가 해가 품속으로 들어오는 꿈을 꾸었는데, 상사(相士)가
'햇빛은 비치지 않는 데가 없으니 커서 필시 팔방에 어진 명성을 드날리고 사
해에 용맹스런 이름을 떨칠 것이 분명하다' 하였는데, 이토록 기이한 징조로 인
하여 나에게 적심(敵心)을 가진 자는 자연 기세가 꺾여 멸망하는지라, 싸움엔
반드시 이기고 공격하면 반드시 빼앗았습니다. (중략) 국가가 멀고 산하가 막
혀 있음도 관계없이 한 번 뛰어서 곧바로 대명국에 들어가 우리 나라의 풍속을
400여 주에 바꾸어 놓고 제도(帝都)의 정화(政化)를 억만년토록 시행하고자 하
는 것이 나의 마음입니다. 귀국이 선구(先驅)가 되어 입조(入朝)한다면 원려(遠
慮)가 있음으로 해서 근우(近憂)가 없게 되는 것이 아니겠습니까.
— 『선조수정실록』 19년(1586) 3월 1일

‡ 우리나라의 입장에서 말한다면 상국을 침범하는 등의 말은 문자로 거론할 수
도 없고 말도 안 될 뿐 아니라 교린(交隣)하는 의의도 아니어서 감히 털어놓는
것이니 용서하셨으면 합니다. (중략) 모르긴 해도 귀국이 지금 분해 하고 있는
것은 오랫동안 중국의 버림을 받아 예의를 드러낼 곳이 없고 관시(關市)를 서로
통할 수 없어 만국이 옥백(玉帛)을 교제하는 대열에 나란히 서지 못하는 것을
수치로 여기는 것에 지나지 않는 듯합니다. 그렇다면 어찌하여 그 까닭을 찾아
서 자신의 도리를 다해 보려 하지는 않고 좋지 못한 계획에 의존하려 하십니까.
이러한 처사는 너무도 생각을 제대로 하지 못한 처사라고 하겠습니다.
— 『선조수정실록』 24년(1591) 5월 1일

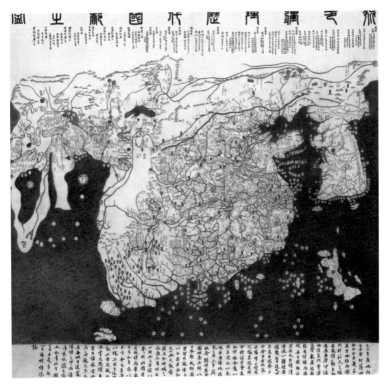

「혼일강리역대국도지도」 1402년(조선 태종 2) 제작된 것으로, 현존하는 동양 최고(最古)의 세계지도이다.

15~16세기 조선이 본 세계

그날   조선이 세계를 보는 시선이 지금 우리와는 확연히 달랐다는 게
       지도에서 잘 나타나잖아요. 그런 의미에서 볼 때 혼일강리역대
       국도지도⁵는 실제적인 지리 정보를 담았다기보다 조선이 갖고
       있던 관념적 세계 질서의 모습을 표현한 것 같아요.

이근호   혼일강리역대국도지도가 조선 최초의 세계지도라고 하죠. 말
       씀하신 대로 여기에는 조선의 세계관이 반영되어 있습니다. 당
       시 조선은 중국을 천자의 나라로 섬기고 있었고, 스스로는 천자
       의 나라 중국이 존중하는 나라이기 때문에 강국이라고 생각했던

것 같아요. 16세기에 그려진 조선의 세계지도를 보면 일본이 전보다 더 작게 표현되는데요. 이 시기 일본을 보는 조선 사람들의 세계관이 바뀐 것이죠. 때문에 16세기 지도에서는 일본이 무시해도 좋을 만큼 왜소하게 표현된 겁니다.

그날 이념적 자신감이 객관성을 해친 대표적인 경우네요. 당시 조선인들은 일본의 지리에 대해 무지했다기보다 일본을 자세하게 그릴 가치가 없다고 생각했던 거죠.

일본 전국시대를 평정한 도요토미 히데요시

조선이 성리학의 절정을 달리던 16세기,
당시 일본은 각 지역의 영주들이 서로 실권을 갖기 위해
피비린내 나는 싸움을 하고 있었다.

힘이 센 자가 모든 것을 갖는 약육강식의 시대,
이른바 전국시대[6]가 전개된 것이다.

끝나지 않을 것 같던 전쟁을 종식시킨 사람은
도요토미 히데요시.
그는 스스로를 태양의 아들이라 칭하며
전국 66개 주를 손안에 넣는다.

일본의 실제적인 지배자가 된 후,
그의 야망은 일본을 넘어 명나라와 조선으로 향한다.

임진왜란을 일으킨 장본인 도요토미 히데요시,
그의 속셈은 과연 무엇이었을까?

학생들은 도요토미 히데요시에 대해 얼마나 알까?

그날 　요즘 학생들은 도요토미 히데요시에 대해 잘 알고 있나요?

이다지 　학생들을 가르칠 때 제일 당황스러운 부분이 이 부분이에요. 한 번은 학생들에게 임진왜란을 일으킨 사람이 누구인지 이름을 써 보라고 했는데요. 정답을 말한 친구들도 많았지만 이상한 오답을 내놓는 친구들도 많았어요. 그 오답들을 한번 정리해 봤습니다. 우선 이토 히로부미[7]라는 답이 가장 많았어요. 또 이토 히로부미와 도요토미 히데요시가 헷갈리는지 도요토미 히로부미, 도요토미 히로부시도 굉장히 많았습니다. 심지어는 메이지 유신이라고 쓴 친구도 있었어요.

신병주 　저도 종종 대학 입시 면접에 들어가는데, 안중근과 안창호를 바꿔 말하는 경우도 있고, 허균하고 허준을 혼동하기도 합니다.

그날 　요즘 학생들 역사 인식 문제가 심각하네요.

인생 역전의 주인공 도요토미 히데요시

이근호 　도요토미 히데요시는 인생 자체가 드라마예요. 그는 하급 무사의 아들로서 신분만 보면 결코 관백[8]이 될 수 없었어요. 관백은 천황을 대신해 정무를 총괄하는 최고 관직이니까요. 그래서인지 그는 관백에 오른 다음 신분 세탁 비슷한 것을 해요. 성을 바꿉니다. 원래 성인 하시바(羽柴)를 도요토미(豊臣)로 바꾼 거죠.

그날 　도요토미 히데요시에게는 낮은 출신 성분에 대한 콤플렉스가 있었던 것 같아요. 조선에 보낸 국서에 태몽까지 언급해 가며 스스로를 태양의 아들이라고 치장하잖아요. 출신은 비천했지만 그래도 자기는 영험한 기운을 타고난 사람이라고 주장하고 싶었던 거 아닐까요? 후천적인 무언가를 보태고 싶었던 거죠.

신병주 　『실록』이나 『징비록』 같은 데 보면 '도요토미 히데요시의 용모는 왜소하고 못생겼으며 낯빛이 검고 주름져 눈은 쑥 들어갔다. 하지만 눈동자가 빛나 사람을 쏘아보았다.' 이런 기록이 있거든 요. 열등감을 더 강한 모습으로 감추려고 했던 것 같아요.

울지 않는 두견새를 어떻게 할 것인가?

이다지　일본인들이 도요토미 히데요시의 성격을 이야기할 때 항상 하는 얘기가 있죠. 어떤 사람이 두견새를 선물로 줬는데 이 새가 울지를 않는 거예요. 그러면 이 새를 어떻게 할까에 대해 일본에서 유명한 장군 세 명, 즉 도요토미 히데요시, 오다 노부나가[9], 도쿠가와 이에야스[10]의 답이 다 달라요. 1번 울지 않으면 죽여버린다. 2번 어떻게든 울게 만든다. 3번 울 때까지 기다린다. 도요토미 히데요시는 어디에 해당될까요?

그날　도요토미 히데요시라면 2번 아닐까요? 어떻게든 울게 만든다.

이다지　맞습니다. 정답은 2번이에요. 어떻게든 울게 만든다는 말이 그의 성향을 굉장히 잘 보여 주죠. 새 앞에서 재롱을 부리든 새를 놀라게 하든 수단과 방법을 가리지 않고 새를 울게 만드는 거죠. 도요토미 히데요시는 목표가 있으면 무슨 수를 써서라도 그것을 이루고 마는 집념의 소유자였다고 해요.

그날　재미있는 문제네요. 도요토미 히데요시가 성공하기 위해 끊임없이 노력했던 인물인 것만은 분명한 것 같아요. 그러면 나머지 두 명은 어떻게 대답했어요?

이다지　오다 노부나가는 1번 '울지 않으면 죽여버린다'에 해당되고, 도쿠가와 이에야스는 '울 때까지 기다린다'를 선택했다고 합니다.

출세를 위해 손금을 새기다

류근　도요토미 히데요시의 손금 이야기도 유명하잖아요. 이건 아마

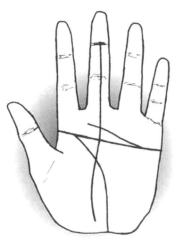

도요토미 히데요시의 손금 출세선이 중지 끝까지 뻗어 있다.

야사겠지만 히데요시의 손금을 보면 출세선이 중지까지 뻗어 있었다고 해요. 출세선이 그렇게 길면 강한 카리스마로 만년까지 권력을 쥐고 놓지 않는다고 하거든요.

신병주   손금도 보세요? 제 손금도 봐 주세요. 저도 출세하나요?

류근   출세선이 아예 없으신데요? 죄송합니다. 사실 도요토미 히데요시도 원래 출세선이 없었다고 해요. 그런데 출세선이 길면 권력을 쥘 수 있다는 말을 듣고 자기가 칼로 손을 그었다고 합니다. 그만큼 도요토미 히데요시는 성공을 위해서 무슨 일이든 하는 야심가이자 집념으로 가득 찬 인간이었다는 얘기죠.

이다지   좋게 보면 의지가 남다르고 추진력도 뛰어났던 인물이죠. 하지만 그로 인해 전쟁의 참상을 겪은 조선 입장에서 생각해 보면 그런 점 하나하나가 다 너무 무섭네요.

도요토미 히데요시가 임진왜란을 일으킨 이유는?

그날   도요토미 히데요시가 임진왜란을 일으킨 목적에 대해 이야기해 보겠습니다. 명을 치러 갈 테니 길을 내달라고 한 것이 그의 진심이었는지 아니면 조선 침략 자체가 목적이었는지 이 부분에 대해서 의견이 많죠?

신병주   히데요시의 구상을 잘 보여 주는 물건이 하나 있어요. 동아시아 지도가 그려진 부채인데요. 이 지도는 혼일강리역대국도지도와 사뭇 다르죠. 일본이 아주 크게 그려진 반면 조선은 굉장히 작게 표현되어 있고, 명은 일본과 비슷한 크기로 그려져 있어요. 지극히 일본 중심적인 지도죠. 이 부채는 조선을 넘어 명나라까지 가겠다는 도요토미 히데요시의 야욕을 명확하게 보여 줍니다.

그날   지도에 찍힌 빨간 점 세 개가 히데요시의 목표였을까요?

신병주   네, 그렇습니다. 그는 지도에 목표를 정확하게 표시했고, 그런 내용을 부채 뒷면에 일본어로 기록해 두었어요.

이근호   도요토미 히데요시는 타이완과 필리핀, 인도까지 정복하겠다는 야심을 품었어요. 이는 중국뿐 아니라 동남아시아 지역까지 진출하고자 하는 그의 의지를 보여 주는 것이죠.

그날   놀랍네요. 대동아공영권[11]이라는 개념이 2차 세계대전 때 처음 나온 게 아니군요. 훨씬 오래된 거예요.

이다지   교과서에서는 일본이 전쟁을 일으킨 이유를 두 가지로 정리하고 있어요. 첫 번째가 국내 불만 세력의 관심을 밖으로 돌린다. 두 번째가 대륙 진출입니다. 실제로 당시 일본의 유력 영주들 가운데 히데요시의 명령에 반기를 든 사람들이 있었다고 해요. 히데요시는 전국을 통일했지만 그에 맞는 실권을 쥐지 못했고, 조선 침략을 통해 그 상황을 해결하고자 했던 거죠.

그날   도요토미 히데요시 자체가 전쟁광 아니었을까 하는 생각도 들

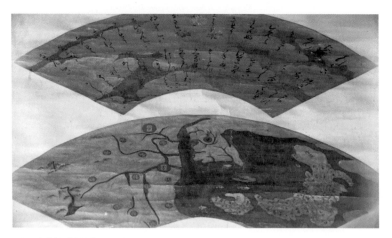

도요토미 히데요시의 부채 조선과 명, 나아가 동남아시아까지 진출하려는 도요토미 히데요시의 야욕이 드러나 있다.

어요. 전쟁으로 얻은 권력을 계속 유지하려면 또 다른 전쟁이 또 필요하고, 그렇게 끊임없이 전쟁을 할 수밖에 없었던 거죠.

이근호　이 시기 국제 관계도 고려해 볼 필요가 있어요. 당시 히데요시가 이런 말을 했답니다. "만약 명을 정복하면 일왕은 북경에 앉히고, 나는 영파로 가겠다." 영파는 현재의 저장성(浙江省)에 해당하는 곳인데요. 당시 이곳은 국제 은 무역의 중심지였습니다.

그날　은이요? 결국 돈이군요.

이근호　15~16세기에 일본의 은광 개발이 매우 두드러집니다. 당시 일본의 은 생산량 규모가 세계 2위에 달할 정도였다고 해요. 그런데 이때 명나라가 해금 정책을 시행하거든요. 바다를 통해 무역을 하거나 사람이 드나드는 것을 금지시킨 거죠. 그러다 보니 밀무역이 성행하게 됐는데, 그 밀무역을 주도했던 세력이 바로 일본의 무사들이었어요. 히데요시 본인도 은광을 소유하고 있었고요. 결국 은 무역을 장악하려는 의도, 즉 경제적 이익도 침략의 중요한 목표였던 거죠.

일본 교수가 보는 임진왜란

그날   일본에서는 임진왜란의 발발 원인에 대해 어떻게 생각하고 있
을까요? 이 궁금증을 해결하기 위해 후쿠오카여학원대학교에서
임진왜란을 연구하시는 사지마 아키코 교수님 모셨습니다. 교수
님, 일본에서는 임진왜란이 왜 일어났다고 보나요?

사지마   일본에는 임진왜란이 일어난 이유에 대한 이렇다 할 정설이 없
습니다. 세계 정복에 대한 야망, 국내의 불만을 밖으로 돌리려는
의도 등 여러 가지 가능성이 있죠. 개인적인 생각으로는 명과의
무역을 독점하기 위해 전쟁을 일으킨 것 같습니다. 당시 일본에
서는 지방 영주들이 명나라와 독자적으로 무역을 하고 있었어
요. 도요토미 히데요시는 그런 움직임을 제재하고 오직 자기를
통해서만 명과 무역을 하게끔 실력 행사를 한 거죠.

그날   네, 교수님께서는 무역 독점을 원인으로 보시는 군요. 목표가 명
이라는 건 알겠는데……. 도요토미 히데요시는 조선을 어떻게
생각했기에 조선과 먼저 전쟁을 벌인 걸까요?

사지마   당시 일본군은 내륙전만 수행했기 때문에 수군이 약했습니다.
때문에 배를 타고 곧장 명을 침략하기가 쉽지 않았어요. 반드시
조선을 거쳐서 가야 했죠. 또 도요토미 히데요시는 조선에서 통
신사가 왔을 때 조선이 자신의 정복 계획을 받아들이고 다른 영
주들처럼 자기 밑으로 들어왔다고 생각했습니다.

그날   내 밑으로 들어왔다. 대체 왜 이런 판단을 한 거죠? 조선이 공식
적으로 히데요시의 전쟁 계획에 대해 들은 것은 그때가 처음이
었는데 말이죠.

사지마   당시 조선과 일본 사이에서 중간 역할을 했던 게 대마도주와 고
니시 유키나가[12]였어요. 특히 대마도주는 조선과 무역을 해야 살
수 있었죠. 조선에 히데요시의 계획을 전하면 조선이 무역을 끊

을 테고, 히데요시에게 그런 사실을 보고하면 자기들을 죽이려 할 테니 양쪽 모두에게 거짓말을 한 겁니다. 때문에 조선에서 통신사가 왔을 때 이 두 사람이 도요토미 히데요시에게 조선이 항복하러 왔다고 이야기합니다. 그것 때문에 히데요시는 조선이 명나라 정복에 합류할 거라고 기대하게 된 거죠. 그 후 고니시 유키나가가 먼저 부산을 공격하고서는 조선이 배반했다고 거짓말을 해요. 그러므로 히데요시 입장에서 조선 침략은 이웃 나라와의 전쟁이 아니라 자기를 배반한 세력에 대한 응징이 되죠. 임진왜란 때 학살이 많았던 것도 바로 그 때문입니다.

그날 　나라와 나라 간의 싸움이 아니라 본인을 배반한 신하를 친다는 개념이었던 거군요.

희대의 영웅에서 잔인한 권력가로

그날 　일본에서 도요토미 히데요시에 대한 평가는 어떤가요? 영웅인가요?

사지마 　30년 전까지만 해도 도요토미 히데요시는 희대의 영웅이었죠. 신분이 낮고 가문이 한미해도 열심히 노력하면 성공할 수 있음을 보여 준 인물이 바로 히데요시였거든요. 일본을 통일한 것도 머리가 좋고 협상을 잘해서인데 이 때문에 직장인들의 모범으로 손꼽히기도 했습니다. 그런데 노력만으로는 성공하기 어려운 세상이 된 후로 히데요시를 성공 모델로 보지 않게 되었어요. 오히려 수많은 사람을 배반자 취급해서 학살한 권력자로 전락해서 평화로운 시대를 사는 현대인들에게는 거북한 인물이 됐죠.

그날 　한국을 자주 방문하신다고 들었어요. 특별한 이유가 있나요?

사지마 　네, 여러 가지 이유가 있지만 우선 학생들 연수차 오는 일이 가장 많습니다. 다양한 곳을 둘러보지만 빠뜨리지 않고 가는 곳이

한군데 있는데, 그곳이 바로 서대문형무소[13]예요. 거기에 가면 학생들이 충격을 많이 받습니다. 무엇을 알아야 하고 또 무엇을 해야 하는지에 대해 많이 생각하게 되는 것 같아요.

그날 　역사학자로서 굉장히 뜻깊은 일을 하고 계시네요. 감사합니다.

16세기 명나라의 상황은?

그날 　일본에서 임진왜란을 어떻게 바라보고 있는지에 들어 봤는데, 당시 명의 상황은 어땠나요?

이다지 당시 유럽에서 아시아로 가는 새 항로가 막 개척되었어요. 이 루트를 통해 아시아에 온 나라가 포르투갈과 스페인이죠. 중국산 도자기나 비단 등에 대한 수요가 굉장했기 때문에 유럽에서 특히 명과의 무역에 적극적이었다고 해요. 물건을 팔면 은이 들어오니까 명나라 입장에서는 꽤 좋은 시절이었을 것 같지만 사실은 그렇지 않았어요. 당시 명나라는 국방비 문제 때문에 골머리를 썩고 있었거든요. 북쪽으로는 몽골족의 일파인 오이라트가, 남해안 쪽으로는 왜구가 계속 침범해 왔어요. 북쪽에는 오이라트, 남쪽에는 왜구라는 뜻에서 이를 '북로남왜(北虜南倭)'라고 해요. 거기에 북방의 여진족까지 통일되어 가는 형국이라 명은 굉장히 쇠약해져 있었죠.

그날 　결과적으로는 일본이 국제 정세를 제대로 읽은 거네요. 명이 몽골 막느라 힘 빠진 기회를 틈타 공격하려고 한 거잖아요.

신병주 바깥의 적 때문에 약해진 것도 있지만 명 내부적으로도 문제가 많았어요. 이때 태국에서 명에 이런 국서를 보내요. '일본이 침략 운운하면서 오만하게 구는데 명이 도와주면 함께 싸울 용의가 있다. 일본을 정벌하자.' 그런데도 명은 거기에 선뜻 응하지 못해요. 그만큼 명 내부의 힘이 결집되지 못했던 거죠.

일본의 비밀 병기, 조총

그날 　명의 힘이 빠진 것도 있지만 일본이 또 믿는 구석이 하나 있잖아
요. 조총[14] 말예요.. 조총 때문에 임진왜란 초기에 조선이 크게 밀
린 것도 사실이고요.

이근호 　일본에 조총이 들어온 게 1543년이라고 하는데요. 당시 포르투
갈 화물선이 필리핀에서 명나라로 가다가 일본 규슈 쪽 섬에 표
류를 했던 것 같아요. 그때 그 섬의 영주가 2000금 정도를 주고
조총 두 정을 구입했어요. 당시 일본 돈 2000금이면 지금 우리나
라 돈으로 10억 원 정도 된다고 해요.

그날 　조총 한 자루에 탱크 한 대 값이네요.

신병주 　일본도 처음 총을 구입했을 때는 총의 제작 기술은커녕 조작 방
법도 잘 몰랐던 것 같아요. 당시 스기 보노라는 일본인이 포르투
갈 사람에게 자기 딸을 바치고 제작 기술을 알아냈다는 이야기가
있어요. 그만큼 조총 관련 기술을 배우는 데 적극적이었던 거죠.

그날 　참 대단한 사람이네요. 그 시기 일본인들이 무엇을 지향했는지
알 수 있는 대목이에요. 전투 생존을 위한 병장기 확보에 관심이
높았던 거죠.

신병주 　임진왜란을 다룬 드라마를 보면 일본의 조총이 조선의 화살을
압도했던 것처럼 나오는데, 사실 조총에도 치명적인 약점이 있
어요. 조총은 한 발 쏘면 총구 닦고 화약 집어넣고 또 예열되길
기다려야 하거든요. 다음 발을 쏠 때까지 기다리는 시간이 너무
길다는 거예요. 그 단점을 보완하기 위해 고안된 것이 3열 교대
방식이에요. 첫 줄이 총을 쏘면 다음 줄 사람들이 나와서 또 총
을 쏘는 거죠. 뒤의 두 열이 총을 쏘는 동안 처음 쏜 열은 다시 장
전하는 거고요.

일본의 조총 부대 임진왜란 때 고안된 3열 교대 방식을 재연하고 있다.

조선에는 조총이 없었나?

그날　발상의 전환이 놀랍네요. 1543년에 일본에 조총이 전해졌다면 조선은 어땠나요? 조선에는 조총이 전해지지 않았나요?

이근호　그렇지는 않습니다. 일본보다 좀 늦기는 했지만 조선에도 조총이 전해졌습니다. 1555년에 대마도 사람 평장친이 조선 조정에 조총을 바쳤다는 기록[†]이 있어요. 1589년에 또 대마도 사신이 와서 조총을 조공으로 바쳤다고 하고요.[‡] 다만 당시 조선 정부에서는 조총에 별로 관심이 없었어요. 평화로운 시대가 지속되니 조총의 필요성을 느끼지 못했던 겁니다.

이다지　당시 조선 백성들의 병역 기피 문제도 굉장히 심각했대요. 직접 군사 훈련을 받는 대신 사람을 사서 대신 보내거나 관리한테 뇌물을 주고 훈련에서 빠졌죠. 200년 이상 평화가 지속된 탓에 전반적인 사회 분위기가 느슨해졌던 겁니다.

그날　평화가 지속된다는 건 정말 다행한 일인데 참 씁쓸하네요. 외부에 대한 경계도 허술해졌고, 요즘 말로 안보 불감증까지 이어진 거잖아요.

신병주 물론 16세기 사림의 시대가 가지는 순기능도 분명히 있죠. 성리학의 확산으로 사회 전체가 도덕과 윤리를 중시했다는 점 등이 그렇습니다. 하지만 지식인들끼리 성리학을 절대화하고 당파를 형성해서 끊임없이 반목하는 이런 부분들이 임진왜란을 불러온 내부적 요인이 되지 않았나 싶어요.

† 비변사가 아뢰기를, "왜인 평장친이 가지고 온 총통이 지극히 정교하고 제조한 화약도 또한 맹렬합니다. 상을 내리지 않을 수 없으니, 바라건대 그의 원대로 당상의 직을 제수함이 어떻겠습니까?" 하니, 아뢴 대로 하라고 답하였다.
— 『명종실록』 10년(1555) 5월 21일

‡ 평의지 등이 공작 한 쌍과 조총 수삼 정을 바쳤는데, 공작은 남양 섬으로 놓아 보내도록 하고 조총은 군기시에 간직하도록 명하였다. 우리나라가 조총이 있게 된 것은 이때부터이다.
— 『선조수정실록』 22년(1589) 7월 1일

조선 침략의 거점 나고야 성

1591년, 도요토미 히데요시는 본격적인 전쟁 준비에 들어간다.

"나고야(名護屋)는 1000여 척의 전함이 한꺼번에 정박할
수 있는 천혜의 군항입니다. 무엇보다도 이키를 거쳐 이곳
쓰시마와 조선으로 향하는 최단 거리에 위치해 있습니다."

"나고야로 가거라. 가서 속히 성을 축조하도록 하라."

공사를 시작한 지 5개월 만에 완성된 나고야 성.
도요토미는 이곳을 조선 침략의 거점으로 삼았다.

부산까지 고작 200킬로미터,
한반도와 일본 열도를 최단 거리로 이을 수 있는
이곳은 천혜의 전쟁 기지였다.

도요토미 히데요시의 명령에 따라 전국에서 병사가 모인다.
고니시 유키나가, 가토 기요마사 등을 필두로
집결된 병력만 28만여 명.

그리고 1592년 4월 13일,
고니시 유키나가가 이끄는 700여 척의 배가
부산 앞바다에 나타났다.

조선 침략의 거점 나고야 성 한반도와 일본 열도를 최단 거리로 잇는 지점에 위치해 있다.

1592년, 임진왜란 발발!

그날   예고한 대로 일본은 철저히 전쟁 준비를 했네요. 당시 일본이 전쟁 기지로 삼았던 곳이 나고야(名護屋) 성인데, 나고야 성이 정확히 어딘가요?

신병주   나고야(名古屋)는 도쿄, 오사카와 함께 일본을 대표하는 3대 도시라고 알려져 있죠. 그런데 사실 그 나고야가 아닙니다. 임진왜란의 기지로 사용된 나고야는 규슈 지역 온천 관광지로 유명한 곳입니다. 규슈와 부산을 잇는 최단 거리에 위치해 있죠. 예전에 조오련 선수가 수영으로 대한해협을 건너서 유명세를 탔잖아요. 마찬가지로 나고야에서 대한해협만 건너면 바로 한반도에 닿습니다. 조선 침략의 거점으로 삼기에 매우 유리한 지역이죠.

그날   수영으로도 건널 수 있을 만큼 가까운 거리인데, 이 바다를 28만 명이 건넜다고 하니 그때는 바다가 사람으로 가득 찼을 것 같아요. 부산에서 일본 배가 시커멓게 몰려오는 광경을 봤다면 그 공포감이 어마어마했겠네요.

김성일의 오판에 대한 비난

그날 결국 임진왜란이 터졌습니다. 제일 먼저 떠오르는 사람이 김성일인데, 김성일에게 엄청난 비난이 쏟아졌겠어요.

신병주 그렇죠. 선조가 바로 김성일에게 죄를 주려고 했어요. 책임 지울 사람이 있어야 하니까. 그런데 김성일은 벌써 전투에 참여해 싸우고 있었어요. 그래서 선조가 김성일에게 초유사[15]라는 임무를 줍니다. 초유사는 전쟁 시에 사람들을 모으고 왕명으로 그들에게 가르침을 주는 임시직이에요. 어쨌든 김성일이 초유사 활동을 굉장히 열심히 해요. '우리 조선 땅이 오랑캐에게 이런 수모를 겪어서 되겠느냐' 하는 격문을 써서 울분을 토하죠. 전쟁 초기에는 의병들이 거의 없었어요. 그런데 김성일의 초유가 효과가 있었는지 많은 사람이 의병에 동참해요. 특히 영남 지역은 예로부터 퇴계 이황과 남명 조식[16]을 배출했던 선비의 고장이어서 참여도가 높았죠. 김성일은 경상도를 중심으로 전국 각지를 돌아다니면서 의병 참여를 독려하다가 결국 과로사로 사망합니다.

그날 싸우다 죽은 거나 마찬가지네요. 본래 그런 사람이었다면 주변의 비난보다는 오판에 대한 자책감이 훨씬 더 크고 괴로웠을 것 같아요. 게다가 한 사람의 의견 때문에 국가의 존망이 좌우됐다는 것 자체가 어불성설이에요. 전쟁을 준비할지 말지는 국가적인 문제잖아요. 그러니까 판단의 책임은 국왕인 선조와 조정 대신들에게 있는 거예요. 어찌 보면 선조가 꼬리 자르기 식으로 모든 책임을 김성일에게 덮어씌운 것 같아요.

이다지 저도 비슷한 생각인데요. 만약 김성일이 통신사로 다녀온 후 다른 두 사람과 같은 의견을 냈다면 전쟁을 막을 수 있었을까요? 저는 그에 대해 회의적입니다. 물론 조금 더 준비할 수는 있었겠죠. 하지만 양국 간에 소통이 부족한 상황이었고, 서로의 의도를 제대로 파악하지 못했잖아요. 게다가 일본은 오래전부터 전쟁을 준비해 왔고요. 따라서 전쟁 자체를 피할 수는 없었을 거예요.

이근호 조선이라는 나라의 시스템 자체가 기본적으로 많은 군사를 육성하고, 그 군사로 영토를 확장해 나가는 형태는 아니었거든요. 애초에 조선 사회의 지향이 최소한의 병력 유지에 있었어요. 그런 점들을 고려해 본다면 사실 조선이 문제라기보다 침략해 온 일본이 문제죠.

우연이 낳은 신의 한 수, 이순신 장군

그날 그래도 조선의 국운이 완전히 다하지는 않았던 모양이에요. 이쯤 되면 떠오르는 인물이 있지 않습니까? 이순신 장군 말예요. 이순신 장군이 전라좌수사에 부임한 것이 임진왜란이 일어나기 1년 2개월 전인 1591년 2월이래요. 그때 이순신 장군이 그 자리에 임명되지 않았다면 전라도까지 뺏겨서 조선이 완전히 무너질 수도 있었죠.

이근호 당시 이순신 장군은 정세를 분명하게 판단하고 있었던 것 같아요. 그래서 거북선도 미리 만들었던 거죠. 사실 거북선에도 문제가 있어요. 시야가 좁다는 게 큰 한계였는데, 이걸 보완하려면 병사들을 끊임없이 훈련시키고, 매뉴얼을 잘 만들어야 돼요. 이순신은 전라좌수사로 부임하자마자 거북선을 만들고 지속적인 군사 훈련을 해서 군사들이 매뉴얼을 익히게 합니다. 또 재밌는 건 거북선이 실전 투입 준비를 마친 게 임진왜란 터지기 하루 전이라는 사실이에요.

그날 하루 전이요? 정말 드라마틱한 일이네요. 각본 없는 드라마가 따로 없어요.

임진왜란이 준 교훈

그날 조선통신사의 보고를 시작으로 임진왜란 발발 전 조선의 상황에 대해 간략하게 얘기해 봤습니다. 찬찬히 내용을 살펴보니 임진왜란이 우리에게 시사하는 바가 굉장히 큰 것 같아요. '역사를 잊은 민족에게 미래는 없다'는 말도 떠오르고요. 오늘 그날의 소회는 교훈으로 마무리해 보겠습니다.

이해영 '역사적으로 중요한 사항들은 다수결로 정하자.' 전쟁에 대비하지 못한 건 김성일 개인의 잘못이라기보다는 선조와 조정 대신들의 잘못이죠. 잘못된 판단은 모두 함께 한 거니까요. 역사의 잘못을 개인의 문제로만 몰아가는 것도 본질을 해치는 일이라고 생각해요.

이다지 저는 소통에 대해서 많이 생각하게 된 것 같아요. 간디가 이런 말을 했대요. '폭력은 이성적 의사소통이 깨진 곳에서 시작된다.' 국가 간의 의사소통이 제대로 됐더라면 혹은 감정을 떠나서 객관적으로 상황을 판단하거나 정보를 수집할 수 있었다면 좀 더 평화로운 방법으로 문제를 해결할 수 있지 않았을까 싶어요.

류근 "우물쭈물 하다가 내 이럴 줄 알았다." 아일랜드의 소설가 조지 버나드 쇼의 묘비명 아닙니까. '나라와 백성의 안전을 지키는 일에는 신속하고 확고한 결단과 실행이 필요하다.' 뭐든지 가능할 때 미리 준비하자는 뜻에서 이렇게 표현했습니다.

2

임진왜란 개전,
일본군 부산에
상륙하다

임진왜란은 1592년 4월 13일 700여 척의 함선을 앞세운 일본군이 부산에 상륙하면서 시작되었다. 이때부터 1593년 1월 명군이 참전한 평양성 전투에서 승리하기까지 조선은 육전에서 참담한 패배와 후퇴를 거듭했다. 유일한 희망과 위안은 이순신이 이끈 수군과 의병의 활약이었다.

상륙 이틀 만에 부산진과 동래를 함락시킨 일본군은 거침없이 북상했다. 1년 전 일본에 다녀온 통신사들의 엇갈린 보고에서 이미 뚜렷이 나타났지만, 조선의 허술한 대비는 전쟁이 터지자 더욱 처참하게 노출되었다. 조선 조정은 침략이 시작된 지 나흘 뒤에야 그 소식을 들었다.

조선의 주요한 첫 응전은 충주 탄금대에서 이뤄졌다. 조선군을 이끈 장수는 신립이었다. 그는 1567년 22세의 젊은 나이로 무과에 급제한 뒤 함경도 병마절도사, 평안도 병마절도사 등을 지내면서 야인의 침입을 여러 차례 물리친 조선의 대표 장수였다. 그는 조선의 국운을 짊어지고 있었다.

그러나 조선군은 허망하게 무너졌다. 4월 26일 신립은 탄금대에 배수진을 치고 일본군과 맞서 이틀 동안 격전을 벌였지만 불리한 기상과 일본군의 조총을 이겨내지 못했다. 조선군 8000여 명이 전사했고, 신립 또한 강물에 몸을 던져 자결했다. 일본군은 더욱 거침없이 진격해 5월 2일 마침내 한양을 점령했다. 조선은 전쟁이 일어난 지 20일도 안 돼 수도를 빼앗긴 것이다.

탄금대 전투에서 패배했다는 소식을 들은 선조는 몽진을 결심했다. 조선 조정은 국왕과 100여 명의 신하만 남은 초라한 규모로 피란길에 올랐고, 6월 22일 국토의 북쪽 끝인 의주에 다다랐다.

국왕과 조정이 버리고 떠난 도성이 유린된 것은 당연했다. 그 주체는 물론 일본군이었지만, 조선 백성도 적지 않게 가담했다. 백성들은 텅 빈 궁궐에 불을 지르고 장례원에 보관된 노비 문서를 불태웠다. 전쟁으로 엄습한 거대한 혼란은 억눌렸던 백성들에게는 자유와 해방의 시공간이 되기도 했던 것이다.

도성을 점령한 일본군은 잠시 쉬면서 전열을 정비한 뒤 다시 북침에 나섰다. 고니시 유키나가 군은 평안도로 갔고, 가토 기요마사 군은 함경도로 갔다. 고니시 군은 6월 평양을 점령했고, 가토 군은 함경도를 유린하면서 관찰사 유영립과 임해군, 순화군을 사로잡았다.

관군은 무너졌지만 조선에는 의병이 있었다. 첫 의병은 1592년 4월 22일 경상남도 의령에서 기의한 곽재우 군이었다. 한 달 남짓 뒤에는 경상·전라·충청도를 중심으로 김면·정인홍 등이 이끄는 의병이 잇따라 일어났다. 그들은 기습 공격으로 곳곳의 일본군에게 타격을 주었다.

육지에서 관군의 주요한 승리는 개전 석 달 째인 1592년 7월에 벌어진 이치 전투였다. 전라도 도절제사 권율과 동복현감 황진 등은 충청남도 금산의 서쪽 이치에서 고바야카와 다카카게가 이끄는 일본군을 맞았다. 그때 일본군은 전주를 함락시키기 위해 웅치와 금산으로 진군하고 있었다. 두 곳에서는 일본군에 패배했지만 이치에서는 격전 끝에 승리했다. 10월에는 진주 대첩으로 불리는 1차 진주성 전투에서 진주목사 김시민이 이끈 관군과 백성들이 열 배에 가까운 엄청난 수적 열세를 극복하고 일본군을 막아냈다.

이순신이 지휘한 수군도 1592년 5월 옥포 해전을 시작으로 신화적인 승리를 이어갔다. 일본군의 일방적 승리로 금방 끝날 것 같던 임진왜란은 내륙의 의병과 바다의 수군이 활약하면서 1593년 후반부터 장기전의 양상을 보이기 시작했다. 긴 소모전의 시작이었다.

임진왜란 개전, 일본군 부산에 상륙하다

1592년(선조 25) 4월 13일 새벽,
부산 앞바다에 일본 배가 나타났다.

보고를 받은 부산진에서는
이를 조공하기 위해 온 배라고 판단한다.

그러나 순식간에 바다를 뒤덮은 700여 척의 대규모 적선
임진왜란 일본의 조선 침략이 시작된 것이다.

일본군은 부산진성을 함락하고 동래성으로 진격한다.
선봉장 고니시 유키나가는
동래부사 송상현에게 최후통첩을 보냈다.

"싸우지 않으려면 길을 빌려 달라."

전세는 불리했지만 장수의 기백은 꺾이지 않았다.

"싸워 죽기는 쉽고, 길을 열기는 어렵다."

치열하게 싸웠으나 성은 곧 처참하게 무너졌다.
임진왜란 개전, 7년 전쟁의 시작이었다.

예고된 비극 임진왜란

그날   결국 전쟁이 시작됐습니다. 오늘은 지난 시간에 이어서 임진왜란 개전, 일본군이 부산에 상륙한 그날에 대해서 본격적으로 얘기를 나눠 보겠습니다.

류근   실록에 따르면 일본군이 부산으로 쳐들어오잖아요. 바로 그날 궁궐 우물에서 푸른 무지개가 일어나 선조의 몸을 뒤덮었다고 해요. 아무리 피해도 계속 쫓아오는 바람에 모두 불길한 징조로 여겼다고 하는데, 이걸 어디까지 믿어야 할지 잘 모르겠지만 어쨌든 200년 평화에 종지부를 찍는 조선사 최대의 비극을 예고한 거라고 볼 수 있겠죠.[†]

> † 왜구가 상륙한 후에 상이 침전에 앉아 계셨는데 침전 서쪽 작은 못에서 푸른 색 무지개가 나타나 기운이 동쪽을 향하다가 북쪽으로 향하여 중문을 뚫고 전상(殿上)에 올라 어좌에까지 접근했다. 상이 피하여 서쪽으로 앉으면 서쪽을 향하고 동쪽으로 피하면 동쪽으로 향했다고 한다.
> —『선조실록』 25년(1592) 4월 30일

일본군 부산에 상륙하다

신병주   일본군은 도요토미 히데요시의 전국 통일 과정에서 계속 전쟁을 수행했기 때문에 상당히 정예화, 조직화되어 있었어요. 게다가 조선 침략 두 달 전부터 규슈 나고야 성에 집결해 있다가 한 달 뒤에는 침략의 본거지인 쓰시마에서 전쟁 준비를 했습니다.

그날   일본은 이렇게까지 철저하게 준비를 해서 조선을 침략했는데, 너무나 의외예요. 조선에서는 왜 이렇게까지 전쟁을 예측하지 못했을까요?

방기철   처음 부산 앞바다에 일본 배가 나타났을 때 부산진첨사 정발[1]은 절영도에서 사냥 중이었어요. 그러던 중에 일본 배를 보고는 조공선이라고 착각했다고 해요.

그날   약탈도 아니고 조공이요?

방기철   네, 그런데 조공선이라고 하기에는 배가 너무 많은 거예요. 그제
야 뭔가 이상하다는 생각이 든 정발이 즉시 부산진성으로 돌아
가 전투태세를 갖추죠. 일본을 섬나라 오랑캐 정도로 취급했던
조선으로서는 일본이 감히 조선을 침략할 수 있다고 생각하지
못 했던 거죠.

조선군과 일본군의 전력 비교

그날   '감히 오랑캐가 형님 나라를 치겠냐?' 하는 순진한 생각이 전쟁
이 시작되는 그날까지 계속되었던 건데, 그랬다면 전력이 비교
가 안 됐겠어요?

이다지   네, 당시에 전력 차이를 보여 주는 그림이 있는데요. 「부산진순
절도」라는 그림이에요. 왼쪽이 바다인데 왜선이 굉장히 빽빽하
게 그려져 있죠. 거기서 쏟아져 나오는 일본군들이 성곽을 에워
싸고 있는데 조선군들은 성의 가장자리 정도만 방어하고 있어
요. 당시 일본군이 1만 8000명 정도가 왔는데 이를 방어한 조선
군은 600~1000명 정도에 불과했대요.

그날   배들이 무슨 일렬 주차라도 한 것처럼 빽빽이 들어차 있네요. 저
그림을 그린 사람이 느꼈던 충격, 공포 이런 것들이 그대로 전해
지는 것 같아요.

신병주   일본군은 숫자도 많았을 뿐만 아니라 심리전에도 상당히 능했
어요. 예를 들면 허수아비에 붉은 옷을 입히고 머리에는 푸른 두
건을 씌운 다음, 등에는 붉은 깃발을 지우고 허리에는 칼을 차게
해요. 이걸 담 사이에 늘어놓는 거죠.[†] 안 그래도 수적으로 불리
한데 허수아비까지 있으니 조선군의 동요가 더 심했겠죠. 그래
도 부산진첨사 정발이 나름대로 침착하게 대처해요. 이쪽에서도

「부산진순절도」 보물 제391호, 육군박물관 소장.

악사들을 불러다가 퉁소를 불게 합니다. 우리도 만만치 않다는
걸 보여 줌으로써 사기를 북돋우는 거죠.[‡]

그날 　전투 중에 누대 앞에서 퉁소를 불었다는 거 아네요. 당시에도 심
리전이 상당했네요.

방기철 　처음 부산진첨사 정발이 일본군에 맞서 싸운 곳은 서문 쪽입니
다. 부산진성의 네 방위 가운데 북쪽의 방어가 상대적으로 취약
했어요. 전투가 진행되면서 일본군도 이 사실을 인지하게 되죠.
결국 북쪽이 먼저 무너지기 시작합니다. 전투가 총 세 시간 정도
지속됐는데, 시간이 가면서 성안에 준비해 둔 화살도 떨어지고,
지휘관인 정발은 가슴에 조총을 맞아요. 결국 부산진성은 함락
되고 말죠.

그날 　세 시간이라니 심리전이 무색할 만큼 짧고 허무한 전투였네요.

[†] 이날 날 샐 무렵 적병이 대거 진격해 와서는 우선 허수아비를 만들어 붉은 옷
에 푸른 두건을 씌우는 한편, 등에는 붉은 기를 지우고 허리에는 긴 칼을 채워
서 그것을 긴 장대 끝에 꽂아 담 사이에 늘어놓자, 성 안의 사람들이 크게 놀라
도망치며 울부짖었으며, 왜적은 칼을 휘두르면서 마구 성 안으로 쳐들어 왔다.
　― 『난중잡록(亂中雜錄)』

[‡] 일설에는 정발이 오랫동안 대전하다가 적은 많고 우리 군사는 적으므로 성에
들어와 방어할 준비를 갖추고, 장님을 시켜 퉁소를 불게 해서 조용하고 한가롭
기 평소와 같이 하여 군민(軍民)들을 안정시켜 놀라지 않게 하였다. 14일 새벽
에 적군이 성을 육박하여 백 겹이나 포위하고 포를 비 오듯 쏘았다. 정발이 기
운을 가다듬어 성을 돌고 군사들은 용기를 내어 활을 쏘아 무수한 적을 죽여
세 곳에 시체가 산같이 쌓였다. 정발은 화살이 다해서 총알에 맞아 죽었다. 그
의 첩은 나이 18세로 또한 목을 찔러 자살했다.
　― 『조야첨재(朝野僉載)』

동래성 전투, 철저히 준비했으나

그날 　이튿날 바로 동래성으로 진격한 걸 보면 일본군 쪽은 손실이나
피해가 별로 없었나 봐요?

신병주 부산진성을 지키던 조선군 병사는 거의 전멸했지만 일본군 피
해는 100여 명 정도에 불과했어요. 지금은 부산이 서울 다음으
로 큰 도시지만 조선 시대 부산진은 일종의 해안 방어기지 같은
곳이었고, 원래 이 지역의 중심지는 동래부였습니다. 지금의 동
래구에 해당하는 곳이죠. 때문에 부산진성을 함락시킨 일본군은
곧장 동래읍성 쪽으로 진격하게 되는데, 바로 이때 동래성을 지
키던 동래부사 송상현[2]이 인근의 양산, 울산 등지의 병력을 모아
서 일본군에 맞서게 되죠.

방기철 송상현이 동래부사로 부임한 게 임진왜란 1년 전인 1591년입니
다. 동래부사는 지금으로 치면 부산시장 정도 되는 자리죠. 송상
현은 부임과 동시에 성 주변에 나무를 심습니다. 나무가 성책(城
柵) 역할을 하도록 한 거죠. 송상현은 또 군사 훈련을 철저하게
시켰다고 합니다. 이때가 꽤 평화로운 시대였음을 고려하면 이
례적인 조치죠. 그러므로 송상현은 일본군의 침략을 예견했거나
적어도 맡은 바 임무를 충실히 수행한 유능한 인물이 아니었나
싶습니다.

그날 송상현이 뭔가 준비를 했다면 전투 상황은 어땠나요? 부산진 전
투와는 좀 달랐을까요?

이다지 동래성 전투의 상황을 보여 주는 「동래부순절도」도 남아 있는데
요. 그림 중앙에 동래성이 동그랗게 자리를 잡고 있고, 그림 하
단 즉 성곽 바깥쪽으로 조선군과 일본군의 치열한 전투 장면이
묘사되어 있어요.

왜적을 감동시킨 조선인들의 기백

그날 동래부사 송상현이 이런 말을 남겼다고 하죠. "싸우다 죽기는 쉽
고 길을 열기는 어렵다." 정말 기개가 대단한 분이셨던 것 같아요.

「동래부순절도」 보물 제392호, 육군박물관 소장.

신병주 송상현은 당시 일본군에게도 상당한 감동을 준 인물입니다. 이
때 동래성을 공격한 일본군 가운데 전에 일본 측 사신으로 왔다
가 송상현에게 접대를 받은 사람이 있었던 모양이에요. 그 사람
이 송상현에게 살길을 알려 줬대요. '이쪽으로 가면 몸을 피할
수 있습니다.' 그런데도 송상현은 '나는 끝까지 여기에 남아서
최후를 맞이하겠다' 이렇게 한 거죠. 그러고는 갑옷 위에 다시
조복³을 갖춰 입고 임금이 계신 북쪽을 향해 절을 했답니다.

그날 일본군이 그 기백에 감동을 받아서 성 밖에 송상현의 무덤을 만
들어 줬다고 들었어요.

방기철 사실 동래성 전투는 송상현이 아니라 누구라도 이길 수 없는 전
투였습니다. 이 동래부성이 굉장히 작습니다. 『임진동래유사』⁴라
는 책에 보면 "성은 협소하고 적병 수만 명이 일시에 성으로 다
투어 들어오니, 성중이 곧바로 메워져 움직일 수 없었다"는 기록
이 있습니다. 작은 성에 많은 일본군이 들어와서 말 그대로 아비
규환 상태였음을 표현한 거죠.

신병주 부산진 전투와 동래성 전투, 두 번의 초반 전투에서 결국 패배했
지만 부산진첨사 정발과 동래부사 송상현은 최후까지 항전을 했
거든요. 조선인의 기백을 확실하게 보여 준 거죠. 「동래부순절
도」를 자세히 보면 일반 백성들의 활약상도 잘 표현돼 있어요.
그림의 좌측 중앙에 보면 지붕에 올라가서 기왓장을 던지는 부
녀자 두 명이 나와요. 바로 앞에서 왜적들이 총을 쏘고 있는데도
불구하고 말이죠. 정말 감동적입니다.

그날 「동래부순절도」를 자세히 보면 세세한 정보들이 정말 많이 담겨
있음을 알 수 있어요. 장면마다 드라마가 녹아 있고요.

「**동래부순절도(세부)**」 부녀자들이 지붕 위에서 일본군에게 기왓장을 던지고 있다.

걸음아 날 살려라 도망가는 장수들

이다지　그림의 왼쪽 상단을 보면 도망가는 사람이 보입니다. 경상좌수
　　　사였던 이각 일행으로 추측되는데요. 그들이 북문 쪽으로 도망
　　　가는 모습입니다.

그날　도망가는 사람 치고 왜 이렇게 당당한 거죠?

신병주　말도 너무 좋은 말을 타고 있어요. 백마가 상당히 좋은 말이거든
　　　요. 지금으로 치면 고급 승용차 타고 도망가는 거예요.

이다지　심지어 이각은 도망가는 도중에 송상현에게 붙잡혔대요. 송상현
　　　이 같이 싸우자고 했더니 동래성은 자기 관할 구역이 아니라며
　　　도망갔대요. 굉장히 익숙한 표현이죠.

류근　워낙 유명한 얘기지만, 당시 경상우수사였던 원균도 적선의 규
　　　모를 보고는 전함과 무기를 전부 바다에 버리고 허겁지겁 도망
　　　을 치거든요.

이해영　원균은 이순신 장군을 괴롭힌 걸로 유명한 양반이잖아요. 도망
　　　가려면 그냥 가지 왜 배와 무기를 다 버리고 갔을까요?

「동래부순절도(세부)」 당시 경상좌수사였던 이각이 백마를 타고 도망치는 모습이다.

류근 　그건 당시 전쟁의 상식이었죠.

이해영 　상식이라고요?

류근 　전함과 무기, 식량 같은 것들을 두고 도망갔다가 적들의 손에 들
　　　어가면 오히려 아군을 공격하는 수단으로 사용될 거 아닙니까?
　　　철저히 파괴하고 도망가는 것이 맞죠.

그날 　그래도 한번 싸워 보기라도 했어야죠. 원균의 수군이 제대로 싸
　　　워 줬다면 다른 지역 병사들이 전열을 정비할 시간이라도 벌었
　　　을 텐데 말이죠.

류근 　작전상 후퇴 아니었을까요?

신병주 　류근 시인은 연산군 때도 그렇고 역사에서 나쁜 평가를 받는 인
　　　물들을 변호하려는 경향이 있는 것 같아요.

왜란 초기 패전의 원인

그날 　군사와 백성들이 한마음 한뜻으로 처절하게 싸웠는데도 부산진
　　　성과 동래성이 모두 삽시간에 함락됐잖아요. 조선의 국방력은

小西摂津守
行長

ぜ父は泉州堺の高
人賈小西清兵衛後
如清と号し行長
始め弥九郎と云

備前
岡山の高人の
其姓富
養子となる
摟那の辯あるを以て浮田
直家京師の使者と作秀吉その
奇才を賞し請て臣と為す後
朝鮮の役に清正と倶に
先駈して其功を伯仲す

그렇게 허무하게 무너질 만한 수준이었나요?

신병주 조선은 건국 이후 200년간 역사상 유례없는 평화를 누렸어요. 1392년에 조선이 건국됐고, 임진왜란이 1592년에 일어나니까 정확히 200년이죠. 그러다 보니 사회 분위기가 자연스럽게 숭문천무(崇文賤武) 쪽으로 흘러요. 문이 숭상되고 무가 천시된 거죠. 그런 이유로 전쟁 대비나 무기 개발, 국경 방어 같은 것들이 거의 이루어지지 않게 됩니다. 이게 조선이 초반 전투에서 크게 패한 주된 원인이고요.

이다지 반면 일본군은 조선군과는 달리 전의가 상당했다고 해요. 일례로 도요토미 히데요시는 조선 침략의 선봉장 중 한 명이었던 고니시 유키나가의 식솔들을 나고야에 인질로 잡아 두었대요. 고니시 유키나가는 히데요시의 오른팔로 전국을 통일하는 데 큰 도움을 주었던 사람인데 말이죠.

이해영 당시 조선 사람들은 일본은 섬나라니까 수군이 강할 거라고 생각했을 거 같아요. 하지만 사실 육군이 훨씬 더 강했던 거죠.

방기철 정확한 지적입니다. 통상적으로 일본은 섬나라니까 수군이 강하고, 조선은 대륙과 연결되어 있으므로 육군이 강할 거라고 생각하는데, 실제로 일본 수군에는 수송 기능밖에는 없습니다. 육군이 주 전투 병력이었던 거죠.

신병주 일본군들은 성을 공격해서 차지하는 공성전(攻城戰)에 굉장히 능해요. 영화나 드라마 같은 걸 봐도 일본군은 자꾸 성을 타고 오르려고 하잖아요. 일본군이 해전보다는 육전에 더 강했음을 보여 주는 거죠.

조선의 전시 방어 체제

그날 아까 200년간 지속된 평화가 전력 약화의 주요 원인이라고 하셨는데, 그래도 비상시 동원 체제 같은 건 있지 않았을까요? 기본적인 방어 시스템 말이에요.

방기철 본래 조선의 지방 방어 체제는 진관(鎭管) 체제[5]입니다. 진관 체제는 주진 아래 거진이 있고, 그 밑에 또 여러 진이 속해 있는 형태예요. 여기서는 거진의 총절제사가 여러 진을 통괄하는데, 진이 점점 많아지면 병력이 분산된다는 약점이 있습니다. 그래서 을묘왜변[6]을 계기로 방어 체제를 제승방략(制勝方略)[7]으로 바꾸게 되는 거죠.

그날 제승방략, 이게 무슨 뜻이죠?

신병주 통제해서 승리하는 방책이라는 뜻입니다. 왜적이나 여진족이 한꺼번에 쳐들어왔을 때 여러 지역이 연합해서 방어하는 형태의 체제예요. 중앙에서 파견된 도원수나 순변사가 여러 지역에서 모인 병력들을 통제하죠.

그날 말하자면 전시에 지역 예비군 모으는 거하고 비슷한 거네요. 그런데 예비군들은 평소에도 말 안 듣는데, 전시에 모이라고 했으니 안 모이는 게 당연하죠. 게다가 당시에는 휴대전화도 없었잖아요.

방기철 맞습니다. 휴대전화 말씀하셨는데 제승방략 체제가 효율적으로 운영되기 위해서 꼭 필요한 것 중에 하나가 효과적인 통신 운영 체계입니다. 최대한 빨리 주변에 연락해서 병력을 모아야 하는데 당시 조선의 통신 체계에는 일정한 문제가 있었던 것 같아요. 일례로 일본군이 부산에 상륙한 게 4월 13일인데, 조선 정부에서 일본의 침략 소식을 들은 것은 4월 17일입니다. 나흘씩이나 걸린 거예요.

그날   아니, 전쟁 소식을 전하는 데 나흘씩이나 걸렸다는 게 말이 되나
      요? 봉수제도[8]를 운영하고 있었잖아요.

신병주 부산 지역에 있는 봉수대에서 불이 다섯 개 올라오면 가장 심각
      한 상태, 요즘으로 치면 데프콘3, 진돗개 이런 상황이에요. 그런
      데 이게 제대로 작동하지 않았던 것 같아요. 가장 중요한 순간에
      시스템이 제대로 작동하지 않았던 게 치명적이었던 거죠. 초기
      대응이라는 게 되게 중요하잖아요. 그 중요한 시간들을 며칠씩
      허비해 버렸으니 정말 안타깝죠.

이다지 반면에 일본군은 굉장히 치밀하고 치열하게 전쟁 준비를 하고
      왔는데요. 임진왜란이 일어나기 수년 전부터 조선에 스파이를
      보내서 조선 내부 사정을 굉장히 잘 알았고요. 전쟁이 시작된 이
      후에는 각 부대별로 조선어 사용자를 140여 명 정도 배치했대
      요. 이미 조선의 내부 정보를 많이 갖고 있었고, 타국에 들어와
      서도 정보 소통에 전혀 문제가 없도록 한 거죠.

신병주 일본 부대가 크게 세 개 진영으로 들어오는데, 제1진이 고니시
      유키나가 부대고, 제2진이 가토 기요마사 부대, 마지막 제3진이
      구로다 나가마사 부대입니다. 이 부대들이 5만여 명의 병력을 이
      끌고 오는데 초반에는 거칠 것 없이 진격하죠. 목표는 물론 왕이
      있는 한양에 입성하는 것이고요.

연이은 패배, 탄금대 전투

부산진성과 동래성이 이틀 만에 함락되고,
일본군은 맹렬한 기세로 북상한다.
이에 맞선 조선군은 속수무책으로 길을 내준다.

조선 조정은 일본군 침입 나흘 후에야
이 소식을 듣고 충격에 휩싸인다.
위기에 처한 선조는 당대 조선 최고의 명장
신립을 내세워 전세를 역전하고자 한다.

일본군이 한성으로 가는 길목을 막아야 하는 상황,
신립은 험준한 조령 대신
충주 탄금대에서의 일전을 택한다.

배수의 진을 치고 최정예 기마군으로 맞선 조선군,
그러나 갑자기 내린 비로
기마 전술은 제대로 위력을 발휘하지 못하고,
일본의 최신 무기인 조총에 무너지고 만다.

조선군의 패배가 확실해지자 신립은 자결하고
탄금대에서 조선군 8000명이 전멸한다.

충주 탄금대 신라의 악성 우륵이 가야금을 연주하던 곳이라 하여 붙여진 이름이다.

탄금대 전투와 조선의 맹장 신립

류근   제가 어릴 때 충주에서 자라서 잘 아는데, 충주 사람들이 주로 가는 소풍지가 탄금대예요. 왜 탄금대라는 이름이 붙여졌는가 하면 신라의 악성 우륵[9] 선생이 거기서 가야금을 탔다고 해서 탄금대죠. 경치가 정말 아름다운 곳인데, 그곳이 하필이면 우리 민족에게 가장 큰 아픔을 준 장소가 되어 버렸어요.

그날   신립[10] 장군에 대한 선조의 신뢰가 정말 엄청났나 봐요.

이다지   신립은 전 국민의 무조건적인 신뢰를 받았던 인물이에요. 이분이 북방 여진족과의 전투로 굉장히 유명했는데 특기가 기마전이었다고 해요. 신립이 온다는 소식을 들은 충주 시민들은 아예 피란 갈 생각을 하지 않았대요.

신병주   조정에서는 신립이라면 무슨 수를 써서라도 일본군을 막아낼 것이라고 판단했던 것 같아요. 그래서 당시 조선에 남아 있던 정규 병력을 전부 신립에게 배속시켰어요. 그 결과 신립 휘하의 군사가 약 8000명 가까이 됐죠. 신립이 이끄는 조선 육군이 일본군과 맞선 이 탄금대 전투가 임진왜란 최대의 결전지이자 중대한 역사의 현장이 된 것이죠.

신립의 선택, 왜 탄금대였나?

이해영 지휘관으로서 신립의 전략·전술이 과연 적절했는가? 이건 좀 생각해 봐야 할 문제인 것 같아요. 탄금대는 물가에 있어서 땅이 무른 곳이잖아요. 기마 전술을 펴기에 알맞지 않다고요.

류근 저는 어릴 때 신립 장군 얘기를 워낙 많이 들었기 때문에 신립 장군에 대한 변명을 좀 하고 싶어요. 이분이 기마 전술에 능한 장수였다고 하잖아요. 신립 장군이 처음부터 배수진[11]을 치려고 했던 게 아니었대요. 원래 전투를 벌이고자 했던 데는 달래강 앞쪽에 있는 비교적 넓은 평야 지대였어요. 지금 건국대학교 충주 캠퍼스가 위치한 곳이죠. 본래는 거기서 전투를 벌이려고 했는데 하필 이 무렵에 비가 내리는 바람에 기마 부대의 기동력이 완전히 상실되는 문제가 생긴 거죠.

이해영 갑자기 비가 왔다는 건 핑계나 변명이 될 수 없죠. 어찌 됐든 간에 탄금대를 선택한 건 신립 장군의 욕심이 아니었을까 싶어요. 지형이나 기후 등과는 상관없이 본인이 가장 잘하는 기마전을 고집했다는 건 전투를 너무 쉽게 생각한 거죠.

류근 장수로서 가장 자신 있는 전략을 구사하는 건 당연한 거잖아요. 더군다나 당시에는 제승방략이라는 시스템 자체에도 문제가 있어서 신립 휘하의 8000명이 주력이라고는 하지만 거의 오합지졸이었대요. 이런 병사들을 모아서 전투를 벌이려면 배수진을 펼수밖에 없지 않았을까요?

그날 방기철 교수님은 신립 장군에 대해 어떻게 생각하세요?

방기철 '신립이 왜 험준한 조령이 아닌 평준한 충주에서 적을 맞았는가?' 이게 논쟁의 핵심인데, 지금 말씀하신 것과 마찬가지입니다. 신립이 조선 최고의 장수로 올라설 수 있었던 건 기마전으로 여진족을 물리쳤기 때문입니다. 하지만 험준한 조령은 기병 운용에 약점이 될 수 있죠. 또 하나 간과해서는 안 될 사실은 당시 일본군이 세 개의 루트로 북상하고 있었다는 겁니다. 즉 조령으로만 올라온 게 아니라 추풍령과 죽령 쪽으로도 왔습니다. 그러니까 신립이 조령을 택했다고 하더라도 일본군이 추풍령이나 죽령으로 돌아 와서 뒤에서 공격하면 조선군은 고립무원의 상태에 빠지게 됩니다.

그날   그만큼 충주가 중요한 위치에 있었다는 거군요.

방기철   충주가 막히면 군량과 군수 물자 수송에 막대한 지장이 생깁니다. 그런 점에서 충주는 중요한 전략적 요충지였던 거죠.

이다지   신립에 대한 평가는 굉장히 다양하잖아요. 그래도 그가 조선을 지키기 위해 목숨을 걸고 최선을 다했다는 사실 하나만큼은 꼭 인정해야 할 것 같아요. 그런데 교과서에는 신립 장군에 대한 언급조차 없는 경우도 많아요. 참 안타깝습니다.

탄금대 전투의 패인은 일본군의 조총?

그날   탄금대 전투 패배의 주요 요인으로 꼽는 게 일본의 조총이잖아요. 조선은 왜 조총에 대비하지 않았던 걸까요?

방기철   조총의 위력을 몰랐던 거 같아요. 『징비록』에 보면 류성룡과 신립의 대화가 나옵니다. 류성룡이 충주로 향하는 신립에게 "일본군에는 조총이 있는데 괜찮겠습니까?"라고 물어봐요. 그때 신립이 "아니, 조총이라고 해서 쏘면 내가 다 맞겠습니까?" 이렇게 얘기를 하죠.[†] 자신감의 표현이라고 볼 수도 있지만 어떤 면에서는 조총의 위력을 몰랐던 겁니다.

† "왜적이 조총과 같은 장기까지도 있으니 가벼이 볼 수는 없을 것이오" 하니
신립이 말하기를 "비록 조총이 있다고 하더라도 어찌 쏠 때마다 다 맞힐 수가
있겠습니까"라고 하였다.
— 『징비록』(류성룡, 김흥식 옮김, 서해문집, 2003)

최종 병기 활 vs 최초 병기 조총

그날 자, 그럼 여기서 일본의 조총과 조선의 활, 이 둘의 전력을 구체
적으로 비교 분석하는 시간 가져 보겠습니다. 무기 이야기 하면
이분을 빼놓을 수 없잖아요. 박금수 박사님, 어서 오세요. 오늘
은 활을 들고 나오셨네요.

박금수 오늘은 화살이 좀 특별합니다. 조선의 비밀 병기라 불리는 편전[12]
을 보여드릴 건데요. 편전은 아기살이라고 불릴 정도로 굉장히
짧은 화살을 말합니다. 일반적인 활의 절반 이하 길이죠. 편전을
일반적인 장전법으로 장전하면 조금밖에 못 당깁니다. 그래서
편전을 사용할 때 반드시 필요한 게 바로 통아라는 것입니다. 통
아는 일종의 총열로 에너지를 집중시키고 궤도를 안정시켜서 이
작은 화살을 아주 독하게 만드는 보조 기구라고 보시면 됩니다.

그날 그렇군요. 자, 본격적으로 활과 조총을 비교 분석해 볼까요?

박금수 네, 먼저 편전은 시위가 밀어 주는 부분과 무게중심이 위치한 촉
이 짧기 때문에 휨에 의한 에너지 손실이 적어서 속도가 굉장히
빠릅니다. 편전을 쏘면 이 통아가 제자리에 그냥 떨어지거든요.
멀리 있는 적병이 보기에는 궁수가 실수를 해서 화살이 떨어진
것 같아요. 그래서 화살이 날아 오는데도 우리 궁수만 쳐다보고
있다가 목숨을 잃는 적병이 적지 않았다고 합니다.

그날 그렇군요. 아까 편전이 조선의 비밀 병기라고 말씀하셨는데, 진
짜 비밀 병기 맞네요.

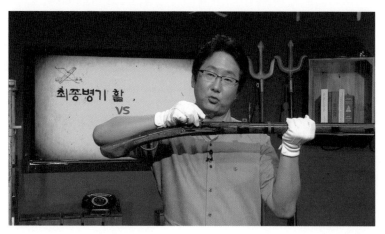

조총의 발사 원리 조총은 전장식(前裝式) 소총의 하나이기 때문에 탄환과 화약을 총구 앞으로 넣고, 용구에 점화용 화약을 붓는다.

박금수 자, 임진왜란 때 활과 대결을 펼친 조총에 대해서 말씀을 드리겠
        습니다.

그날   그런데 왜 장갑을 끼세요?

박금수 지금 한국에 남아 있는 조선 시대 조총이 몇 정 안 됩니다. 굉장
        히 희귀한 유물이죠. 그런데 이번에 육군사관학교 박물관에서
        특별히 조총 한 정을 빌려 주셨습니다. 그래서 아주 조심스럽게
        만지고 있습니다. 자, 이것은 조총의 실제 모습인데요. 여기에
        보면 무(武)라고 적혀 있습니다. 고종 때 무위영에서 만든 조총
        이라는 뜻입니다. 기본적인 발사 방식은 임진왜란 당시 도입된
        조총과 동일하기 때문에 이 조총으로 설명을 드리겠습니다. 자,
        조총이라는 것은 기본적으로 전장식(前裝式) 소총입니다. 그래
        서 탄환과 화약을 총구 앞으로 넣습니다. 그리고 이 위에는 문이
        있습니다. 이것을 용구라고 하는데, 여기에 점화용 화약을 붓고
        문을 닫습니다. 화승이라는 것은 불을 붙게 하는 데 쓰는 노끈이
        죠. 이 화승의 불씨를 충분히 살려서 용두를 물린 다음 방아쇠를

당기면 용두가 용구에 화승을 대주면서 점화용 화약에 불이 붙습니다. 그러면 앞에 넣어 둔 화약의 폭발력이 탄환을 밀어서 조총이 발사되는 거죠. 이게 바로 조총의 발사 원리입니다.

그날　복잡하네요.

활과 조총 중 더 강력한 무기는?

그날　조총하고 활을 비교한다면 어떤 게 더 강력한 무기인가요?

박금수　조총은 활에 비해 조준이 편리했습니다. 또 쇠로 된 갑옷을 뚫을 수 있을 정도로 관통력이 우수했죠.

그날　활과 조총의 사정거리를 비교해 보면 어떻습니까?

박금수　네, 임진왜란 당시 일본군이 사용했던 조총은 사정거리가 50미터밖에 안 됐다는 기록이 있습니다. 파괴력에 비해서 사정거리는 굉장히 짧죠. 사정거리를 늘이려면 탄환 자체를 굉장히 동그랗고 정밀하게 만들어야 하는데 그것이 매우 어려웠습니다. 당시 조총의 탄환은 비행 궤도가 불안정했기 때문에 일정 거리를 지나면 궤도를 벗어나 땅에 처박히곤 했습니다. 이에 비해 편전은 포물선 운동을 예측해서 조준하기 때문에 사정거리가 비교적 긴 편입니다. 대략 300보 이상, 그러니까 360미터에서 400미터 이상이었다고 볼 수 있습니다.

그날　일곱 배 정도 차이가 나는 거네요. 언뜻 보기에 조총은 기동성이 좀 떨어져 보이거든요. 편전은 확확 쏠 수 있을 것 같은데 말이죠. 연사 기능을 비교한다면 어떨까요?

박금수　연사 기능은 편전이 훨씬 우수했습니다. 선조 36년에 나온 『신기비결(神器秘訣)』[13]이란 책에 조총의 재장전 절차가 나오는데요. 여기 보면 조총은 총 열네 단계의 절차를 밟아야만 발사할 수 있었습니다. 그렇기 때문에 아무리 숙련된 군사라고 해도 조총을 재장전 하는데 대략 30초 이상이 걸렸다고 합니다. 1분에 두 발 정도를 쏠 수 있었던 것이죠. 이에 비해서 일반 활의 경우에는 평균적으로 분당 여섯 일곱 발을 쏠 수 있었습니다. 편전의 경우에도 숙련된 사람들은 분당 다섯 발 정도를 쏠 수 있었던 것으로 보이고요. 때문에 연사 능력은 활이 단연 앞선다고 볼 수 있습니다.

그날 　듣다 보니까 조총보다 편전이 단연 우수한 병기로 보이는데, 그럼 조선군은 도대체 왜 그렇게 밀렸던 겁니까?

박금수 　활, 특히 편전과 같은 비밀 병기들은 그것을 다루는 사람의 힘과 기량에 크게 의존합니다. 이 병기들이 제 성능을 내기 위해서는 병사들의 꾸준한 훈련과 노력이 필요했죠. 하지만 당시 조선에서는 평화가 아주 오랫동안 지속됐고 백성들도 대부분 먹고 살기 바빴기 때문에 꾸준한 훈련이 어려웠던 것으로 보입니다. 반면 일본군은 훈련 정도에 상관없이 안정적인 성능을 내는 조총을 사용한 거죠. 게다가 일본군은 100년간 전국시대를 거치면서 조직적인 훈련을 받지 않았습니까. 그렇기 때문에 조선이 임진왜란 초기에 고전을 면치 못했던 거죠.

일본군이 서둘러 북진한 이유

그날 　일본군이 무서운 기세로 한양을 향해 북진하고 있습니다. 전투 상황에 대해 좀 설명해 주시죠.

신병주 　네, 자료에 표기된 것처럼 4월 14일에 부산진 전투가 있었고요. 그때 부산진첨사 정발이 전사를 했죠. 그리고 4월 15일이 동래성 전투입니다. 일본군은 승리의 여세를 몰아 경상도와 충청도 지역을 계속 함락시키는데, 대표적으로 4월 25일에는 순변사 이일이 이끄는 상주 전투가 있었고요. 4월 28일 충주에서 탄금대 전

일본군의 북진 경로

투가 있었죠. 그러고 불과 4일 만에, 일본군이 바로 한강 지역까지 진주해서 마침내 5월 2일에 한양을 점령했어요. 그러니까 조선은 일본군이 부산에 상륙한 지 20일 만에 수도를 뺏기는 참담한 패배를 당한 거죠.

그날 서울에서 부산까지 400킬로미터라고 치면 20일 동안 어떤 속도로 올라왔는지 계산이 되세요?

이해영 20일 동안 400킬로미터면 하루에 20킬로미터씩이네요. 정말 엄청난 속도예요. 하루에 20킬로미터면 매일 하프 마라톤을 완주한 셈이잖아요.

류근 당시에는 도로 사정도 나쁘고 교량도 없었을 텐데, 이 정도면 거의 행군 속도로 올라온 거예요. 이렇다 할 저항이 없었던 것도 이유겠지만, 좀 쉬기도 해야 했을 텐데 일본군이 이렇게까지 무리해서 북진한 이유가 있었나요?

방기철 일본에서는 다이묘[14]가 항복하면 전투가 완전히 끝납니다. 일본군은 그런 생각을 했겠죠. 일본에서의 전투와 마찬가지로 한양을 점령해서 선조를 사로잡으면 전쟁이 끝난다. 승리한다. 이런 생각을 가졌기 때문에 한양을 향해서 무서운 속도로 북진했던 겁니다.

그날 　조선의 임금을 잡겠다는 목표로 그렇게 일사불란하게 움직였다는 거네요. 일본군이 한양에 입성하기 이틀 전, 선조는 중대한 결정을 내리는데요. 어떤 결정이었을까요?

몽진, 백성을 버리고 도망간 임금

탄금대 전투의 패배,
선조는 몽진을 결심하고 도성을 떠난다.
임진왜란 개전 보름여 만의 일이었다.

도망치듯 경복궁을 나서는 선조,
고작 100여 명의 신하들이 따르는 초라한 행렬이었다.

> 궁인(宮人)들은 모두 통곡하면서 걸어서 따라갔으며
> 종친과 호종하는 문무관은 그 수가 100명도 되지 않았다.
> ─『선조수정실록』 25년(1592) 4월 30일

임금이 도성을 비우는 모습을 본 백성들은 분노했고,
남겨진 백성들은 왕이 버리고 간 궁궐에 불을 지르고
장례원에 보관되었던 노비 문서를 불태웠다.

> 임금이 떠나자 난민(亂民)이 크게 일어나
> 장례원(掌隷院)과 형조(刑曹)를 불태웠으니
> 이는 두 곳의 관서에 공사 노비의 문적이 있기 때문이었다.
> ─『선조수정실록』 25년(1592) 4월 14일

200년 동안 지켜 온 조선의 수도는 민심과 함께 버려졌다.

초라한 선조의 몽진 행렬

그날 선조는 백성들의 통곡과 원망을 뒤로하고 몽진을 택했는데, 몽진이라는 단어가 좀 낯설죠? 어떤 의미예요?

신병주 몽 자는 입을 몽(蒙), 뒤집어쓸 몽 자고, 진은 티끌 진(塵), 먼지 진 자예요. 먼지를 뒤집어쓴다, 즉 초라하고 힘든 피란을 뜻하는 용어죠. 이때가 4월 30일인데, 음력 30일은 그믐날이잖아요. 화면에서처럼 칙칙하고 깜깜한 밤에 또 비까지 내렸어요. 날은 어둡죠. 내리는 비에 옷도 다 젖었어요. 그래도 선조는 말을 타고 있었는데 왕비는 말조차 없어서 작은 가마에 탔다가 어떤 때는 걸어 가기도 했대요. 수행하는 신하들도 100여 명밖에 안 됐을 만큼 아주 초라한 피란 행렬이었습니다.

그날 아무리 피란 가는 길이지만 일국의 왕인데, 왕비는 걷고 신하는 100명도 안 되고……. 그 많던 신하들은 다 어디로 간 건가요?

이다지 당시 실록 기록을 보면, 이름 있는 사람들은 다 자기 몸 보호하는 데 급급했다고 합니다. 또 선조를 수행하던 일행 가운데 중간 이탈자도 나왔다고 해요. 대표적인 경우가 사관 4인방이죠. 조존세, 김선여, 임취정, 박정현 이렇게 네 명인데, 이 사람들이 밤에 도망을 가면서 역사 기록의 기본 자료인 사초[15]를 전부 태우고 갔어요.[†] 나라가 망하기 전에 역사가 먼저 망한 거죠.

신병주 『선조실록』은 임진왜란의 혼란도 있고, 또 사관들이 제대로 기록하지 못한 것도 있어서 사초가 거의 없어져 버렸어요. 그래서 나중에 『선조실록』을 만들 때는 부족한 사초 대신 민간 기록들을 모아서 편찬했다고 합니다. 그래서 『선조실록』이 『조선왕조실록』 가운데 내용이 가장 부실합니다.

† 사관 조존세, 김선여, 임취정, 박정현 등이 도망하였다. 존세 등은 좌우(左右) 사관으로서 처음부터 호종하면서 침문(寢門)을 떠나지 않았으므로 상이 자제 (子弟)처럼 대우하였다. 이날 밤 네 사람은 상이 요동으로 건너갈 것을 의논하여 결정하자 도망칠 것을 몰래 의논하고는 먼저 사초책(史草冊)을 구덩이에 넣고 불을 지른 뒤 어둠을 타고 도망하였다. 상이 길에서 자주 돌아보며 사관은 어디 있느냐고 물었는데 모두 보지 못하였다고 대답하자, 상이 이르기를, "김선여가 탄 말이 허약한데 걸어서 오느라 뒤에 처졌는가" 하였다. 새벽이 되어서야 그들 이 도망한 것을 알고는 사색(辭色)이 참담하였다. 따르는 자들이 모두 격분하 며 매도하기를 '뒷날 상이 환국(還國)하시면 이 무리들이 어떻게 살아나겠는가' 하였다. 네 사람이 각각 영남과 호남 사이에서 가족을 찾았는데 주현(州縣)에서 먹을 것을 구하며 핑계대기를 '상이 물러가라고 허락하였기 때문에 왔다'고 하 였다.
— 『선조수정실록』 25년(1592) 6월 1일

백성들이 궁궐에 불을 질렀다?

그날   일본군은 몰려오고 왕은 대책 없이 도망가고, 그러니까 그동안 누릴 만큼 누렸던 자들이 제일 먼저 도망치는 거예요. 그때 백성 들의 마음을 생각하면 분노하지 않을 수가 없어요. 백성들이 오 죽하면 궁궐을 불태웠다는 얘기까지 나오겠어요.

방기철   백성들이 궁궐을 불태웠다는 건 논란의 여지가 있습니다. 선조 가 도성을 떠날 때 비가 내리고 있었거든요. 그런데 궁궐이 다 탈 수 있었을까요? 또 일본 장수가 남긴 『조선정벌기』라는 기록 을 보면 한양 도성과 궁궐의 모습이 아주 상세하게 묘사되어 있 어요.† 즉 일본군이 들어올 때까지는 궁궐이 남아 있었던 거죠. 물론 다른 기록에는 또 다른 이야기가 있어요. 그래서 논란의 여 지가 있죠. 다만 확실한 내용이 하나 있는데요. 종묘와 관련된 이야기입니다. 『선조수정실록』에 따르면 일본군 장수 우키타 히 데이에가 처음에 종묘를 거처로 삼았다고 해요. 그런데 밤에 신 병이 나타나서 일본군들이 서로 죽이는 일이 생긴 거죠.

그날   신병이 나타났다는 게 뭔가요? 헛것이 보인다는 건가요?

방기철 네, 맞습니다. 귀신이 나타났다는 거예요. 그래서 히데이에가 '도대체 여기가 어딘데 그러냐?' 그랬더니 '여기는 조선 왕들의 신주를 모신 곳입니다' 그런 거죠. 그래서 화가 난 히데이에가 거처를 남별궁[16]으로 옮기면서 종묘를 불태웠다는 겁니다.‡ 『선조수정실록』을 신뢰한다면 적어도 종묘는 일본군에 의해서 불탔다고 볼 수 있을 것 같습니다.

그날 종묘는 조선 왕조의 수호 신전 같은 곳이니까 일본군 입장에서는 없애고 싶었겠죠.

방기철 네, 그랬을 가능성이 높죠.

† 5월 3일 술시(戌時), 조선의 도읍 동대문 안으로 진입, 옥루금전(玉樓金殿) 늘어선 기와집, 널따란 성벽들의 조형미는 극치에 달하고, 수천만 헌(軒)과 늘어선 대문들, 보귀로운 모습은 이루 말로 다할 길 없다.
― 『조선정벌기(朝鮮征伐記)』

‡ 어떤 사람이 말하기를 '이곳은 조선의 종묘로서 신령이 있는 곳이다'라고 하자, 평수가(우키타 히데이에)가 두려워하여 마침내 종묘를 태워버리고 남별궁으로 옮겨 갔다.
― 『선조수정실록』 25년(1592) 5월 1일

모두를 충격에 빠뜨린 선조의 피란

그날 선조도 당시의 민심을 느꼈을 것 같아요. 가뜩이나 굴욕스러운 몽진 길이 그래서 더 고통스럽지 않았을까 싶습니다. 그런데 선조도 선조지만 일본군도 무리해서 한양까지 왔는데 왕이 도망가고 없어서 많이 당황했을 것 같아요.

이다지 일본군이 당도했을 때 이미 남대문이 열려 있고 도성 안은 텅 비어 있었다는 기록이 있어요. 당시 일본은 봉건제 국가여서 지역마다 영주가 있고, 영주가 그 지역을 책임지고 관할하는 체제였어요. 그러니까 일본에서는 성주가 성을 떠나는 일은 있을 수가 없는 거예요. 따라서 일본군에게는 선조가 수도를 떠나 피란 갔다는 사실 자체가 황당했을 거예요. 또 일본에서는 왕을 잡아야만 전쟁이 끝난다고 생각했기 때문에 선조를 잡으러 계속 북진할 수밖에 없었죠.

그날 한양에 남아 있는 백성들은 어떻게 되는 겁니까? 왕을 따라서 같이 피란 가야 되는 거예요?

방기철 선조가 개성에 도착했을 때쯤 특단의 조치를 취하는데, 그게 뭐냐면 임진강 주변의 민가를 전부 다 철거하는 겁니다. 일본군이 임진강을 건너려면 배를 만들어야 되거든요. 배를 만들려면 목재를 얻어야 되겠죠. 일본군이 민가의 목재로 배를 만들 수 있기 때문에 철거 명령을 내린 거죠.

그날 그러면 일본군만 못 쫓아 오는 게 아니고 백성들도 길이 막히는 거잖아요. 역사상 피란길에 올랐던 왕이 아예 없진 않았겠지만 이런 식으로 행동했던 왕, 또 있었나 모르겠어요.

신병주 왕은 없어도 대통령은 있습니다.

그날 그러네요. 한국전쟁 때 어르신들이 한강 다리 앞에서 이런 경우를 당한 적이 있군요.

사상 초유! 수라상 도난 사건

이다지 백성들은 이중고 삼중고였던 것 같아요. 임금에게 버림받았죠. 일본군이 괴롭히죠. 여기다가 또 심각한 기근까지 닥쳤다고 하잖아요. 그래서 당시 한양 길거리에는 살점이 남아 있는 시체가 없었대요. 한양에 고립된 백성들은 그 정도로 극심한 고난을 겪은 거죠.

신병주 전쟁 상황이라 먹을 것이 부족한 건 왕도 마찬가지였어요. 선조도 피란길에 먹을 것이 없어서 힘들어 했거든요. 선조 일행이 파주에 도착했을 때 파주목사하고 인근의 장단부사가 겨우 음식을 마련해서 수라상을 차렸는데 옆에서 호위하던 하인들이 밥을 훔쳐 먹고 도망을 치는 사건이 벌어져요.[†]

그날 수라상을요?

신병주 네, 그 일로 자기한테 화가 미칠까 겁이 난 장단부사까지 도망가버리는 웃지 못할 해프닝이 벌어집니다.

이해영 왕이건 백성이건 다 배가 고팠겠죠. 그래도 백성이 수라상을 훔쳐 먹고 달아난다. 이건 일국의 왕에게 너무나 수치스러운 일 아닌가요? 백성도 나라도 다 버리고 도망간 왕이니까 이 정도 수모는 겪을 만하다. 이런 생각도 들고 마음이 복잡하네요.

류근 왕은 배만 고프지만 백성들은 도륙을 당하고 있어요. 그건 수모도 아닙니다.

> [†] 행차가 임진강에 이르러 상이 홀로 이산해·이항복과 함께 배를 타고 건넜다. 날은 어두워지고 비는 쏟아져 앞뒤로 길을 분간할 수 없었는데, 임진강 남쪽 언덕의 승정(丞亭)에 재목(材木)을 쌓아 두었으므로 그것을 태우도록 명하였다. 그리하여 불빛이 원근(遠近)을 환하게 비춰 마침내 길을 찾아가게 되었는데, 밤이 깊어서야 동파역에 도착하였다. 파주목사와 장단부사가 어주(御廚)를 미리 설치하여 수라를 준비하여 올리려고 할 때에 호위하던 하인들이 난입하여 음식을 빼앗아 먹었으므로 상이 들 것이 없게 되자, 장단부사가 두려워하여 도망하였다. 국조(國朝)가 태평을 누린 이래로 내병(內兵)을 없애기를 힘써, 숙위하는 장수와 군졸에 있어서까지 기율로 단속하지 못했기 때문에 위태로운 시기에 임하여 흩어지는 것이 적을 본 군사들보다 심했다. 이 어찌 은덕과 형벌이 모두 없어졌기 때문이 아니겠는가.
> — 『선조수정실록』 25년(1592) 4월 14일

백성들과의 약속을 사뿐히 즈려밟은 선조

그날 선조는 몽진을 멈추지 않고 계속해서 북쪽으로 가잖아요. 그 부분도 좀 설명해 주세요.

방기철 몽진 동선을 보시면 한양을 떠나서 개성에 도착을 하죠. 일본군이 계속 쫓아오니까 평양까지 가게 됩니다. 평양에서 한 달 정도 머무르는데요. 아마 이유는 그런 것 같아요. 우리나라는 전통적으로 서북 지역 군사력이 강합니다. 선조는 아마 이 지역 군사들을 동원해서 일본군을 저지해 보려고 했던 게 아닌가 싶어요. 실제로 평양 백성들이 선조를 찾아와서 '우리가 지켜 줄 테니 같이 싸웁시다' 이런 제안을 하기도 했습니다.

그날　왕은 도망치는데 백성은 나라를 지키겠다고 하네요. 정말 나라에서 뭐 하나 혜택 받은 적 없는 민초들 아닙니까? 이게 바로 의병 정신이라는 거죠.

방기철　선조는 평양 백성들과 한 약속을 지키지 않았어요. 전세가 불리해지니까 결국에는 평양 백성들도 버리고 다시 북쪽으로 올라가죠. 영변을 거쳐서 의주까지 이르게 되는데, 영변에서 광해군에게 분조[17]를 형성하게 하고, 자기는 계속 길을 갑니다.

류근　지금 문득 생각났는데, 저 영변이 거기 아닙니까? '영변의 약산 진달래꽃, 사뿐히 즈려밟고 가시옵소서.'

방기철　네, 평안도 영변 맞습니다.

그날　진짜 백성을 즈려밟고 갔네요.

선조가 의주로 피란 간 이유는?

그날　의주까지 갔다는 건 여차하면 명나라로 가겠다는 의지였을까요?

신병주　의주에서는 압록강만 넘으면 바로 요동까지 갈 수 있어요. 요동이 명나라 관할이니까 명나라에 신변을 보장받겠다는 의도였던 거죠. 그런데 명나라에서도 선조더러 오지 말라고 해요. 선조가 오면 상당히 부담되거든요. 그래서 결국 요동까지는 못 가고 여차하면 국경을 넘을 수 있는 의주까지 피란을 간 겁니다.

그날　정말 창피하네요. 명나라에서조차 망명을 거절당한 왕이라니요.

선조의 몽진 경로

류근   물론 야사지만 백성들이 '우리 왕이 이리로 도망갔습니다' 이렇
게 담벼락에 낙서를 해서 선조가 간 길을 일본군에게 알려 줬다
고 해요. 당시의 조선의 민심을 적나라하게 보여 주는 사건이죠.

이해영 그럼요. 백성들로서는 분노가 끓을 수밖에 없죠. 너무 이해가 돼
요. 어쨌건 선조가 왕인데, '이 사람이 왜 그랬을까?' 하고 생각
해 보면 이런 변명이 가능하지 않을까요? 왕은 한 개인이 아니
라 그 자체로 국가이기 때문에 자기가 일본군에게 잡히면 나라
가 망한다는 거죠. 나라를 지키기 위해서 자기를 보호하고 몽진
할 수밖에 없었던 겁니다. 이렇게 본다면 선조를 어느 정도 이해
할 수 있지 않을까 싶어요.

류근   결과만 놓고 보면 아주 일리가 없는 말도 아니에요. 그런데 1592년
6월 『실록』 기사를 보면 '나는 장차 명으로 갈 것이다. 광해군은 종
묘와 사직을 지켜라' 이런 기록이 나와요.† 자기 살자고 아들을 대
신 보낸 거예요. 저 상황에서 선조는 왕도 아니고 아버지도 아니
에요.

신병주 위기가 닥치니 어쩔 수 없이 광해군을 세자로 지명하고, 조정을 둘로 나누죠. '나는 나이도 많고 힘도 달리니까 안전하게 의주로 가겠다. 너는 아직 젊고 힘이 넘치지 않느냐? 너는 여기서 나라를 지켜라' 이건데, 이때 광해군이 열여덟 살이거든요. 그 큰 짐을 짊어지기에는 너무 어린 나이죠. 어찌 됐든 분조, 즉 조정을 둘로 나누려면 50 대 50이 되어야 하는데, 선조는 자기에게 유리하게끔 거의 90 대 10 이런 식으로 조정을 나눠요.[‡]

그날 당시 선조는 몇 살이었나요?

신병주 마흔한 살이었죠.

이해영 저보다 어린데 '나는 늙었으니 네가 가라'니 안타깝네요.

이다지 저는 광해군의 분조 정권을 재조명해 보고 싶어요. 광해군은 열여덟 살이라는 어린 나이에도 불구하고 분조 활동을 통해서 상당한 정치적 역량을 보여요. 전쟁 통에 임금도 없는데 어린 세자가 길거리에서 백성들과 같이 먹고 자고 하면서 목숨을 걸고 싸운다는 것, 그 자체가 백성들에게는 굉장한 감동으로 다가왔을 것 같아요.

그날 광해군이 지도력을 발휘할수록 선조의 위신은 점점 더 추락했겠네요.

방기철 선조가 권위 회복을 위해서 택한 방법이 바로 선위 선언입니다. 광해군에게 왕위를 넘기겠다고 협박하는 거죠. 전통 시대에는 왕위 계승과 관련된 얘기를 하는 것 자체가 반역이에요. 그렇기 때문에 선조가 선위 선언을 할 때마다 신하들은 선언을 거두어 달라고 빌 수밖에 없는 거죠.

그날 안 그래도 피란길에 심신이 고달픈데 선조가 상습적으로 선위 파동을 일으키잖아요. 그럴 때마다 세자와 신하들은 하루 종일 무릎 꿇고 빌어야 돼요. 이쯤 되면 선조는 내부의 적입니다.

신병주　전란 극복에 관한 한 선조는 왕으로서 전혀 모범을 보이지 못했어요. 이것이 임진왜란이 동반한 또 하나의 비극이었던 것 같아요.

† 세자에게 종묘사직을 받들고 분조(分朝)하도록 명하였다. 상이 밤에 종신(從臣)을 불러 의논하기를, "나는 내부(內附)를 청하겠다. 세자는 당연히 종묘사직을 받들고 감무(監撫)하면서 나라에 머물러야 할 것이다."
— 『선조수정실록』 25년(1592) 6월 1일

‡ 신하들에겐 제각기 행렬을 수행하도록 했는데, 영의정 최흥원이 세자를 수행하도록 했다. 우의정 유홍 또한 세자를 수행하겠다고 청했으나 임금께서 대답하지 않으셨다. 임금의 행렬이 떠날 때에도 유홍은 엎드려 하직하고 가려 했다. 내관들도 여러 번 임금께 이 사실을 전했으나 임금께서는 끝내 아무 말씀도 하지 않으셨다. 유홍은 결국 세자의 뒤를 따랐다.
— 『징비록』(류성룡, 김흥식 옮김, 서해문집, 2003)

조선판 킬링필드

2005년, 부산의 한 지하철역 공사장,
이곳에서 임진왜란 첫 격전지의 유물이 발견됐다.

함께 모습을 드러낸 것은
전투에서 희생된 조선인들의 유골.

분석 결과 그중 많은 수가 병사들이 아니라
전장에서 무참히 학살당한 백성들의 것이라는 사실이 밝혀졌다.

대부분 저항할 힘조차 없는 여성과 어린아이들의 유골이었다.

전쟁의 가장 큰 희생자였던 백성들의 피 맺힌 상흔이
수백 년이 지난 지금도 이곳에 남아 있다.

동래성 전투에서 희생된 조선인들의 유골

뒤늦게 모습을 드러낸 임진왜란의 상흔

그날 저 유골들이 동래역 공사 현장에서 발굴된 거죠?

신병주 정확하게는 부산 지하철 수안역 공사 현장에서 동래성 전투 당시 희생된 사람들의 유골이 발굴된 거죠.

류근 백성들은 진짜 무슨 죄입니까? 평소에는 양반 기득권층에게 당하고, 전쟁이 일어나면 또 외세에 당하고.

이해영 그러게요. 여태 묻혀 있다가 2005년에야 발견됐다는 것도 참 가슴 아프네요.

~하기는 쉬워도 ~ 하기는 어렵다

그날 '싸워 죽기는 쉬워도 길을 내주긴 어렵다.' 임전무퇴의 기상을 드높인 동래부사 송상현의 한마디죠. 이걸 패러디해서 오늘의 소회를 '~하기는 쉬워도 ~하기는 어렵다' 이렇게 표현해 보면 어떨까 싶어요.

이해영 이런 생각이 들었어요. '낙관하긴 쉬워도 직관하긴 어렵다.' 계속 역사를 공부하면서 지금의 우리가 자꾸 읽히는 것 같아요. 눈앞의 작은 이익이나 안온함 같은 데 취해서 너무 쉽게만 살려고 하는 게 아닌가 싶습니다.

이다지 저는 '약속하긴 쉬워도 지키긴 어렵다'고 생각했어요. 전쟁 전에는 분명 '무슨 일이 있어도 지켜 주겠다', '한양을 지키겠다' 이렇게 얘기해 놓고 실제로 전쟁이 터지면 제 살길 찾기 바쁜 지배층의 행보를 보면 오직 실천이 담보된 약속만이 가치 있다는 생각이 들어요.

신병주 '한 몸 피하기는 쉬워도 역사의 준엄한 평가를 피하기는 어렵다.' 일신의 안위를 택했던 선조는 지금까지 후세인들에게 비난받고 있음을 꼭 기억했으면 좋겠습니다.

3

조선의 반격,
바다로부터
시작되다

전쟁이 일어난 지 한 달도 안 되어 도성이 함락될 정도로 일방적으로 패주하던 조선은 시간이 지나면서 조금씩 반격을 시작했다. 그 주체는 이순신이 지휘한 수군과 곽재우, 김덕령 등이 이끈 의병이었다.

이순신은 1592년 5월 옥포 해전을 시작으로 1598년 11월 노량 해전까지 20여 회의 전투를 모두 승리로 이끌었다. 그 승전들은 그야말로 패색이 짙은 전황을 뒤바꾼 결정적 계기였다. 이순신의 신화적 승리는 1592년 5월 7일 옥포 해전에서 시작되었다. 그 전투는 그의 첫 승전이었을 뿐만 아니라 조선 관군이 거둔 첫 승리였다. 옥포 해전에서 조선 수군은 왜선 20여 척을 격파하고 일본군 4000여 명을 살상했다.

이순신이 이끄는 조선 수군의 승전은 계속 이어졌다. 그 첫 정점은 1592년 7월에 치른 한산 대첩이었다. 명량 해전과 함께 이순신이 치른 가장 유명하고 중요한 전투로 손꼽히는 한산 대첩은 '대첩'이라는 이름에 합당한 큰 승리였다. 이순신은 여기서 유명한 학익진으로 적선을 포위한 뒤 일거에 섬멸하는 탁월한 전술을 구사했다. 거북선도 뛰어난 활약을 펼쳤다. 와키자카 야스하루가 이끈 일본군은 73척 가운데 59척이 격침되는 참패를 당했지만 조선 수군은 거의 피해를 입지 않았다. 완벽한 승리였다.

수군의 활약은 열세로 기울던 전쟁의 흐름을 바꿨다. 육지에서도 승전 소식이 들리기 시작했다. 육전에서 가장 중요한 전투는 진주 대첩과 행주 대첩이었다. 이 두 전투는 한산 대첩과 함께 임진왜란의 3대 승리로 꼽힌다.

두 번의 진주성 전투는 엄청난 혈전이었다. 1차 전투는 1592년 10월 5일부터 11일까지 7일 동안 펼쳐졌다. 진주를 공격한 일본군은 3만여 명이었지만 방어하는 조선군은 3800여 명에 지나지 않았다. 조선군의 절대적 수적 열세 속에서도 전투가 일주일 동안이나 지속되었다는 사실은 전투의 치열함을 짐작케 한다. 전투를 지휘한 진주목사 김시민은 일본군의 탄환에 맞아 전사했지만, 조선군과 백성은 엄청난 피해와 고난을 이기고 끝내 진주성을 지켰다. 1차 진주성 전투는 이순신의 해전 승리와 함께 곡창인 전라도를 지키는 중요한 방패가 되었다.

진주성 전투는 한 번으로 끝나지 않았다. 9개월 뒤 일본군은 복수전을 감행했다. 1593년 6월 20일부터 29일까지 열흘간 계속된 2차 전투도 혈전이었다. 도원수 김명원과 진주목사 서예원 등이 이끈 조선군은 이번에도 굳세게 맞섰지만, 끝내 수적 열세를 극복하지 못했다. 2차 진주성 전투가 낳은 또 다른 영웅은 논개다. 그녀는 진주 남강 변에서 열린 일본군의 승전 축하 잔치에서 왜장을 안고 물에 빠져 순국했다.

임진왜란에서 빼놓을 수 없는 장면은 1593년 1월의 평양성 전투다. 이 전투는 수세였던 육지의 전황을 공세로 바꾼 중요한 계기였다. 1월 6일 도원수 김명원이 지휘한 관군과 이여송이 이끄는 명군 4만 명은 일본군이 점령한 평양성을 포위했다. 이 전투에는 휴정과 유정이 이끈 승군도 합세했다. 조명연합군은 사흘간 평양성을 맹렬히 공격했다. 결국 고니시 유키나가 군은 성을 버리고 한양 쪽으로 퇴각했다. 조선은 7개월 만에 평양성을 탈환했다.

평양성 전투로 전황은 역전되었지만, 전란은 쉽게 끝나지 않았다. 1593년 3월부터 길고 지루한 강화 협상이 시작되었다. 그 기간은 수탈과 살육의 소모전으로 채워졌다. 거기서 가장 큰 피해를 입은 것은, 모든 전쟁에서 그럴 테지만, 조선의 백성들이었다.

1592년(선조 25) 4월,
700여 척의 대규모 일본군이 부산에 상륙한다.
임진왜란 7년 전쟁의 시작이었다.

조선 제일의 명장 신립이 나서지만
탄금대 전투에서 대패하고 만다.

조선 관군의 잇따른 패배에
선조는 깊은 밤 도망치듯 궁을 빠져 나가고
나라의 운명은 바람 앞의 등불과도 같았다.

그러나 전쟁의 물줄기는 바다로부터 바뀌었다.

여수 본영을 출발한 전라좌수사 이순신의 함대가
일본군이 상륙해 있던 거제 옥포만에 도착한다.

일본군은 옥포만 일대에 상륙해 주변 지역을 약탈하고 있었다.
일본군은 허둥대며 전투태세를 갖추기 시작한다.
그러나 이순신의 함대는 조용히 지켜볼 뿐이었다.

"기다려라. 적들이 모두 승선할 때까지 기다린다."

적의 함선이 가까워지자 일제히 함포를 쏘기 시작했다.
조총의 사정거리 밖에서 쏘아 대는 조선 수군의 함포 공격에 일본 함대는 무참히 부서졌다.

일본군은 조총의 사정거리까지 접근하려 했지만
이순신은 이를 허용하지 않았다.

"사거리를 확보하고 계속 포격전을 감행한다."

하늘을 찌를 듯한 조선 수군의 맹공격에
일본군은 속수무책이었다.

총통에 맞아 깨지고 불탄 적선의 수는 스물여섯 척,
최대 4000여 명에 이르는 일본군을 수장시키며
옥포 해전에서 승리를 거둔다.

이는 임진왜란의 첫 승리였다.

그날 네, 드디어 조선의 반격이 시작됐습니다. 옥포 해전의 승리로 조선에 희망이 보이기 시작했는데, 이거 보면서 아찔한 생각이 들었어요. 만약에 수군이 없었더라면 이 나라의 운명은 어떻게 됐을까요?

류근 기사회생, 천우신조라는 말이 떠오르지 않습니까? 저 날이야말로 전쟁의 흐름을 바꾼 그날이죠.

이해영 드디어 역사에 길이 남을 명장인 이순신 장군 얘기가 나오네요. 지금까지 계속 암울한 얘기만 들었잖아요. 조선이 전쟁 예측에 실패하고 얼마나 안일하게 대처했는지, 그래서 임진왜란 때 얼마나 속수무책으로 졌는지 하는 것들 말예요. 그래서 내내 화도 나고 속상하기도 했는데 드디어 이겼다는 이야기를 들으니까 정말 기쁘네요. 저도 이렇게 기쁜데 당시 백성들은 어땠겠어요? 이게 첫 승리였죠?

신병주 그렇죠. 옥포 해전은 조선군이 해전에서 거둔 첫 승리이기도 했고, 또 완벽한 승리였어요. 왜선 스물여섯 척을 격파했고, 일본군 사상자가 4000여 명에 달했죠. 그에 비해 조선 수군의 피해는 부상자 한 명뿐이었어요. 그만큼 완벽한 승리였죠.

그날 한 명이 부상당했다는 얘기가 기록에 남아 있나요?

이민웅 이순신의 장계에 이름까지 남아 있습니다. 순천의 격군[1] 이선지라는 사람이 부상을 당했다고 하죠.[†]

박금수 장계에 어떤 부상이었는지도 나오나요?

이민웅 네, 화살에 맞았다고 나옵니다.

박금수 화살에 맞았다니 정말 열심히 싸운 분이셨나 보네요.

그날 역사에 이름을 남기는 방법도 여러 가지군요. 아무래도 첫 승리였으니까 자신감 회복 차원에서 굉장히 중요했겠어요.

이민웅 네, 일본군과 맞서 싸워서 이길 수 있다는 자신감을 얻게 된 것이 옥포 해전의 가장 큰 성과가 아니었나 싶습니다.

† (옥포에서) 접전할 때 순천부의 정병(正兵)인 이선지가 왼쪽 팔에 화살을 맞아 조금 상한 것밖에는 부상당한 군사가 없었습니다. 우수사 원균은 단지 3척의 전선만을 거느렸는데, 신의 여러 장수가 잡은 왜적의 배를 심지어 활을 쏘아대면서까지 빼앗으려 하는 통에 두 사람이 화살에 맞아 부상을 당했습니다. 주장(원균)으로서 부하 단속을 하지 못함이 이보다 더 심한 경우는 없다고 할 것입니다.
　　　　　　　　　—「옥포파왜병장(玉浦破倭兵狀)」, 『이충무공전서』

옥포 해전, 일본의 전쟁 구상을 무너뜨리다

그날　우리야 자신감을 얻었지만 일본 측에서는 굉장히 당황했겠어요.

이민웅　그렇습니다. 당시 일본의 전쟁 구상이 수륙병진 전략이었어요. 육군이 육지로 올라가면 수군이 남해와 서해를 따라 전쟁 물자를 보급해 주겠다는 거죠. 그러므로 우리 수군이 남해를 막았다는 것은 일본군의 보급로를 차단했다는 의미가 있죠.

그날　보급이라는 게 꼭 해로로 갈 필요는 없잖아요.

이민웅　네, 육로로도 가능합니다. 그런데 해로와 육로의 가치를 비교해 보면 해로가 절대적으로 유리하죠. 예를 들어 1000석의 쌀을 실은 배가 평양에 들어가면 고니시 유키나가 군이 열흘 이상 먹을 수 있는 군량이 생깁니다. 하지만 그것을 부산에서 평양까지 육로로 옮기게 되면 말 500필이 필요하고, 말을 움직일 병력과 그 병력들을 호송할 군사들까지 필요하기 때문에 비용이 곱절로 들죠. 따라서 해로가 보급의 핵심이었던 겁니다.

박금수　육군 상륙 지점이 경상도였기 때문에 육로로 수송을 하려면 북쪽의 험준한 산맥들을 넘어야 한다는 문제도 있었죠.

그날　지금 수군이 그걸 막았다는 거 아닙니까? 굉장한 쾌거네요.

고니시 부대가 평양에서 멈춘 이유

그날 고니시 부대가 평양을 점령한 이후에 거기서 진격을 멈췄잖아요. 그렇다면 고니시 부대는 병력과 군수품을 기다리고 있던 건가요?

신병주 그렇죠. 류성룡이 쓴 『징비록』에 당시 고니시 유키나가가 의주로 피란 가 있던 선조에게 보낸 편지가 나와요. 내용을 보면 거의 협박에 가깝습니다. '지금 일본 수군 10만여 명이 몰려오고 있는데 당신이 어디로 갈 수 있겠느냐? 항복하라.' 이렇게 이야기하죠. 그런 걸 보면 고니시 유키나가는 일본 수군이 서해를 뚫고 진격해서 군량미를 보급할 거라고 믿었던 거 같아요. 조선 수군의 항전으로 그 계획에 차질이 생긴 거고요.

그날 선조를 위협했으나 정작 본인이 굶게 생겼어요.

박금수 고니시 유키나가는 을밀대에 올라 계속 대동강만 바라봤겠네요. 밥은 언제 오는지.

류근 군대 갔다 온 분들은 다들 공감하시겠지만 군인은 한 끼를 굶으면 일보 전진이 안 됩니다.

신병주 그래서 군대에서는 이런 말도 유행했어요. "전투에 실패한 지휘관은 용서할 수 있어도 배식에 실패한 지휘관은 용서할 수 없다."

그날 당시 전투 식량 같은 게 있었나요? 군인들은 뭘 먹었나요?

박금수 당시에는 수송 업무 자체도 대부분 인력에 의존했기 때문에 식량 확보가 굉장히 중요했어요. 전투 부대든 수송 부대든 근육에 힘이 들어가야 움직일 수 있으니까요.

이해영 전쟁터에서 무거운 솥을 가지고 다니기기는 어려웠을 것 같은데 그때는 육포 같은 건 없었나요?

류근 몽골군들이 주로 육포를 먹었다고 들었습니다.

박금수 육포는 에너지로 전환되는 데 오래 걸리기 때문에 문제가 있죠.

일본군을 괴롭힌 동장군

그날 기록에 의하면 저 때 이순신 장군 말고 일본군을 괴롭힌 유명한 장군이 또 있었다고 해요. 동장군이 그렇게 무서웠다면서요?

이민웅 맞습니다. 일본군 가운데 제1군 고니시 유키나가 군과 제2군 가토 기요마사 군은 전부 규슈 출신들입니다. 규슈는 일본의 최남단에 위치해서 굉장히 따뜻하죠. 때문에 규슈 출신 병사들은 조선의 혹독한 추위를 견디기 어려웠을 겁니다.

그날 당시에는 지구온난화도 없었고 지금보다 훨씬 더 추웠을 것 같은데, 추위에 대한 기록 같은 게 있나요?

이민웅 날씨에 대한 기록은 경상도 상주와 전라도 장수에 피란했던 선비들이 남긴 일기 자료에서 확인할 수 있습니다. 여기 보면 음력 11월, 12월이 되면서 날씨가 굉장히 추워졌다는 기록들이 나옵니다. 비교적 남쪽인 상주와 장수가 그 정도였으면 일본군이 있었던 평양이나 함경도 북부 지방은 그곳보다 10도 이상 더 추웠을 거예요.

박금수 도성을 지키는 중앙군도 부방이라고 해서 추운 겨울에 두만강, 압록강 지역으로 파견 근무를 가는데요. 그때 추위에 얼어 죽은 사람들에 대한 기록이 있습니다. 그만큼 조선의 겨울이 추웠던 거죠.

임진왜란 직전, 수군이 폐지될 뻔했다?

그날 전란 직전에 조정에서 수군을 없애자는 얘기가 나왔다면서요. 이건 어떻게 된 일인가요?

이민웅 조선은 건국 초기부터 왜구를 방어하기 위해 국가적으로 수군을 육성했습니다. 바다에서 오는 적은 바다에서 막는다는 전략이었죠. 그런데 전쟁 바로 전해인 1591년에 신립이 방어 상태를 확인하기 위해 남부 지방을 돌았어요. 그때 수군을 폐하고 육군으로 군사를 모아서 방어하자는 의견을 제시한 겁니다.

그날 　아니 나라 삼면이 바다인데 수군이 없으면 나라는 누가 지키나요?

이민웅 　동서고금을 막론하고 수군을 유지하는 데는 비용이 굉장히 많이 듭니다. 그렇기 때문에 장기간 평화가 지속될 경우, 수군 무용론에 빠지기가 쉽죠. 또 수군의 군역이 육군보다 훨씬 힘들었습니다. 복무 기간도 1.5배나 길어서 1년에 6개월 정도나 됐고요. 게다가 바다 한가운데서 배가 부서지면 바로 생명에 위협이 되지 않습니까. 그래서 당시 수군들이 역을 피해 도망가는 경우가 많았어요. 방어 태세를 점검하러 간 신립이 보기에 수군에 문제가 너무 많았던 거죠. 그래서 아예 수군을 폐지하고 육군 쪽에 힘을 몰아 주자는 주장을 펼친 겁니다.

신병주 　이때 수군 폐지를 가장 적극적으로 반대한 인물이 바로 이순신 장군이에요. '바다로 들어오는 적을 방어하는 데는 수군만한 것이 없다'는 논리로 반대 의견을 개진했는데, 다행히 선조가 이 의견을 받아들인 거죠.[†] 이때 선조가 전라좌수사인 이순신을 비롯해서 원균, 이억기[2] 이런 사람들에게 직접 전쟁 준비를 하도록 한 것은 그나마 다행한 일이었죠.

> [†] 바다로 침입하는 적을 저지하는 데는 수군을 따를 만한 것이 없습니다. 수군
> 이나 육군은 그 어느 쪽도 없앨 수 없습니다.
> ─ 「선묘중흥지(宣廟中興誌)」

철저히 전쟁을 준비한 이순신 장군

이민웅 　이순신은 전라좌수사로 부임하고 전쟁이 시작되기 직전까지 14개월 동안 철저히 전쟁 준비를 했던 것 같습니다. 예를 들어서 1592년 1월 16일 『난중일기』에 보면 '방답진의 병선 담당 군관과 아전들이 병선을 수리하지 않았다. 그래서 데려다가 곤장을 쳤다'라는 기록

이 있습니다.†

신병주 어떤 면에서 이순신 장군은 너무 심하다는 생각이 들 정도로 전쟁을 준비해요. 조금이라도 문제를 일으킨 사람이 있으면 곤장을 때리기도 했고요. 당시 이순신 장군의 부하들은 불만을 가졌을지도 몰라요. '전쟁이 일어나지도 않았는데 왜 우리한테 맨날 전쟁 준비시키고 함부로 곤장 때리고 그러냐?' 이런 불만이 분명히 있었을 거예요. 그런 걸 보면 이순신 장군은 확실히 선견지명이 있었던 것 같아요.

류근 지난주에 이해영 감독이 명언을 하나 남겼잖아요. "낙관하긴 쉬워도 직관하긴 어렵다." 온 나라가 낙관에 빠졌을 때 이순신에게는 전쟁이라는 위기를 헤아린 직관이 있었던 거예요.

이해영 만약 조선 바다에서 일본군을 제일 먼저 맞닥뜨렸던 경상우수사 자리에 이순신이 임명됐다면 전쟁 초기부터 수습이 좀 쉽지 않았을까 하는 생각을 하게 되는데, 원균은 왜 초기에 이렇게 대응하지 못했을까요?

이민웅 원균 휘하에 있던 많은 장수들이 다 자기 살겠다고 뿔뿔이 도망 갔던 게 한 이유였고요. 또 하나는 일본의 침입이 굉장히 기습적이었다는 거예요. 또 수적으로도 기존의 왜구와는 상대가 안 될 정도로 어마어마하게 많은 세력이 한꺼번에 들이닥쳤기 때문에 미처 적절한 방책을 세우지 못하고 허물어진 것이죠.

† 맑음. 동헌에 나가 공무를 보았다. 각 고을의 벼슬아치들과 아전 등이 인사하러 왔다. 방답진의 병선 담당 군관과 아전들이 병선을 수리하지 않기에 곤장을 쳤다. 우후(虞侯), 가수(假守, 임시 관리)가 제대로 단속하지 않아 이 지경에 이른 것이니 해괴하기 짝이 없다. 자기 한 몸 살찌울 일만 하고 이와 같이 돌보지 않으니 앞일도 알 만하다. 성 밑에 사는 토병(土兵) 박몽세는 석수로서 선생원의 쇄석(쇠사슬 박을 돌)을 뜨는 곳에 갔다가 이웃집 개에게까지 피해를 끼쳤으므로, 곤장 여든 대를 쳤다.
─『교감 완역 난중일기』(이순신, 노승석 옮김, 민음사, 2010), 1592년 1월 16일

이순신과 원균, 두 사람의 관계는?

그날   그래도 초기에는 이순신과 원균이 서로 협력하지 않았나요?

신병주   원균이 경상우수사고 이순신이 전라좌수사니까 협력할 수밖에 없죠. 실제로 전쟁 초기에는 원균이 이순신에게 전쟁 정보를 주기도 했어요. 옥포 해전 때도 주력 부대는 이순신 부대였지만 원균 부대도 합류했고요. 그래서 당시 이순신 휘하의 부대원들 사이에서 '원균이 숟가락 얹으려고 하는 거 아니냐? 저 사람이 도와주는 거 우리가 거절하자' 이런 이야기도 나왔어요. 이때 이순신 휘하에 있던 녹도만호 정운[3]이 '바다를 지키는데 어떻게 영역의 구별을 둘 수 있느냐?'라고 말해요. 이순신도 '힘을 모아 나라를 지키는 것을 우선해야지, 꼭 우리 부대가 공을 세워야 되는 건 아니다'라고 합니다. 결국 옥포 해전은 이순신의 주도 하에 원균이 협조하는 방식으로 치러지죠.

그날   결론적으로 그 무렵부터 두 사람 사이의 갈등이 깊어지죠?

이민웅   두 사람은 사실 처음부터 관계가 그리 좋지는 않았습니다. 허균의 책을 보면 두 사람이 같은 동네 출신이었다고 해요. 그런데 원균은 부친이 수군절도사까지 지낸 무반 가문 자손이고, 이순신은 할아버지 때까지 굉장히 잘 나가던 문반 가문 출신이었습니다. 서로 어울리기 어려운 상황이었죠. 두 사람의 무과 합격 시기도 10년 이상 차이가 납니다. 이순신이 한참 늦게 합격했죠. 그런데 임진왜란 직전에 이순신이 종6품인 정읍 현감에서 정3품 전라좌수사까지 일곱 품계가 오르는 초고속 승진을 하고, 계속 승승장구하잖아요. 본래 이순신보다 훨씬 높은 직급에 있었던 원균으로서는 그런 이순신이 탐탁지 않았겠죠.

신병주   『난중일기』에 보면 이순신이 원균에 대해서 비판적으로 기록한 대목이 굉장히 많아요. 예를 들어 '헛소리를 잘한다'거나, '흉

포하고 패악스러운 일도 한다고 들었다.' 또 '술주정이 심하다.'
이순신 장군이 정말 이런 기록을 남겼을까 싶을 정도로 원균에
대해서는 부정적인 감정을 적나라하게 드러냅니다.† 반대로 자
기를 추천한 류성룡에 대해서는 아주 우호적으로 쓰고요.

---

† 이순신이 원균을 구원해 준 후로 둘 사이는 아주 좋았다. 그러나 얼마 후 공
을 따지게 되면서부터 사이가 벌어지기 시작했다. 성품이 음흉하고 간사한 원
균은 여러 사람과 접촉하면서 이순신을 모함했다. "처음에 이순신은 구원을 오
지 않으려 했소. 그러나 내가 여러 번 요청하자 할 수 없이 온 거요. 그러니 공
으로 치자면 내가 가장 클 것이요."
— 『징비록』(류성룡, 김흥식 옮김, 서해문집, 2003)

경상 좌위장과 우부장은 보고도 못 본 체하고 끝내 구하지 않았으니 아주 괘씸
하였다. 분하기 짝이 없는 일이었다. 이를 두고 경상도 수사 원균을 나무랐다.
이 모두가 경상도 수사 때문이다.
— 『교감 완역 난중일기』(이순신, 노승석 옮김, 민음사, 2010), 1593년 2월 22일.

음흉하고 간사한 말을 많이 내뱉으니 몹시도 해괴하다.
— 『교감 완역 난중일기』(이순신, 노승석 옮김, 민음사, 2010), 1593년 2월 23일

와키자카 야스하루, 한산도에서 굴욕을 맛보다

이순신 장군이 이끄는 조선 수군은
1, 2차 출전에서 모두 승리하며
서해로 가려는 일본군의 바닷길을 막는다.

해전에서의 잇따른 패배 소식에
도요토미 히데요시는 급기야 일본 수군 최고의 장수
와키자카 야스하루에게 특명을 내린다.

"이 칼로 이순신 그놈을 베어 버리라고 해."

와키자카는 본래 수군이었지만 개전 초기 육전에 참여해
조선군 수만 명을 격파하기도 했다.

일흔세 척의 최정예 함대를 거느린 와키자카는
통영과 거제 사이의 좁은 바다인 견내량을 가득 메운 채
전투 준비를 하고 있었다.

견내량은 폭이 매우 좁아
이곳에서의 전투는 조선 수군에 불리했다.
이순신은 대여섯 척의 군선을 적진으로 보낸다.
일본 함대를 유인하기 위한 일종의 미끼였다.

조선 수군을 발견한 일본군은 조총으로 공격해 왔다.
조선 수군은 거짓으로 패한 척 하며 주력 함대가 있는

넓은 바다로 퇴각하는데…….

이순신의 작전은 주효했다.
일본 수군이 퇴각하는 조선 수군을 추격하며
한산도까지 따라 나온 것이다.

넓은 바다에 이른 일본군은 당황하고 만다.
학의 날개 모양을 한 조선 수군은
일본 함대를 순식간에 에워싼다.

일제히 적 앞에서 급선회하며 적선을 향해 총통을 쏘아 댔다.
거북선은 적선들 사이로 돌진하며 일본군 진영을 흩뜨렸다.
우레와 같이 쏟아지는 포격에 적선들은 순식간에 부서졌다.
일본 함대 쉰아홉 척이 격침되고, 수천여 명의 사상자를 냈다.

한산 대첩에서의 패배 이후,
일본은 조선 수군과의 해전을 포기하고 만다.

한산 대첩, 해전사의 전설이 되다

그날 　한산 대첩 정말 통쾌한 승리였군요.

이민웅 　이순신이 이끄는 조선 수군이 임진왜란에 총 일곱 번 출전했는
데 한산 대첩은 그중 세 번째 출전이에요. 1·2차 출전에서 이순
신은 옥포 해전, 사천 해전을 포함한 일곱 번의 전투를 치렀고,
물론 모두 승리했습니다. 그 소식을 들은 도요토미 히데요시가
일본의 중앙 수군을 파견해서 조선 수군과 맞대결을 시킵니다.
와키자카 야스하루, 구키 요시타카, 가토 요시아키, 도도 다카토
라 등 몇몇 장수들에게 해전에 임할 것을 명령하죠. 그중에서 와
키자카 야스하루가 가장 먼저 김해에 내려와서 자신의 전력이었
던 전선 일흔세 척을 이끌고 조선 수군과 맞서 싸웁니다. 사실 와
키자카 야스하루는 전쟁 초기 육전에도 참가했어요. 용인 전투
에서 전라순찰사 이광이 이끄는 근왕병[4] 5만 명을 1500명의 병
력으로 해산시켰죠. 그 이후로 와키자카 야스하루는 조선군을
굉장히 우습게 여겼다고 해요. 수군이라고 육군과 별다를 게 있
겠느냐 싶은 마음에 자신만만하게 출전했던 것 같습니다.

그날 　일본과 조선, 두 나라의 수군을 대표하는 두 장수가 본격적으로
격돌한 거군요. 결국 조선 전선은 한 척의 손실도 없었는데, 일
본 전선은 일흔세 척 중에 쉰아홉 척이 격침당했다면서요. 정말
압도적인 승리, 해전다운 해전이네요.

신병주 　당시 일본 수군을 이끌었던 와키자카 야스하루는 겨우 목숨을
건져 인근에 있는 무인도로 도망을 칩니다. 여기서 13일 동안 숨
어 지내는데, 무인도라 먹을 게 없잖아요. 그래서 줄곧 미역으로
연명하다가 우여곡절 끝에 일본으로 탈출합니다. 와키자카 야스
하루의 후손들은 이 쓰디쓴 패배를 잊지 않기 위해 지금도 한산
대첩이 일어났던 날 꼭 미역을 먹는다고 합니다.

그날 보통 우리는 생일에 미역국을 먹는데 패전한 날 먹는 미역국의 맛은 어땠을까요? 굉장히 썼겠죠?

일본 수군이 연전연패한 이유

그날 상식적으로 일본은 섬나라이기 때문에 수군이 육군보다 훨씬 더 강할 것 같은데, 어떻게 이렇게 붙었다 하면 무조건 패할 수 있는 거죠?

이민웅 일본이 전국시대에 100여 년간 전쟁을 했지만, 그중에서 이름 있는 해전은 한두 번 밖에 없었어요. 그 정도로 해전이 적었고 해양 전략이 굉장히 미숙했습니다. 일본 수군의 역할은 병력과 군수 물자의 수송에 한정됐죠. 때문에 일본에서는 조선 수군과 대결해서 제해권을 장악한다는 개념이 아예 없었던 것으로 보입니다.

그날 임진왜란에서 조선 수군이 일본 수군을 압도했던 비결 하면 꼭 짚고 넘어가야 될 게 있죠. 전쟁의 승패를 가를 만큼 강력했던 비밀 병기, 거북선입니다. 우리가 거북선에 대해 잘 안다고 생각하지만 의외로 잘못 알고 있는 것도 많아요. 그래서 거북선에 대한 퀴즈를 준비했습니다. 오늘은 특별히 류근 시인과 이해영 감독 대신 「역사저널 그날」 스태프 분들께 질문하겠습니다. 카메라 감독님, 안녕하세요? 거북선이 첫 출전한 해전, 알고 계세요?

제작진 잘 모르겠는데요. 한산 대첩 아닐까요?

그날 그럼 거북선을 처음 만든 사람은 누굴까요?

제작진 이순신 장군께서 누군가를 시켜서 만드셨겠죠.

그날 네, 알겠습니다. 우리 제작진 중에 미모의 여자 카메라 감독님이 한 분 계세요. 류근 시인께서 항상 이쪽을 바라보시는데, 거북선이 처음으로 출전한 해전은 뭘까요?

제작진 분위기 보니까 한산 대첩 맞는 거 같은데요.

거북선 세계 최초의 철갑선으로, 등에는 창검과 송곳을 꽂아 적이 기어오르지 못하게 하였고, 앞머리와 옆구리 사방에는 화포를 설치하였다.

그날　거북선을 만든 사람은?

제작진　이순신 장군은 아닌 걸로 하겠습니다.

그날　눈치가 빠르시네요. 여기 갓 입사한 저희 막내 PD입니다. 거북선을 처음 만든 사람은 누구인가요?

제작진　이순신 장군 전에 이미 있었다는 걸로 알고 있어요.

그날　그럼 거북선이 첫 출전한 해전은?

제작진　한산 대첩?

그날　네, 제가 거북선에 대해 기초적인 질문을 드려봤는데, 다들 도망가시거나 머뭇머뭇하시네요. 조금 어려운 문제였던 것 같아요.

신병주　거북선은 한산 대첩에서도 활용되었지만 그보다 앞서 사천 해전에서 처음 출전했습니다.

그날　그럼 거북선을 처음 만든 사람은 이순신일까요, 아닐까요?

류근　당연히 아니죠.

그날　그래요? 전 솔직히 이순신이라고 생각했거든요.

류근　조선 초기에 이미 구선(龜船)이 있었다는 기록을 읽었어요.

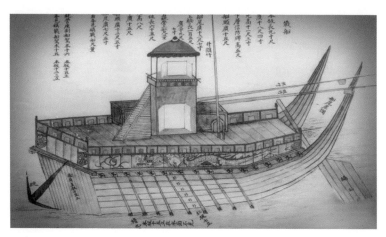

판옥선 명종 때 개발된 군선으로, 널빤지로 지붕을 덮은 형태이다. 임진왜란 때 조선 수군의 주력선으로 사용되었다.

이민웅 거북선은 조선 초기 태종 대 수군 강화 정책의 일환으로 군선을 건조하는 과정에서 제작되어 한강에서 시험 운행을 했다는 기록이 있습니다. 하지만 그 거북선과 임진왜란 때 거북선은 연결되지 않습니다. 별개의 것이죠. 그래서 창제라는 표현을 씁니다. 충무공 이순신이 조함 전문가였던 나대용[5]에게 거북선 건조를 명령하죠. 그러므로 실질적인 건조 책임자는 나대용이라고 볼 수 있습니다. 임진왜란 때 거북선은 판옥선[6] 위에 개판(鎧板)을 덮은 구조이기 때문에 판옥선의 사촌 배라고 보시면 됩니다.

그날 판옥선과 거북선, 뭐가 어떻게 다른지 잘 모르겠죠. 그래서 그림을 준비해 봤습니다. 철갑을 두르고, 용머리를 얹었다는 게 차이점인가요?

이민웅 조선 수군의 주력선은 판옥선입니다. 판옥선은 명종 때 개발된 군선인데, 갑판 위에 상갑판을 놓고 그 위에 장대를 세웠습니다. 군사들은 저 상갑판 위에서 전투를 하게 되는 거죠. 격군들은 상갑판 아래에서 노를 젓고 전투원들은 위에 싸우는 구조죠. 구조가 그러니까 판옥선이 다른 배보다 좀 더 높았어요. 그래서 일본 군이 우리 배에 올라타서 백병전[7]을 벌이기가 어려웠죠. 거북선 은 적병이 배에 올라타는 것을 막기 위해서 아예 개판에다가 송곳(도추)을 심었습니다.

신병주 드라마나 영화 같은 거 보면 일본군은 뭐든지 자꾸 기어오르려 고 해요. 성이든 배든 가리지 않아요. 이걸 막으려고 거북선에 촘촘하게 송곳을 박은 거죠.

왜 거북선을 주력선으로 사용하지 않았을까?

그날 거북선이 세계적으로 유래가 없을 만큼 우수한 전함이잖아요. 그런데 왜 이걸 주력선으로 사용하지 않았을까요?

이민웅 거북선은 상갑판 위에 다시 뚜껑을 덮었기 때문에 실내 공간이 협소하다는 문제가 있었습니다. 병사들이 자유롭게 움직이면서 전투를 하기가 어려웠죠. 그래서 거북선은 주로 돌격선으로서 적진을 흐트러뜨리거나 상대방 지휘선을 공격하는 역할을 했습 니다. 거북선에 의해 상대방 진영이 흐트러졌을 때 주력선으로 등장하는 것이 판옥선이고요.

신병주 어떤 면에서 거북선은 바다의 탱크 역할을 했다고 볼 수 있죠.

그날 당시에 배에다 포를 장전한다는 발상도 신선하고 대단한데 그걸 실현할 수 있었던 조선의 기술력도 대단한 것 같아요. 그런데 일 본은 왜 이걸 못한 거죠?

이민웅 조선 수군에서 가장 중요한 무기가 화전, 화포 등이었다면 일본 에는 그런 게 없었어요. 정확히 말해서 그런 무기를 만들 만한 기술이 없었죠. 또 판옥선은 화포의 반동을 이겨낼 수 있을 만큼 함선 구조가 강한 반면, 일본의 아타케부네[8]나 세키부네[9]는 배가 약하기 때문에 화포를 싣지 못했습니다.

황자총통과 피령차중전

조선 수군 최고의 무기, 황자총통

그날 　옷을 갈아 입으셨네요. 군복이 굉장히 잘 어울리세요.

이민웅 　네, 사실 제가 현역 해군 장교입니다. 오늘 대한민국 해군을 대
　　　　표해서 조선 수군 최고의 무기를 소개해 드리도록 하겠습니다.
　　　　앞에 보이는 이 총통이 조선 수군이 가장 일반적으로 사용했던
　　　　황자총통입니다.

그날 　총통[10]은 조총과는 다른 거죠. 대포의 일종입니까?

이민웅 　네, 총통이라는 것은 화약의 폭발력을 이용해서 대형 화살이나
　　　　탄환을 발사하는 무기를 총칭하는 말입니다. 임진왜란 당시에는
　　　　천자총통, 지자총통, 현자총통, 황자총통 등 여러 종류의 총통이
　　　　있었습니다.

이해영 　종류가 너무 많네요. 총통 이름 외우는 것도 쉽지 않겠어요.

신병주 　이것도 요령이 있는데요. 천지현황 이게 천자문 순서예요. 요즘
　　　　말로 1호포, 2호포, 3호포, 4호포 이렇게 되는 거죠.

그날 　아, 하늘 천, 땅 지, 검을 현, 누를 황 이렇게 천지현황이군요. 교

황자총통	전체 길이	구경	화살	탄환	화약
	3척 6촌 4분 (76.44cm)	2촌 2분 (4.62cm)	피령차중전 1100보	철환 40개	3냥

조선 수군의 포

그날 수님 저기 황자총통 옆에 있는 건 뭔가요?

이민웅 네, 이게 피령차중전(皮翎次中箭)인데요. 황자총통의 발사체입니다. 황자총통을 발사시키면 이 피령차중전이 날아가 상대방의 배를 깨트리는 거죠.

그날 발사체가 좀 묵직해 보여서 멀리 날아가지는 않을 거 같은데, 사정거리가 얼마나 되나요?

이민웅 네, 사정거리가 1100보 정도라고 하는데, 미터로 환산하면 1540미터 정도 됩니다.

그날 1540미터요? 1킬로미터가 넘는 거네요. 그렇게 멀리 나가면 파괴력은 떨어지지 않을까 싶은데 어떤가요?

이민웅 그와 관련하여 포르투갈 출신 예수회 선교사 루이스 프로이스[11]는 『일본사』에 이런 기록을 남겼습니다. "남자 허벅지 정도 크기의 대형 화살이 날아가는데 그 화살에 맞는 것은 전부 다 부서지고 만다. 굉장히 강력하다."

군과 민이 하나 되어 싸운 진주 대첩

일본군은 곡창지대인 전라도를 향해 진격했다.
그 길목에 진주성이 있었다.

공격에 나선 일본군은 총 3만여 명.
이에 대항한 진주성 병력은 관군과 백성을 합쳐
고작 3800명에 지나지 않았다.

진주목사 김시민의 지휘 아래,
진주의 군과 민은 하나가 되어 싸웠다.
성곽 바로 아래까지 진격해 온 일본군.

그 순간 외곽에서 횃불이 올랐다.
의병들이 지원군으로 나선 것이다.

곽재우는 횃불을 흔들고 호각을 불며
대규모 군대를 이끌고 온 듯 적을 교란시켰다.

안타깝게도 결전 마지막 날,
김시민은 일본군의 총탄에 맞아 끝내 숨을 거두고 만다.
진주의 군과 민은 합심하여 마침내 성을 지켜냈다.

개전 이래 육지에서 거둔 최대의 승리였다.

육전 최대의 승리, 진주 대첩

그날   관군과 의병, 백성까지 한마음 한뜻으로 진주성을 지켜냈다는 사실이 진주 대첩에서 가장 감동적인 부분이 아닐까 싶어요. 진주 대첩은 임진왜란 3대 대첩 중의 하나로 손꼽힐 만큼 인상적인 전투잖아요.

신병주   해전에서는 몇 차례 승리를 거두었지만 육전에서는 제대로 된 승리가 없었어요. 진주 대첩은 육전 최대의 승리라고 평가할 만한 전투였습니다. 당시 왜적은 3만여 명, 여기 맞선 조선군은 약 3800여 명이었죠. 10분의 1 수준밖에 안 되는 압도적인 수적 열세에도 불구하고 진주의 군과 민이 똘똘 뭉쳐서 결국 일본군을 물리친 거죠. 또 일본군 전사자가 만여 명에 달했고, 지휘관급 전사자만 300여 명 가까이 됐다고 해요. 이때 일본군은 전사자가 너무 많아서 시신을 태워 없애고 달아나기까지 했답니다.

그날   일본이 이 전투를 얼마나 큰 치욕으로 느꼈던지 이 이야기로 가부키[12]까지 만들었다고 해요. 여기 보면 김시민 장군이 조선의 맹장 모쿠소[13]라는 인물로 등장합니다. 아마 극중 모쿠소에게 복수하는 이야기를 만들어서 대리만족을 느끼고자 했던 것 같아요.

신병주   진주목사 김시민은 심리전에도 능했어요. 부족한 병력 대신 허수아비를 만들고 이 허수아비들이 활을 쏘는 것처럼 꾸미거나, 여자들에게 남장을 시켜서 병력을 부풀렸다고 합니다.

그날   의병의 조력도 크게 한몫했죠?

신병주   진주성 전투가 지니는 또 다른 역사적 의미는 관군과 의병이 연합 작전을 전개했다는 거예요. 당시 곽재우[14] 부대 등이 진주성 외곽에 진영을 갖추고 적들을 위협하는 전략을 썼습니다.

이민웅   진주는 지리적으로 굉장히 중요한 전략 지역입니다. 경상도에서 전라도로 가려면 반드시 거쳐야 할 길목이거든요.

일본의 가부키 「덴지쿠 도쿠베에(天竺德兵衛)」 진주 목사 김시민이 모쿠소관(木曾官)이라는 캐릭터로 등장한다.

그날　전라도가 중요했던 게 곡창지대여서 그런 거잖아요. 배고픈 일
　　　본군에게는 굉장히 탐나는 지역이었겠네요.

박금수　저 성만 지나면 먹을 것이 있다. 그러니 진주성 확보가 얼마나
　　　절실했겠어요. 원래는 일본군이 금산에서 전주로 들어가려고 시
　　　도했으나 이치 전투[15]에서 좌절되죠. 일본군이 남하하면서 다시
　　　한번 호남 곡창지대를 노리는데, 그때 길목에 있던 진주성을 뚫
　　　지 못한 겁니다.

그날　조선을 병참기지로 삼아 명으로 가려던 일본의 계획은 의병의
　　　봉기로 무너졌다고 봐도 되겠군요.

이민웅　그렇죠. 그게 의병의 가장 큰 역할이라고 할 수 있죠. 프로이스
　　　의 『일본사』에 보면 의병들을 마치 일본의 군량을 훔쳐가는 산
　　　적이나 도적떼처럼 표현하고 있습니다. 그 얘기는 의병이 게릴
　　　라 전법을 통해 병참선을 위협하고 보급로 차단하는 등의 역할
　　　을 했다는 거죠.

임진왜란에서 활약한 의병장들

임진왜란을 빛낸 의병장들

그날   우리가 꼭 기억해야 할 의병장들 이름을 알려 주세요.

신병주   의병은 경상도 지역에서 가장 많이 일어났죠. 우선 경상도 3대 의병장으로 곽재우, 정인홍, 김면이 있습니다. 호남 의병장으로는 고경명, 김천일 등이 있고, 지금의 충청도 지역인 호서 의병장에는 조헌, 영규가 있죠. 금강산에서 활약한 사명대사 유정과 함경도의 정문부 장군도 빼놓을 수 없고요. 이렇듯 의병이 전국 각지에서 일어나 일본군에게 타격을 가했어요. 그러므로 의병의 봉기는 수군의 승리와 더불어 전쟁의 흐름을 바꾼 핵심적인 사건이라고 볼 수 있습니다.

류근   충청도 지역 의병장으로 유명한 조헌[16]이 이런 격문을 돌렸다고 해요. "지혜를 가진 자는 계책을, 용력을 가진 자는 용력을, 재산을 가진 자는 군량을, 노력을 가진 자는 대열을 보충하라."

그날   자기가 갖고 있는 모든 것을 다 던지라는 말이네요. 굉장히 감동적인 격문이에요.

의병, 모든 것을 바쳐 나라를 구하다

신병주 당시 조정에서도 의병을 모집해야 한다는 의견이 많았어요. 그런 맥락에서 초상화를 한 점 준비했는데요. 이분이 "예부터 의병을 얻어야만 일을 해낼 수 있다"라는 말로 적극적인 의병 모집 활동을 했던 분입니다.†

그날 누구시죠?

신병주 류근 시인은 잘 알 수도 있어요. 바로 저분이 이분이십니다. 저분 성함이 류근[17]이에요. 임진왜란 때 의병들 모아야 된다고 조정에 적극 권유하셨던 분이죠.

류근 사실 집안 조상님이라 알고 있었습니다. 저하고 한자까지 똑같아요. 아주 훌륭하신 분입니다. 좌찬성까지 하셨다고 들었어요.

그날 의병 하면 꼭 하고 싶은 얘기가 그거예요. 국왕과 조정 중신들조차 나라를 버린 판에 백성들이 자발적으로 일어섰다는 거 아닙니까?

박금수 의병은 물론 우리 백성들이 자발적으로 봉기한 건데요. 기본적으로 지방군 체제인 진관 체제에 따라서 조직됐다는 주장도 있어요. 학문을 익힌 선비들 중에도 병서를 어느 정도 읽은 사람은 일반 백성들을 효율적인 군대로 조직할 만한 역량을 갖추고 있었던 거죠.

이해영 어쨌든 의병은 정규군이 아니잖아요. 군대를 운용하려면 식량부터 시작해서 군수 물자 조달까지 돈이 많이 들어갈 텐데, 개인적으로 의병을 조직한 경우, 자금 조달 문제는 어떤 식으로 해결했나요?

신병주 그래서 의병장들 중에는 전 재산을 의병 활동에 쏟아붓는 사람들이 많았어요.

이민웅 거창과 고령에서 크게 활약했던 의병장 김면도 굉장한 만석꾼이

류근 초상 보물 제566호, 개인 소장.

었다고 합니다. 그런데 김면이 의병 활동하는 데 그 재산을 전부 써 버려서 처자들이 생활고에 시달렸다는 기록이 있습니다.

† 류근이 아뢰기를, "외향(外鄕)의 일을 보건대 안부(案付)된 이외의 군사는 하리(下吏)들이 농간을 부려 뽑아 보내지 못하는 실정입니다. 경상도 사람 중엔 산골짜기에 들어가 사는 사람이 많은데 처음엔 몰라서 출전하지 못하였지만 저들의 부모 형제와 처자식이 모두 적에게 사로잡혔으니 사람을 파견하여 강원도를 기점으로 하여 군사를 모집한다면 틀림없이 사력을 다해서 나아가 싸울 것입니다. 예부터 의사(義士)를 얻어야만 일을 해낼 수 있다고 했습니다. 소신을 파견하여 군사를 모집하게 한다면 신도 가겠습니다."
— 『선조실록』 25년(1592) 5월 23일

위기가 닥치면 떨쳐 일어나는 뜨거운 피를 가진 민족

그날   일본 입장에서는 뜻밖에 의병이 나타나서 많이 당황했겠어요. 농민부터 승려까지 그야말로 사회에서 차별받고 핍박받던 모든 사람이 일어난 거잖아요.

박금수   예상치 못한 변수였던 거죠. 일본이 굉장히 치밀하게 전쟁 준비를 했지만 의병이 일어날 줄은 전혀 몰랐죠.

신병주   일본에서는 지휘하던 영주가 죽으면 군대가 바로 해산됩니다. 애국심 같은 개념이 조선보다는 훨씬 더 희박했다는 거죠.

그날   우리 민족에게는 뭔가 뜨거운 피가 흐르지 않나 싶어요.

이해영   그와 관련해서 박시백 화백님 책에서 인상적인 문장을 하나 봤어요. "나라로부터 받은 은혜도 없으면서 위기가 닥치면 떨쳐 일어나는 독특한 유전자를 가진 민중들이 화답하여 일어나 싸웠다." 우리나라 사람들 어려울 때 똘똘 뭉치고 그런 게 전부 선조로부터 물려받은 거네요.

조명연합군, 평양성을 탈환하다

1592년(선조 25) 12월, 명나라 장수 이여송은
4만여 명의 병력을 이끌고 압록강을 건너 왔다.

명나라가 평양성 탈환을 위해
조선에 지원병을 보낸 것이다.

명나라 군사와 김명원이 이끌던 조선 관군,
그리고 의병과 승병이 연합한 조명연합군은
일본군과 치열한 전투를 벌인다.

일본군은 조총으로 격렬하게 저항하지만
조명연합군은 각종 신식 화포로 일본군을 몰아붙였다.

결국 일본군에 점령당했던 평양성은
7개월 만에 조명연합군에 의해 수복된다.

명나라가 조선에 지원군을 파견한 속셈은?

그날　명나라 군사의 합류로 조선은 평양성을 탈환하고, 불리한 전세를 역전시킬 수 있다는 희망을 갖게 됐네요.

신병주　명나라가 조선에 이례적인 대군을 파견해요. 이여송[18]을 지휘관으로 해서 4~5만 정도의 대규모 병력을 보내 오죠. 명군의 참전으로 일본군도 좀 위축됩니다. 계획대로 진격하지 못한 상황에서 명군까지 참전했다는 소식에 심리적 압박감을 느끼는 거죠.

그날　말이 4~5만이지 정말 엄청난 숫자잖아요. 명나라에서도 쉬운 결정은 아니었겠어요.

신병주　명나라가 조선 파병을 결정한 가장 큰 이유는 자국의 안전을 위해서입니다. 조선이 무너지면 결국 명나라에까지 해가 미칠 수 있다. 그러니 조선 땅에서 전쟁을 끝내자. 이런 논리였던 거죠.

그날　순망치한(脣亡齒寒) 말씀이군요.

이민웅　네, 일본이 조선 땅을 장악하게 되면 그 다음은 요동입니다. 요동에서 북경까지는 금방이거든요. 조선이 무너지면 북경까지 위협받을지 모른다는 위기감이 있었던 거죠.

그날　그래도 명군이 참전할 때까지 시간이 꽤 걸렸어요. 나름 고민을 한 건가요?

신병주　그렇죠. 명나라 내부에서도 파병 문제를 둘러싸고 논란이 있었습니다. 조선이 일본과 합세해서 요동으로 쳐들어올지도 모른다는 불안감도 있었고요. 때문에 명에서 화가를 대동한 정탐꾼을 보내 의주에 피란 와 있던 선조의 얼굴을 그려 오게 합니다.

그날　진짜인지 아닌지 보려고요?

신병주　네, 그런 해프닝까지 있었습니다.

원앙진 등패수와 낭선수가 짝을 이뤄 공격하는 모습이다.

평양성 전투 승리의 비결, 절강병법

그날   평양성 전투에서 조명연합군이 끝내 대승을 거두잖아요. 특별한
      비결이 있었을까요?

신병주 당시 명나라 부대는 북병과 남병으로 나뉘어 있었어요. 이중에
      서 남병은 중국 남부 지역 병력을 말하는데, 이 사람들은 일본군
      하고 싸워 본 경험이 많았어요. 때문에 남병이 평양성 전투 승리
      에 꽤 기여했다고 볼 수 있습니다.

박금수 남병은 대개 중국의 남쪽 저장성(浙江省) 출신이었습니다. 저장
      성은 우리나라 호남 지역과 같은 곡창지대입니다. 그래서 일본
      전국시대 내내 이 지역이 왜구의 침입을 받았어요. 이때 명나라
      의 이순신이라고 할 수 있는 척계광[19] 장군이 왜구에 특화된 병
      법을 만드는 데 그게 바로 절강병법입니다. 남병은 이 절강병법
      을 익힌 사람들이고요. 절강병법의 특징이 굉장히 다양한 화포
      를 쓴다는 겁니다. 오늘날의 박격포처럼 개인이 들고 다닐 수 있
      는 소형 화포(호준포)도 사용했고요. 또 불화살 같은 것들을 요란

원앙진 깃발을 든 분대장의 지휘에 따라 등패수, 낭선수, 장창수가 일사불란하게 움직이고 있다.

하게 발사해서 적의 기세를 꺾습니다. 그 다음에 등장하는 게 창과 검을 든 살수들인데요. 원앙진이라는 진법을 짜고 돌격해서 결전을 내는 방식입니다. 원앙진은 열 명의 군사를 한 단위로 묶어 치밀한 조직력을 확보하는 새로운 전법인데요. 이 진법이 일본군과 싸우는 데 상당히 효과적이라는 사실이 실전에서 증명됩니다. 조선에서는 이 절강병법을 훈련시키기 위해서 훈련도감을 설치하는데요. 이후 훈련도감은 조선 후기 최대 군영으로 발전하게 되죠.

당나라 군대 뺨치는 명나라 군대의 작태

그날 평양성 전투 승리의 기세를 몰아서 조명연합군이 일본군을 계속 격퇴해 나가나요?

신병주 평양성 탈환 후 조명연합군의 다음 목표는 물론 서울, 즉 한양 수복이 됩니다. 그래서 군대가 한양을 향해 남하하는데, 그 와중에 벽제관에서 일본군과 맞닥뜨리죠. 이 벽제관 전투에서는 조명연합군이 오히려 크게 패합니다. 패배의 원인은 여러 가지가 있는데 우선 명나라 군대도 보급선이 길단 말이죠. 여기까지 내려오면 물자 보급이 잘 안 되고 병력 충원도 제대로 이뤄지지 않아요. 또 기아나 질병 같은 문제에 급료 지불 문제도 있었어요. 사실 명군의 대다수가 용병이었거든요. 용병은 돈에 민감하잖아요. 이런 문제들 때문에 대오를 이탈한 병사가 꽤 늘어났어요. 명 입장에서도 계속해서 막대한 병력을 지원할 수는 없으니까 강화 회담을 서두릅니다.

그날 군기가 형편없는 부대를 당나라 군대라고 하는데 명나라 군대도 별반 다르지 않군요. 워낙 대규모 파병이어서 사람 수도 많았을 텐데, 쉽게 말해서 싸우지도 않으면서 밥만 축내는 꼴이었네요.

신병주 명나라 군대가 주둔지의 곡식과 가축을 너무 많이 축내요. 그래서 '일본군은 얼레빗, 명군은 참빗' 이런 말이 생겼어요. 명군이 지나가면 먹을 것을 전부 싹쓸이해 간다는 뜻이죠. 류근 시인은 참빗 잘 알죠?

류근 잘 알죠. 어릴 때 참빗으로 서캐나 이 같은 거 잡았잖아요. 빗살이 촘촘한 참빗으로 머리를 빗어 내리면 머리카락 사이사이에 붙어 있던 이물질들이 전부 떨어져 나왔거든요. 명군을 여기에 비유했다는 건 그들의 수탈이 얼마나 철저하고 악독했는지를 보여 주는 거죠.

잔인한 보복, 2차 진주성 전투

1593년(선조 26) 6월,
무려 10만에 달하는 일본군이 진주성을 포위했다.

1차 진주성 전투 참패에 분노한 히데요시가
보복을 지시한 것이다.

"일단 전라도를 불바다로 만들도록 하라.
싹 쓸어 버리도록 해."

진주성의 군과 민은 죽기를 각오하고 항전했지만
끝내 성벽은 무너지고 만다.

전투의 끝은 참혹했다.
일본군이 성 안의 거주민과 살아 있는 동물까지
모두 학살한 것이다.

2차 진주성 전투와 강화 회담의 전개

그날 일본군이 후퇴하면서 진주성을 또 공격합니다. 의도가 보이네요. 보복이죠.

신병주 임진왜란 때 가장 치열한 전투가 벌어졌던 곳이 진주성이었습니다. 1차 진주성 전투가 1592년 10월, 김시민 장군이 여기서 최후를 맞이했죠. 2차 진주성 전투가 1593년 6월인데 이때 진주목사가 서예원이라는 인물이에요. 일본군이 전투 후에 이 사람의 시신을 히데요시에게 보내서 효수하게 합니다. 김시민에게 당한 복수를 그렇게 한 거죠. 일본에게는 설욕전이었으니까요. 또 2차 진주성 전투에서 꼭 기억해야 할 인물이 있죠. 바로 논개[20]입니다. 논개가 이 전투 후에 열린 일본의 승전 축하 잔치에서 왜장 게야무라 후미스케를 껴안고 남강에 몸을 던졌죠.

그날 명군은 어디서 뭐하고 있었어요?

신병주 이렇게 큰 전투가 벌어졌는데도 명군은 거의 손을 놓고 있었습니다. 명군은 남의 땅에서 그렇게까지 치열하게 전투할 생각이 없었던 거 같아요. 조선 군사들이 같이 싸우자고 하는데도 명군이 거의 방치합니다. 그 덕에 일본군은 한 달 가까이 안전하게 퇴각하고요. 이때 등장한 인물이 행주 대첩의 권율 장군입니다. 이분 홀로 일본군을 추격했고, 결국 행주 대첩에서 대승을 거두죠.

그날 일본군이 풍악을 울리면서 퇴각했다는 기록까지 있다면서요. 전쟁에서 이런 일이 가능한가요?

신병주 명군에 의해 안전한 후퇴를 보장받았기 때문에 가능했죠. 강화 회담이 진행된 후에는 그만큼 전투다운 전투가 없었습니다. 이때 일본과 명이 강화를 추진하는데 의견이 맞지 않아서 계속 지지부진해요. 강화 회담만 거의 4년 가까이 끌거든요. 흔히 임진왜란 7년 전쟁이라고 해서 7년간 계속 전쟁이 있었던 걸로 생각

촉석루 의기(義妓) 논개가 촉석루의 술자리에서 왜장 게야무라 후미스케를 껴안고 남강에 몸을 던졌다.

하는 분들이 많은데 실제로는 1592년 4월에 시작해서 1년 싸우고, 1593년 3월부터는 강화 회담 기간이었어요. 강화 협상이 깨져서 일본이 다시 쳐들어 온 게 정유재란이고, 이때가 1597년이죠.

위기를 넘긴 조선, 선조는?

그날　수군, 의병, 명의 지원까지 합쳐져서 겨우 위기를 넘겼네요. 선조는 이런 상황을 어떻게 평가하나요?

신병주　선조는 순전히 명나라의 지원 덕분에 나라가 다시 재건되었다고 생각합니다. 명나라의 제독 이여송이 조선을 구해 준 은인이라고 높이 추앙하면서 그를 기리는 사당까지 만들었어요.

그날　나라를 구하려고 목숨을 바친 백성들을 생각해야지 살아 있는 사람을 모시는 사당을 만든다네요. 정말 이해가 안 되네요.

류근　선조에게 화 나는 부분이 바로 그런 거예요. 심지어 일부 의병장들은 모반 혐의를 뒤집어쓰고 처형까지 당했다는 거 아닙니까.

신병주 대표적으로 김덕령이라는 의병장이 이몽학의 역모 사건에 연루돼서 고문으로 죽음을 맞이합니다.

류근 선조 눈에는 백성들이 안 보였을까요? 목숨을 바친 백성 대신 명나라 장수를 추켜세운다는 게 저는 너무 화가 나요.

신병주 선조는 전쟁이 일어났을 때 도성을 버리고 피란한 왕이었기 때문에 약점이 많아요. 전쟁의 승리 요인을 의병이나 수군 쪽에서 찾는다면 자신의 입지가 굉장히 약해지죠. 자기가 의주까지 가서 명나라 군대를 끌어왔기 때문에 일본군을 몰아낼 수 있었다. 이런 식으로 이야기하면 자신의 약점이 희석될 수 있다고 생각했겠죠.

이해영 지도자들이 빠지기 쉬운 함정 같아요. 민중의 힘을 인정하면 권력을 뺏길지도 모른다는 막연한 두려움이 선조에게도 있었네요.

그날 하지만 역사가 민중들의 공을 인정해 주고 밝히지 않습니까. 그런 게 역사의 의미죠.

4

정유재란,
일본군 조선을
다시 침략하다

금방 끝날 것 같던 임진왜란은 전쟁이 시작된 지 1년 정도 만에 장기전으로 전환되었다. 1593년 3월부터 시작된 강화 교섭은 4년에 걸친 조선·명·일본의 지루한 줄다리기와 속고 속이는 음모 끝에 끝내 결렬되었다.

그렇게 된 가장 큰 까닭은 일본의 강화 조건이 황당했기 때문이다. 일본은 명의 황녀를 일본의 후비(後妃)로 삼고 감합무역(勘合貿易, 감합은 입국을 확인하는 행위로, 당시 조선과 명이 일본, 여진 등과 시행한 무역이다)을 재개하며, 조선의 4도를 할양하고 조선 왕자와 대신 열두 명을 인질로 삼아야 한다고 요구했다.

협상은 주로 명 대표 심유경과 일본 대표 고니시 유키나가 사이에서 진행되었다. 조선에서는 유명한 승장 유정(사명대사)이 중요한 역할을 맡았다. 유정은 네 차례에 걸쳐 일본과 강화 회담에 나아가 의견을 조율했다.

그러나 도요토미 히데요시를 속이려는 시도가 발각되면서 협상은 끝내 깨졌다. 1597년 1월 가토 기요마사가 이끄는 선봉 부대가 울산에 상륙하면서 임진왜란의 두 번째 단계인 정유재란이 시작되었다. 임진년의 전란과 마찬가지로 정유재란에서도 조선은 시작부터 큰 위기를 맞았다. 이번의 위기는 바다에서 닥쳤고, 조선이 자초한 것이었다.

1597년 1월 조선 조정은 그동안 승전을 거듭해 나라를 구한 이순신을 삼도수군통제사에서 전격적으로 파직했다. 부산에 주둔한 일본군을 급습하라는 명령을 따르지 않았다는 죄목이었다. 이순신은 서울로 압송되어 죽음 직전에 이르는 혹독한 신문을 받은 끝에 4월 1일 백의종군을 명령받고 풀려났다.

이순신의 후임은 원균이었고, 그것은 크나큰 패착이었다. 7월 원균은 조정의 명령대로 부산을 공격했다가 일본군의 반격을 받고 거제도와 칠천도 사이의 좁은 해역인 칠천량으로 도피했다. 일본 함대는 궁지에 몰린 조선 수군을 기습해 160여 척의 전함을 파괴하고 1만여 명의 수군을 살상했다. 사실상 조선 수군이 사라진 참혹한 패배였다.

일본군은 그동안 유린하지 못한 전라도로 거침없이 진격했다. 그들은 남원과 전주를 함락한 뒤 다시 서울로 북상했다. 모든 전투가 참혹하지만, 이때 남원성 전투는 특히 잔인했다. 일본군은 남원성에 있던 백성 1만여 명을 몰살했다.

그러나 조선의 운명은 다하지 않았다. 나라를 구한 인물은 이번에도 이순신이었다. 전황이 급속히 악화되자 이순신은 8월 3일 다시 삼도수군통제사에 임명되었다. 임명 교서에서 선조는 "지난 번에 그대의 지위를 바꿔 오늘 같은 패전의 치욕을 당했으니 무슨 할 말이 있겠는가"라고 말했다. 그때 이순신에게 남아 있던 전력은 함선 열세 척이었다. 그는 그 함대를 이끌고 한 달 뒤 명량 해전에 나아갔고 스스로 '천행이었다'고 표현할 만큼 기적 같은 승리를 거뒀다. 절대적 열세의 전투에 임하는 그의 마음과 자세는 전투 하루 전에 쓴 "필사즉생 필생즉사"라는 글씨에 그대로 담겨 있다.

길고 거대한 7년 전쟁은 이듬해 11월 마침내 끝났다. 앞서 말했듯 임진왜란은 동아시아를 뒤흔든 국제전이었다. 이 전쟁을 기점으로 명은 눈에 띄게 쇠약해졌고 결국 멸망했다. 이런 대륙 질서의 변동은 조선에도 큰 영향을 주었다. 조선은 명의 참전을 '재조지은'이라는 표현으로 기렸고, 현실을 외면한 이상의 추구는 정묘호란과 병자호란이라는 두 번의 전란을 불러왔다.

정유재란, 일본군 조선을 다시 침략하다

1592년(선조 25) 4월 13일,
조선을 침략한 일본군은 파죽지세로 북진해
20일 만에 도성을 함락시킨다.

절체절명의 위기에 빠진 조선,
하지만 각지에서 의병이 일어나고 명군이 합류하면서
전세는 역전된다.

평양성을 탈환한 명군과 행주산성 전투에서 패한 일본군은
1593년 3월 전쟁을 끝내기 위해 강화 교섭을 시작한다.

하지만 4년 가까이 이어진 강화 교섭은 결렬되고
도요토미 히데요시는 조선을 다시 침공할 것을 결심한다.

1597년 1월, 가토 기요마사가 이끄는 선봉군이
울산 서생포에 상륙한다.

정유재란이 시작된 것이다.

정유재란은 임진왜란과 어떻게 다른가?

그날 오늘 살펴볼 그날은 일본군이 다시 조선을 침략한 날, 정유재란 입니다. 흔히 정유재란은 임진왜란에 포함해서 생각하잖아요.

이다지 실제로 많은 학생이 정유재란을 임진왜란 후 잠깐 진행된 전쟁처럼 인식해요. 교과서에서 다루는 비중을 봐도 정유재란이 임진왜란보다 훨씬 소략하고요.

그날 그럼 임진왜란과 정유재란은 어떻게 다른가요?

방기철 일본의 1차 침략, 즉 임진왜란의 목표는 조선을 완전히 점령하고 나아가 명까지 진출한다는 것이었습니다. 하지만 그것이 불가능하다는 사실을 인식했기 때문에 2차 침략 때는 경기, 충청, 전라, 경상의 4도 확보로 목표가 바뀌었죠.

그날 목표를 하향 조정한 셈이네요. 명나라까지는 무리라도 조선의 4도 정도는 확보할 수 있겠다는 생각이 들었나 봐요. 그래도 강화 이야기가 나왔다는 건 더 이상 전쟁을 할 수 없다는 판단을 했기 때문일 텐데, 왜 다시 침략하겠다는 결정을 내린 건가요?

방기철 히데요시는 1차 침략의 목표를 이루지 못한 이유가 곡창지대인 전라도를 확보하지 못했기 때문이라고 생각했습니다. 때문에 2차 침략 때는 반드시 전라도를 확보하라는 명령을 내리죠. 전라도만 확보하면 해볼 만하다고 생각했던 것 같습니다.

그날 당시 전라도를 지키고 있었던 게 이순신 장군 아닙니까? 결국 전라도를 치라는 건 이순신을 치라는 것과 다르지 않잖아요.

이중간첩 요시라, 선조를 속여 이순신을 내치게 하다

신병주 이순신이 워낙 강한 상대라서 일본에서도 나름의 전략을 세우는데요. 요시라라는 이중간첩을 기용해 조선 쪽에 역정보를 준 겁니다. 가토 기요마사[1] 군대가 어디로 갈지 알려 주는 식이죠. 실

제로 조선 조정에서는 이 정보를 믿고 이순신에게 출병 명령을
내립니다.

이해영 고니시 유키나가 측에서 가토 기요마사에 대한 정보를 일부러
흘렸다. 뭐 이런 거잖아요. 가토 기요마사와 고니시 유키나가는
유명한 라이벌이었으니까요. 아무리 그래도 같은 편인데 이거
뭔가 냄새나는 정보 아닌가요? 함정 같은 느낌도 들고요.

방기철 고니시 유키나가와 가토 기요마사의 라이벌 관계는 굉장히 유명
했습니다. 두 사람은 여러 면에서 대조적인데요. 유키나가는 부
유한 상인 집에서 태어났고, 기요마사는 하급 무사 출신입니다.
기요마사는 어려서부터 전쟁터에서 잔뼈가 굵은 사람이죠. 그래
서 기요미사가 유키나가를 좀 낮게 평가한 부분도 있는 것 같아
요. 게다가 둘 다 히데요시의 총애를 한몸에 받은 사람들이기 때
문에 공을 다툴 수밖에 없었죠. 그래서 라이벌 관계가 더 심해진
거고요. 실제로 유키나가는 이중 첩자인 요시라를 통해 강화가
이뤄지지 못한 모든 책임을 가토 기요마사에게 돌리고, 이로써
조선이 기요마사를 제거해 준다면 나의 한도 근심도 모두 풀릴
것이라고 이야기했습니다.

신병주 문제는 선조가 이 정보를 믿었다는 거죠. 그래서 이순신에게 출전
명령을 내립니다. 그런데 이순신은 그때도 상황을 정확히 파악하
고 있었어요. 모든 게 이중간첩 요시라의 농간이라는 걸요. 이순
신은 전투선을 많이 보내면 적들이 알게 되고, 적게 보내면 기습
공격에 당한다면서 이런 상황에서는 출병하지 않고 기다리는 게
좋다고 판단해요. 결과적으로는 선조의 명령을 거부한 거죠.

그날 결국 이순신이 맞고 선조가 틀린 거잖아요. 선조는 늘 이렇게 옳
지 않은 판단을 하는 군요.

방기철 하지만 선조는 이순신에게 책임을 묻습니다. '무장으로서 조정

을 능멸했으니 이순신을 용서할 수 없다' 이렇게요. 조정 대신들 도 여기에 가세합니다. 이순신은 속임수가 많고 전진하지 않는 다고 강하게 비난하죠.	

을 능멸했으니 이순신을 용서할 수 없다' 이렇게요. 조정 대신들도 여기에 가세합니다. 이순신은 속임수가 많고 전진하지 않는다고 강하게 비난하죠.

이다지 　이순신을 추천한 인물이 류성룡이잖아요. 심지어는 그 류성룡까지 이순신에 대해 '장수가 뜻이 차고 기가 펴지면 반드시 교만하고 게을러진다'라고 비판적인 평가를 했대요.

신병주 　그래도 이원익이나 정탁²은 이순신을 끝까지 변호해 줍니다. '이처럼 위험한 시기에 장수를 바꿀 수 없다.' 이렇게 조금 중립적인 논리를 세우죠. 덕분에 이순신은 최악의 상황을 면하고 백의종군³하게 됩니다.

류근 　일안고공(一雁高空)이라는 말이 떠오르네요. 높은 하늘에 떠 있는 기러기 한 마리. 이순신은 얼마나 고독했을까 싶습니다. 이 무렵 『난중일기』에는 "더해지는 슬픈 마음을 이길 길이 없었다. 다만 어서 죽기를 기다릴 뿐이다"라는 기록까지 있거든요. 인간적으로 얼마나 괴롭고 힘들었으면 이렇게 썼을까 싶어요. 충성의 대가가 버림받는 거라니 말이에요.

그날 　물론 왕명을 거역했다는 건 큰 죄죠. 하지만 당시로서는 분명 이순신이 필요했을 텐데, 저는 선조의 행동이 아직도 이해가 안 돼요. 왜 이순신을 그렇게 미워했을까요?

이해영 　이순신이 자기보다 더 주목받는 게 싫었겠죠. 또 이순신이 계속인기를 얻으면 자신의 왕권과 생존에 위협이 될 거라는 막연한두려움도 있었을 테고요.

류근 　이분이 재위 기간 동안 한 일들을 보면, 권력에 대한 집착도 집착이지만 미묘한 힘의 변화를 감지하는 예민한 감각이 있는 것같아요. 민심은 천심이라고 하잖아요. 선조는 몽진 중에 성난 민심을 직접 목격했기 때문에 불안감이 컸을 거예요.

방기철 　선조는 방계승통[4]에 대한 콤플렉스가 있었습니다. 게다가 도성을 비우고 몽진을 했잖습니까. 민심이 자기를 떠났다는 건 누구보다 선조 자신이 가장 잘 알고 있어요. 이런 상황에서 이순신 얘기가 자꾸 나오면 아무래도 거슬릴 수밖에 없겠죠. 선조가 여러 차례 선위[5] 파동을 하면서 신하들의 충성심을 확인한 것도 바로 그런 이유 때문이 아닌가 싶어요.

신병주 　참고로 조선의 왕 중에 "나 왕 안 한다"라고 제일 많이 얘기했던 왕이 바로 선조입니다.

그날 　태종보다 더 많이 했어요?

방기철 　그렇죠. 확인해 봤더니 전란 중에 총 15회에 걸쳐서 선위 파동을 일으켰더라고요.

신병주 　전란 후에도 계속 됩니다. 참 재밌는 게 신하들이 '그럼 그만두시죠' 이러면 또 엄청나게 화를 냈다는 거죠.[†]

† 사신은 논한다. 상이 2백 년 조종의 기업(基業)을 당저(當宁, 현재의 임금)에 이르러서 남김없이 다 멸망시켜 놓고 겸퇴(謙退)하면서 다시는 백성의 윗자리에 군림하지 않고자 하여 하루아침에 병을 이유로 총명하고 어질고 효성스런 후사에게 대위를 물려주려고 하니, 그 심정은 진실로 서글프나 그 뜻은 매우 아름다운 것이다. 진실로 현명한 판단이 아니었으면 어떻게 이러한 결론을 내릴 수 있었겠는가. 대신으로서는 눈물을 흘리며 뜻을 받들더라도 잘못됨이 없을 것인데 어찌하여 백관을 인솔하고 끈질기게 설득하고 극력 간쟁하여 반드시 승락을 받고서야 그만두려 하는가. 왜적이 물러가기 전에 그 일을 시행하려 하면 우선 왜적이 물러가기를 기다려야 한다고 간쟁하고, 왜적이 물러간 다음에 그 일을 시행하려 하면 우선 환도하기를 기다려야 한다고 간쟁하고, 환도한 다음에 그 일을 하려 하면 중국의 조사(詔使)가 공관(公館)에 있으므로 할 수가 없다고 하고, 조사가 돌아간 다음에 그 일을 하려 하면 세자가 어려서 할 수 없다고 하면서, 세월을 끌며 말을 바꿔 임금과 신하 사이에 마치 어린아이가 서로 희롱하는 것처럼 하였으니 이것이 도대체 무슨 사리(事理)인가. 당시에 세자의 나이가 이미 약관이었고 학문도 고명(高明)하였으며 덕망도 이미 성숙하였으니 대위를 이어받는다고 하더라도 충분히 난을 평정하고 화를 종식시켰을 것인데, 계속 '어린 세자'라고 하였다. 예부터 약관의 어린 세자가 언제 있었던가. 끊임없이 간쟁하여 상의 훌륭했던 생각을 중지시켰으니 매우 애석한 일이다.
— 『선조실록』 26년(1593) 9월 7일

조선 수군을 궤멸시킨 칠천량 해전

1597년(선조 30) 7월 14일,
삼도수군통제사로 임명된 원균은
조선 수군을 한산도에 총집결시킨다.

부산 앞바다에 있는 일본군의 본진을 급습하기 위해서였다.

조선 수군의 모든 전력을 투입한 출전,
하지만 거센 파도와 조류를 만난다.

조선 수군의 일부는 항로를 이탈하기까지 했다.

수군들의 피로가 극심해지자
원균은 부산의 최서남단 가덕도에 상륙을 명한다.

하지만 조선 수군은 매복해 있던 일본군에
무방비 상태로 습격당한다.

당황한 조선 수군은 거제도와 칠천도 사이의
좁은 해역인 칠천량으로 피한다.

7월 16일 새벽, 일본군 함대가
조선 수군이 정박해 있던 칠천량으로 진격해 왔다.

기습이었다.
경계를 늦추고 있던 조선 수군은
손 한번 써 보지 못하고 참패한다.

160여 척의 함대가 파손되고,
1만여 명의 조선 수군이 전사한다.
급히 육지로 피한 원균도 일본군에 의해 목숨을 잃는다.

단 한 번의 전투로 조선 수군이 궤멸한 것이다.

칠천량 해전의 참혹한 패배

그날   정말 처절한 패배네요. 이때 거북선도 침몰한 거죠?

신병주   임진왜란을 통틀어 가장 크게 패한 해전이죠. 이 칠천량 해전에서
조선 수군이 보유했던 거북선과 판옥선이 거의 다 파괴됩니다.

그날   원균도 무사 집안 출신에 전장에서 잔뼈가 굵은 사람인데, 어떻
게 이렇게까지 속수무책으로 당할 수 있는 거죠?

방기철   처음에는 원균도 출전을 반대합니다. 육군이 바다로 일본군을
몰아 주면 그때 출전하겠다고 이야기하죠. 즉 수륙 합동 작전을
제안한 건데 조선 조정에서 받아들이지 않습니다. 계속해서 수
군 단독 출전을 명령합니다. 원균도 이길 수 없는 전쟁임을 알았
지만 조정의 명령 때문에 출전할 수밖에 없었죠.

신병주   당시 지휘 체계의 문제 가운데 하나가 원균 같은 수군통제사가
육군 출신의 체찰사나 도원수의 지휘를 받아야 한다는 것이었어
요. 당시 도원수가 권율이었거든요. 그런 것 때문에 원균도 어쩔
수 없이 출병한 측면이 분명히 있습니다. 실록에도 원균이 자꾸
출병을 거부하니까 권율이 곤장을 쳤다는 기록이 있습니다.

류근   요즘으로 치면 해군 작전 사령관을 몽둥이질해서 출병시킨 경우
네요. 승전도 우리 역사고 패전도 우리 역사이기 때문에 함부로
폄하하고 비난하고 싶진 않은데 비판은 좀 해야 할 것 같습니다.
조정에서 나가라고 하고 도원수 권율이 위에서 누른다고 대책
없이 병사들을 이끌고 출병한 것도 문제지만 가장 큰 문제는 전
쟁의 기본인 척후병을 내보내지 않고 심지어 칠천량에서는 경계
병조차 세우지 않았다는 거예요. 결국 이것이 조선 수군을 궤멸
시키는 결과를 초래한단 말이죠. 그러니 원균은 그 많은 죽음에
대한 책임을 면할 길이 없다는 겁니다.

이다지   똑같이 어려운 상황에서 이순신은 다른 결과를 이끌어 냈잖아

만인의총 정유재란 때 남원성을 지키다가 순절한 의사들의 시신이 안치되어 있다.

요. 같은 병사, 같은 무기를 가지고 다른 결과를 만드는 게 리더
의 역할 혹은 자질이 아닐까요.

그날   칠천량의 패전에 대해서 선조는 어떻게 반응했나요?

신병주 선조 본인이 최종적으로 출병을 명하는 위치에 있었음에도 불구
하고, 칠전량 해전의 패배는 하늘의 뜻이었다는 식으로 책임을
회피합니다.

그날   사실 리더에게 가장 중요한 건 책임감이라고 생각하는데, 선조
에게는 결정적으로 책임감이 없었네요. 어찌 됐든 결국 칠천량
해전에서 패하면서 일본에게 바닷길을 내주고 말았네요.

해전의 패배, 무참한 학살로 이어지다

방기철 칠천량 해전 패전 이후 조선 수군은 남해상의 제해권을 상실하
게 됩니다. 때문에 일본군은 별다른 저항 없이 전라도 지역으로

진출할 수 있게 됐죠. 이때 일본군은 남원을 넘어 전주까지 진격하는데요. 남원성 전투가 특히 잔인했다고 합니다. 당시 남원성을 공격한 일본인이 5만 6000명 정도였는데 성을 지킨 병사는 조선군 1000명과 명군 3000명을 합해서 4000명에 불과했습니다. 5만 6000 대 4000이면 중과부적이죠. 그래서 결국 남원성이 함락됩니다. 일본군은 성을 함락시킨 후에 성 안에 남아 있는 백성들을 무참하게 학살했습니다.

신병주   당시 남원성 전투에서 희생된 조선인이 만 명 정도예요. 지금도 남원에는 이때 죽은 사람들을 기리는 합장묘가 남아 있는데요. 1만 명의 무덤이라는 뜻에서 만인의총(萬人義塚)이라고 불립니다.

일본으로 끌려 간 조선 사람들

이다지   남원성 전투에서 살아남은 사람들은 일본으로 끌려간 도공들뿐이었다고 해요. 도자기 장인들이죠. 이때 끌려간 도공들 덕분에 임진왜란 이후 일본의 도자 산업이 발전하게 됩니다. 일본에 심수관[6]이라는 이름을 계승하는 도예 가문이 있는데요. 이들이 바로 정유재란 때 끌려간 도공 심당길의 후손들이라고 합니다.

신병주   일본은 전쟁이라는 극한 상황 속에서도 이런 소소한 이익까지 싹 챙겨 갔다는 거죠.

방기철   정유재란 때, 일본으로 끌려 간 포로들, 즉 피로인(被擄人)[7]이 많이 생깁니다. 일본군은 전쟁에 참여하지 않은 일반 백성들까지 다 끌고 갔다고 하죠. 그 이유가 일본 내 노동력 부족 문제를 해결하기 위해서였다고 합니다. 전쟁에 동원된 남자들을 대체할 인력이 필요했을 테니까요. 또 납치한 조선인들을 서양에 팔아 넘기기까지 했다고 해요. 이탈리아의 카를레티라는 사람이 쓴 기록을 보면 조선인 노예의 매매 가격이 나와요. 조선 노예 한 명

「한복 입은 남자」 페테르 파울 루벤스, 장 폴게티 미술관 소장.

이 24스쿠도였다고 하는데요. 지금 돈으로 치면 쌀 두 가마니 네 말 정도입니다. 한편 당시 아프리카 노예의 매매 가격은 170스쿠도였다고 해요. 결국 조선인 노예는 아프리카 노예의 7분의 1 가격에 매매되었던 겁니다.

그날 아예 사람대접을 못 받았다는 뜻이네요.

이다지 이때 이탈리아에 끌려간 조선인이라고 추정되는 사람 중에 안토니오 코레아라는 사람이 있잖아요.

그날 바로크 미술의 거장 페테르 파울 루벤스[8]가 그린 한복 입은 남자 말이죠?

이다지 네, 안토니오 코레아의 후손들이 지금도 코레아라는 성을 유지하면서 집성촌을 이루고 살고 있대요.

일본 병사들, 조선인의 코를 탐하다

그날 당시 일본 병사들은 전투보다 포로 잡는 데 혈안이 되어 있었다면서요. 그래서 도요토미 히데요시가 "차라리 사람을 죽여서 코를 베어 와라" 이렇게 지시한 거 아닙니까. 심지어 병사 한 사람당 코 할당량까지 있었다고 해요. 귀는 두 개인데 코는 하나니까 조선인들을 얼마나 학살했는지 보여 주는 정확한 증거가 되죠.

신병주 실제로 일본에는 코를 얼마만큼 수령했다는 증서도 있어요. '금구, 김제 양군에서 벤 코의 숫자는 총 3369개이고, 이를 정확하게 수령하였음.' 이런 내용이 적혀 있죠. 다른 기록에는 일본 병사들이 살아 있는 어린아이의 코까지 베어 갔다는 이야기도 있어요.

그날 그건 병사의 코가 아니라 민간인의 코를 벤 거잖아요. 그러면 전과로 인정할 수 없는 거 아닌가요?

신병주 그렇죠. 하지만 코 숫자를 채워야 되니까 누구의 코인지는 중요하지 않았어요. 이수광의 『지봉유설(芝峯類說)』[9]이라는 책에 보면 한

귀무덤(耳塚) 일본 교토에 위치. 본래 이름은 코무덤(鼻塚)이었으나 이름이 너무 야비하고 잔인하다고 하여 귀무덤으로 바뀌었다고 한다.

동안 조선 땅에는 코 없이 사는 사람이 많았다는 기록이 있어요.[†]

그날   정말 가슴 아픈 이야기네요.

이다지   예전에 어르신들이 아이들이 위험한 걸 만지려고 하면 '에비에 비' 혹은 '에비에비 온다' 이렇게 말씀하셨잖아요. 이게 정유재 란 때 일본군이 조선인들의 귀와 코를 베어가니까 귀 이(耳) 자, 코 비(鼻) 자를 써서 '이비야'라고 했던 것에서 유래한 거래요.

> † 정유년에 왜적이 두 번째 침범할 때에 평수길(平秀吉)이 모든 왜군에게 우리 나라 사람의 코를 베어서 수급(首級) 대신 바치게 하였으므로 왜졸이 우리나라 사람을 만나면 문득 죽이고 코를 베어 소금에 담가서 수길에게 보내었다. 수길 은 이를 점고하여 본 뒤에 그 나라 북망(北邙)인 대불사(大佛寺) 옆에 모두 매장 하여 한 구릉을 만들고 제 나라 사람에게 위엄을 보였다고 하니, 사람을 참혹하 게 죽인 것은 이것으로도 가히 알 수 있다. 이 때문에 그때 우리나라 사람 중에 는 코 없이 사는 자들이 많았다.
> ― 이수광, 『지봉유설(芝峯類說)』

명량 해전, 승리는 천행이었다

원균이 죽은 뒤 이순신은 다시
삼도수군통제사에 임명된다.

하지만 칠천량 전투 패전 후,
남은 조선 수군의 전력은 판옥선 열세 척 뿐.

이순신은 무기와 병사를 모으며 결전에 대비한다.

1597년(선조 30) 9월 16일,
서해를 통해 곧장 한양으로 진격하려던
일본 함대가 명량해협에 당도한다.

일본군의 전투선은 백서른세 척,
이순신은 열세 척의 판옥선을 이끌고 이에 맞선다.

이순신은 해로가 좁은
명량해협의 지리적 특성을 이용한다.

명량해협은 물살이 빨라 20리 밖에서도
물 흐르는 소리가 들린다 해서
울돌목이라고 불리는 곳이다.

정오 무렵 조류의 방향이
조선 수군에 유리하게 변한다.

물살의 흐름이 바뀌면서
역류를 탄 일본군은 앞으로 나오지 못했다.

이순신은 이 틈을 타 포를 쏘며 돌진해
적의 기세를 꺾는다.
더 이상 조선 수군의 공격을 견디지 못한 일본군은
퇴각을 결정한다.

단 열세 척의 배로 얻어 낸
조선 수군의 극적인 승리였다.

승리는 천행이었다, 명량 해전

그날 13 대 133, 다윗과 골리앗의 싸움 그 이상인데요.

신병주 『난중일기』를 보면 당시 일본군의 배는 백서른세 척, 조선군 판옥선의 숫자는 열세 척이라고 나옵니다. 그런데 『이충무공가승』에는 일본군 배가 300여 척에 달했다는 이야기도 있어요. 이순신과 맞선 일본 수군의 전체 규모는 300여 척이었지만 실제 전투에 사용된 전선이 130여 척이었던 것으로 이해하면 될 것 같습니다.

그날 전쟁에서는 전력보다 전략이 더 중요하다는 사실을 보여 주는 전투가 아니었나 싶습니다. 덕분에 이순신은 세계 해전사에 유례없는 기적적인 승리를 거두게 되잖아요. 그래서 이순신 장군도 『난중일기』에 이렇게 썼다고 합니다. '승리는 천행이었다.'[†] 누구는 자기 공을 천행이라 하고 누구는 자기 잘못을 하늘의 탓으로 돌리고 참 씁쓸하죠.

[†] 16일 갑진 맑음. 이른 아침에 망군이 와서 보고하기를, "무려 200여 척의 적선이 명량을 거쳐 곧바로 진치고 있는 곳으로 향해 온다"고 했다. 여러 장수들을 불러 거듭 약속할 것을 밝히고 닻을 올리고 바다로 나가니, 적선 백서른세 척이 우리의 배를 에워쌌다. 상선(지휘선)이 홀로 적선 속으로 들어가 포탄과 화살을 비바람같이 쏘아 대지만 여러 배들은 바라만 보고서 진군하지 않아 일을 장차 헤아릴 수 없었다. 배 위에 있는 군사들이 서로 돌아보며 놀라 얼굴빛이 질려 있었다. 나는 부드럽게 타이르면서 "적이 비록 1000척이라도 감히 우리 배에는 곧바로 덤벼들지 못할 것이니, 조금도 동요하지 말고 힘을 다해 적을 쏘아라" 하고 말했다. 그러고서 여러 배들을 돌아보니, 한 마장(馬場)쯤 물러나 있었고, 우수사 김억추가 탄 배는 멀리 떨어져 있어 묘연했다. 배를 돌려 곧장 중군(中軍) 김응함의 배로 가서 먼저 목을 베어 효시하고자 했으나, 내 배가 머리를 돌리면 여러 배들이 차츰 더 멀리 물러나고 적선이 점차 다가와서 사세가 낭패될 것이다. 중군의 영하기(令下旗, 군령 내리는 기)와 초요기를 세우니 김응함의 배가 점차 내 배로 가까이 오고 거제 현령 안위의 배도 왔다. 내가 뱃전에 서서 직접 안위를 불러 말하기를, "네가 억지 부리다 군법에 죽고 싶으냐?"고 하였고, 다시 불러 "안위야, 군법에 죽고 싶으냐? 물러나 도망가면 살 것 같으냐?"고 했다. 이에 안위가 황급히 적과 교전하는 사이를 곧장 들어가니, 적장의 배

와 다른 두 척의 적선이 안위의 배에 개미처럼 달라붙었고, 안위의 격군 일고여덟 명은 물에 뛰어들어 헤엄치니 거의 구할 수 없었다. 나는 배를 돌려 곧장 안위의 배가 있는 데로 들어갔다. 안위의 배 위에 있는 군사들은 죽기를 각오한 채 마구 쏘아 대고 내가 탄 배의 군관들도 빗발치듯 어지러이 쏘아 대어 적선 두 척을 남김없이 모두 섬멸하였다. 매우 천행한 일이었다. 우리를 에워싸던 적선 서른 척도 부서지니 모든 적들이 저항하지 못하고 다시는 침범해 오지 못했다. 그곳에 머무르려고 했으나 물이 빠져 배를 대기에 적합하지 않으므로 건너편 포(浦)로 진을 옮겼다가 달빛을 타고 다시 당사도(唐笥島)로 옮겨서 정박하여 밤을 지냈다.
— 『교감 완역 난중일기』(이순신, 노승석 옮김, 민음사, 2010), 1597년 9월 16일

명량 해전의 숨은 공신, 해상 의병

이해영　아까 칠천량 해전에서 조선 수군의 전투선이 거의 다 침몰했다는 이야기를 했는데, 용케 판옥선이 남아 있었네요. 이순신에게 남은 배가 열두 척인지 열세 척인지에 대해서도 논란이 있더라고요. 전라우수사 김억추가 배를 한 척 가지고 왔다는 거죠. 이 배를 포함해서 열세 척으로 싸웠다는 이야기입니다. 그러면 열두 척은 어디서 나온 것이냐? 칠천량 해전 당시 경상우수사 배설이 필시 전투에서 패할 것이라고 생각해서 원균의 명을 어기고 배와 병력의 일부를 이끌고 미리 도망쳤다고 해요. 결과적으로 이 배들이 이순신 장군의 재기에 중요한 기반이 됐고요.

류근　군인이 전장에서 상관의 명을 어기고 도망친다는 건 있을 수 없는 일인데, 그 덕에 이순신 장군이 명량에서 이길 수 있었다고 생각하면 이건 정말 뭐라고 하기도 곤란하고……. 역사라는 건 참 알 수 없는 거예요.

이다지　명량 해전이 일어났을 때 이순신 장군이 주변 백성들에게 빨리 피란 가라고 했는데, 그중 많은 분이 피란 가는 대신 명량 인근에서 군복이나 군량을 조달해 줬대요. 어떤 사람은 자기 배를 끌

고 나와 후방에 배치해서 군대가 많은 것처럼 보이게도 했고요. 또 마하수라는 사람은 아들 넷을 전부 데리고 이순신 휘하로 들어가서 전사했어요.

방기철　굉장히 중요한 말씀을 하셨는데, 사람들이 흔히 의병은 육지에만 있었다고 생각합니다. 하지만 실제로는 바다에도 의병이 있었어요. 그들을 해상 의병이라고 합니다. 해상 의병은 직접 배를 끌고 참전하기도 했지만 전쟁에 중요한 정보를 제공하기도 합니다. 수전에서 가장 중요한 요소가 조류의 흐름이나 물때 같은 기상 조건들인데 그걸 가장 잘 아는 사람이 바로 그 지역 어민들이에요. 당시 명량 인근 어민들이 이순신에게 그런 정보들을 줬고 이순신은 그 정보를 적극 활용해서 전략·전술을 세웠기 때문에 승리를 거둘 수 있었던 겁니다.

이해영　병사들도 도망가는 마당에 백성들이 자발적으로 나섰다니 당시 이순신의 존재감이 어땠는지 제대로 보여 주네요. 나라는 그를 버렸지만 백성들은 그를 따랐네요.

이다지　이렇게 열악한 상황에서 이순신이 승리를 거뒀잖아요. 그런데 명량 해전 직전에 선조가 수군을 해산하고 육군에 합류하라고 얘기했다면서요. 현장에서는 어떻게든 수군을 재건하려고 뛰어다니는데 정말 맥 빠지는 일이네요.

그날　수군을 철폐하라는 얘기를 듣고 이순신은 과연 어떤 답을 올렸을까요?

신에게는 아직 열두 척의 전선이 있나이다

지금 신에게는 아직 전선 열두 척이 있나이다.
나아가 죽기로 싸운다면 해볼 만하옵니다.

만일 수군을 전폐한다면
적이 만 번 다행으로 여기는 일일뿐더러,
충청도를 거처 한강까지 갈 터인데
신은 그것을 걱정하는 것이옵니다.

전선의 수는 비록 적지만
신이 죽지 않는 한
적은 감히 우리를 업신여기지 못할 것이옵니다.

한산섬 달 밝은 밤에

그날   '신이 죽지 않는 한 적은 감히 우리를 업신여기지 못할 것입니다.' 불굴의 투지가 느껴지지 않습니까?

이해영   굉장히 감동적인 이야기인데요. 배가 열두 척밖에 없는 상황에서 이것만 갖고도 승리할 수 있다. 이건 사실 꼭 이기겠다는 말이라기보다 혹여 자기에게 어떤 두려움이 있다면 그 두려움을 떨쳐 내고 나라를 위해서 목숨을 바치겠다는, 일종의 자기 암시 같은 게 아니었을까요?

류근   기록에 있으니까 믿지, 저게 실제로 가능한 외침이겠습니까?

이다지   이순신이 백의종군할 때 칠천량 해전의 패배 소식을 듣고서 일기에 '통곡이 터짐을 이길 길이 없다'라고 씁니다. 이순신은 제 몸처럼 아꼈던 수군이 궤멸한 상황에서도 슬픔에만 빠져 있지 않고 바로 권율을 찾아가 '내가 수군을 재건하겠다'라고 얘기했어요. 그러고는 바로 연안 지역을 답사하고요. 승리에 대한 강한 의지가 극한의 상황에서 승리를 가져온 거죠.

류근   이분이 남긴 유명한 시가 있잖아요. 「한산도가」 아시죠?

> 한산섬 달 밝은 밤에 수루에 홀로 앉아
> 큰 칼 옆에 차고 깊은 시름 하는 차에
> 어디서 일성호가(一聲胡笳)는 남의 애를 끊나니.

이게 수군을 폐하라는 선조의 교서를 받은 날 밤에 쓴 시라는 얘기가 있어요. 그렇게 생각하면 완전히 다르게 들리지 않습니까?

이해영   정말 다르게 읽히네요.

류근   조국의 운명을 짊어진 한 장수의 고독한 어깨가 느껴집니다.

신병주   명량 해전이 일어난 1597년은 이순신 개인에게 상당히 힘든 시기였어요. 명량 해전 직전에 어머니 변씨가 돌아가시거든요. 『난중일기』에도 이순신 장군이 어머니의 죽음을 슬퍼하는 장면이 나와요.† 게다가 명량 해전 직후에는 아들 면이 전사했다는 통보를 받아요. 상황이 그랬던지라 일기에 꿈자리가 어수선하다는 기록이 많습니다. 이순신 장군도 한 인간이니 왜 안 그랬겠어요?

이해영　영웅의 인간적인 모습이 굉장히 새롭게 와 닿네요.

† 얼마 후 종 순화가 배에서 와서 어머님의 부고를 전했다. 달려 나가 가슴을 치고 뛰며 슬퍼하니 하늘의 해조차 캄캄해 보였다. 바로 해암으로 달려가니 배는 벌써 와 있었다. 길에서 바라보며 가슴이 찢어지는 슬픔을 이루 다 적을 수가 없었다.
—『교감 완역 난중일기』(이순신, 노승석 옮김, 민음사, 2010), 1597년 4월 13일

일찍 나와서 길을 떠나며 어머님 영전에 하직을 고하고 울부짖으며 곡하였다. 어찌하랴, 어찌하랴, 천지 사이에 어찌 나와 같은 사정이 있겠는가. 어서 죽는 것만 같지 못하구나.
—『교감 완역 난중일기』(이순신, 노승석 옮김, 민음사, 2010), 1597년 4월 19일

"저녁에 어떤 사람이 와서 집안 편지를 전하였는데 봉함을 뜯기도 전에 뼈와 살이 떨리고 정신이 혼란해졌다. 겉봉을 뜯고 영(이순신의 아들)의 글씨를 보니 거죽에 '통곡' 두 글자가 씌어 있어 면의 전사를 알고 간담이 떨어져서 목을 놓아 통곡하였다. 하늘이 어찌 이다지도 인지하지 못하시는고. 간담이 타고 찢어지는 것 같다. 내가 죽고 네가 사는 것이 마땅한데 네가 죽고 내가 살았으니 이런 어긋난 일이 어디 있을 것이냐. 천지가 캄캄하고 해조차도 빛이 변했구나."
—『교감 완역 난중일기』(이순신, 노승석 옮김, 민음사, 2010), 1597년 10월 14일

명량 해전 승리에 대한 선조의 반응

이해영　이순신은 명량 해전의 승리로 조정에 수군의 존재감을 확실하게 보여 준 거잖아요. 이쯤 되면 또 선조는 과연 어떻게 반응했을지 궁금해지죠.

신병주　명량 해전의 승리는 기적에 가까운 업적이잖아요. 그런데도 선조는 '사소한 왜적을 잡는 것은 장군의 당연한 직분 아닌가?' 하

고 이순신의 공적을 깎아내리려는 모습을 보여요. 이순신 장군의 품계를 올려 주자는 주장에 대해서도 '그건 너무 지나치다. 그렇게까지 할 필요가 있느냐?' 이렇게 반응합니다. 이순신을 시기한 거죠.

그날 　사소한 왜적이란 표현을 쓰면 안 되죠. 자기는 그럼 사소한 왜적 때문에 백성을 버리고 몽진한 건가요?

류근 　아랫사람의 공을 하찮게 여기는 사람이 무슨 리더예요? 저런 심성으로 나라를 다스리니까 전쟁을 두 번이나 겪는 것 아닙니까.

이다지 　오히려 명나라에서 이순신에게 선물도 보내고 수군을 지원해 주기도 하고 그랬대요. 명 입장에서는 이순신이 일본군을 막음으로써 일본이 중국 본토에 상륙할 가능성이 없어진 거잖아요. 그런데 선조는 이순신의 공을 사소한 왜적을 물리친 것 정도로 치부했으니 나라의 위신을 스스로 깎아내린 거나 다름없어요.

이해영 　우리도 이렇게 속상한데 당시 이순신 장군 마음은 어땠을까요?

그날 　그러게요. 선조가 명량 해전을 어떻게 평가했건 간에 명량 해전 때문에 전세가 바뀐 건 사실이잖아요?

방기철 　네, 그렇습니다. 명량 해전의 승리로 조선 수군은 다시 남해의 제해권을 장악하게 됩니다. 보급로가 차단되니 일본군은 더 이상 진격하지 못하고 고립무원의 상태에 빠져요. 이 때문에 일본군이 부산으로 후퇴해 장기 농성 태세에 돌입하게 되는 겁니다.

일본군 조선에 왜성을 쌓다

그날 　여기서 잠깐 한서대학교 건축학과 이건하 교수님 모시고 임진왜란, 정유재란과 관련된 지도를 한번 살펴보겠습니다. 교수님, 저지도는 무엇을 나타내는 건가요?

이건하 　네, 임진왜란, 정유재란 때 일본군이 조선에 쌓은 왜성을 표시한

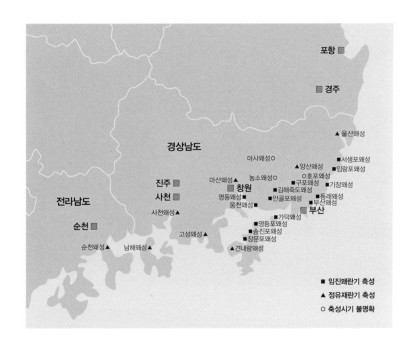

포항 ■

■ 경주

▲ 울산왜성

경상남도

마사왜성○   ▲양산왜성   ■서생포왜성
                                          ■임랑포왜성
         마산왜성▲   농소왜성○   ○호포왜성
진주 ■   ■구포왜성   ■기장왜성
사천 ■   ■ 창원   ■김해죽도왜성
전라남도   명동왜성■   ▲동래왜성
                  웅천왜성■   ■안골포왜성   ■부산왜성
순천 ■   사천왜성▲   ■부산왜성
                              ■가덕왜성   ■부산
                  ■영등포왜성
         고성왜성▲   ■송진포왜성
순천왜성■   남해왜성▲   ■장문포왜성
              ▲견내량왜성

■ 임진왜란기 축성
▲ 정유재란기 축성
○ 축성시기 불명확

남해안 왜성 분포도 한서대학교 건축학과 이건하 교수 작성.

지도입니다.

그날   일본군이 저렇게 많은 성을 쌓은 이유가 무엇인가요?

이건하   강화 교섭이 진행되면서 일본군의 전략은 공격보다는 방어 쪽으
        로 바뀌었습니다. 장기전에 돌입할 생각이었던 거죠. 일본군은
        왜성을 쌓음으로써 일본에서 들여온 보급 물자를 쌓아 둘 전쟁
        기지를 확보할 수 있었습니다. 또 각지에서 수탈한 문화재를 보
        관하고 포로를 임시로 수용할 수도 있었죠.

그날   일종의 베이스캠프였던 거군요. 그러면 왜성은 조선성과 어떻게
        다른가요?

이건하   일단 축성의 목적부터가 다릅니다. 조선의 성곽은 군인과 민간
        인이 함께 거주하면서 항전하기 위해 구축한 성곽이지만 왜성

「**울산성 전투도(세부)**」 17~18세기 일본에서 제작, 북촌미술관 소장.

은 오직 전쟁을 치르기 위해 구축된 성곽입니다. 그래서 군사들만 거주하죠. 구조 면에서도 조선의 성곽은 성벽을 한 겹만 쌓는 반면 왜성은 주성곽을 중심으로 겹겹이 성곽을 쌓고, 내부를 미로 같은 구조로 설계해서 몸을 숨기거나 침입자를 공격하기 쉽게 했습니다. 따라서 왜성은 조선성에 비해 방어력이 아주 뛰어났다고 볼 수 있습니다.

그날　성을 아주 정교하게 쌓았다는 얘긴데, 그러면 공격하기가 쉽지 않았겠어요.

「에혼다이코키(세부)」 시체를 먹는 일본 병사들의 모습이 표현되어 있다.

이건하 네, 공격이 쉽지 않았죠. 울산성 전투의 경우 조명연합군 5만 7000명이 왜성을 공격했지만 결국 함락시키는 데는 실패했습니다. 이후 조명연합군은 전략을 바꿔서 성 안으로 들어가는 물과 식량을 차단합니다. 보급로를 끊어버린 거죠. 당시 일본군이 보유하고 있던 식량은 겨우 이틀분밖에 안 됐어요. 기록에 따르면 일본군은 흙을 쪄 먹거나 심지어는 인육도 먹었다고 합니다. 성 안에 우물도 없어서 오줌을 마시거나 말을 죽여서 그 피를 마시고 심지어는 시체에서 나온 물까지 먹었다고 합니다.

류근 정말 처참하네요. 가토 기요마사가 이 전투에서 충격을 받긴 했나 봐요. 나중에 일본에 구마모토 성을 짓는데 울산성 전투의 경험을 살렸다고 하더라고요. 그런데 그게 무슨 뜻인가요?

이건하 사실 구마모토 성은 구조상 울산성보다 서생포 왜성에 가깝습니다. 구마모토 성에는 본래 120여 개가 넘는 우물이 있었다고 해요. 현재 남은 우물은 17개 정도지만요. 아마도 울산성 전투 때 겪은 지독한 식수난의 경험이 어느 정도 반영된 것 같아요. 또

「에혼다이코키(세부)」 한 일본 병사가 물을 긷기 위해 손을 뻗고 있다.

다다미는 보통 짚으로 만드는 게 일반적인데 구마모토 성의 다
다미는 특별히 고구마 줄기를 사용해서 만들었다고 합니다.

류근　비상식량을 집어넣은 거네요.

이건하　네, 그렇습니다. 전쟁시 비상식량으로 준비했던 거죠.

이해영　물과 식량에 얼마나 한이 맺혔으면 우물 120개에 뜯어먹을 수
　　　　있는 다다미까지 만들었을까 싶네요.

그날　울산성 전투가 생각보다 훨씬 더 치열했다는 얘기네요.

방기철　정확한 전사자 집계는 없지만 조명연합군과 일본군 양측 전사자
　　　　의 총합이 2만여 명에 달한다고 해요. 그 정도로 큰 혈전이었던
　　　　거죠.

류근　그렇군요. 병사들도 그렇지만 일본군 때문에 고향을 버리고 떠
　　　　나야 하는 백성들은 오죽했겠습니까?

히데요시의 죽음과 노량 해전

1598년 8월, 도요토미 히데요시가 병으로 숨을 거둔다.
일본군은 히데요시의 유언에 따라 조선에서 철수한다.

하지만 철군은 그리 쉽지 않았다.
이순신이 이끄는 조선 수군이
바닷길을 가로막고 있었기 때문이다.

일본군은 순천에서 발이 묶인 고니시 유키나가 군대를
구하기 위해 연합수군을 보냈다.

1598년 11월 18일, 조명연합수군과 일본군은
노량해협에서 임진왜란 최후의 전투를 벌인다.
미리 길목을 지키고 있던 조명연합수군은 화공 작전을 펼친다.
일본군은 맹렬하게 타오르는 불길에
수백 척의 전투선을 잃고 퇴각한다.

전투는 다음 날까지 이어진다.
수세에 몰린 일본군은 필사적으로 저항했다.

빗발치는 총탄 가운데 하나가 이순신의 가슴을 꿰뚫는다.
이순신은 전투를 마지막까지 지켜보지 못한 채 눈을 감는다.

치열했던 전투는 조명연합수군의 승리로 끝났다.
7년간의 긴 전쟁이 비로소 막을 내린 것이다.

나의 죽음을 알리지 마라

그날 승리를 보지 못하고 눈을 감다니 너무 안타까워요.

신병주 사실 저 때는 왜적이 스스로 물러가는 중이었기 때문에 퇴로만 열어 주면 굳이 참전하지 않아도 될 전투였어요. 그럼에도 이순신 장군은 우리 땅에 침범한 일본군을 한 명도 살려둘 수 없다며 마지막까지 출정을 하신 거죠.

이다지 명나라 군대가 뇌물을 받고 이순신에게 일본군의 퇴로를 열어 주자고 했지만 이순신이 호통을 치면서 거절했대요. 그래도 이순신 장군은 우리 역사에서 몹시 소중한 분이니까 그때 일본군을 그냥 보냈으면 어땠을까 싶어요.

류근 그래서인지 지금까지도 이순신 장군의 자살설이 이어지고 있어요. 『난중일기』에 "어서 죽는 것만 못하구나. 하늘은 어찌하여 내 사정을 헤아려 주지 못하는가? 왜 빨리 죽지 않는 것인가" 하는 내용이 있다고 하잖아요.

이해영 과연 이순신이 지키려고 했던 게 무엇이었을까? 이런 생각을 해 봤어요. 어쩌면 이순신은 전쟁에서 승리하는 걸 넘어서 잃어버린 조선의 자존심과 상처받은 자존감을 회복하고 싶었던 게 아닐까요? 어쨌든 저는 이순신이 자살했다고 생각하지 않아요. 백성들이 이순신의 영웅담에 인간적인 고뇌나 고독감 같은 것들을 덧붙이는 과정에서 설정이 좀 과하게 들어간 게 아닌가 싶어요.

그날 이순신의 죽음을 전해 들은 선조는 어떻게 반응했나요?

신병주 이순신 장군에 대해서는 한결같은 모습을 보이죠. 이때도 아무 일도 없다는 듯이 "오늘은 밤이 늦었으니 비변사[10]에서 알아서 처리하라" 그렇게 말했다고 합니다.[†]

이다지 이순신에게는 조금의 애정도 없었던 거죠. 사실 선조는 이순신 장군께 굉장히 큰 빚을 진 거나 다름없잖아요. 그런데 아무 일

「이충무공전서(李忠武公全書)」 정조 19년(1795)에 간행된 충무공 이순신 전집

도 없다는 듯이 알아서 하라니요.

신병주 사실 충무공이라는 시호가 내려진 것도 이순신 장군이 돌아가
시고 45년이 지난 인조 때예요. 이분이 재평가된 것은 정조 때고
요. 특히 정조가 이순신을 상당히 높게 평가해서 영의정으로 추
존하고 『이충무공전서(李忠武公全書)』[11]까지 간행합니다. 『이충
무공전서』는 이순신에 대한 자료를 모두 모아 국가에서 공식적
으로 편찬한 책입니다.

† (승)정원이 아뢰기를, "방금 군문 도감 낭청이 군문의 배첩(拜帖)을 가지고 문
틈으로 와서 말하기를 '(중략) 이순신은 전사하였으니 그 대임을 즉시 차출하여
야 한다. 명령을 듣고 가야 하니 어떤 사람으로 차출할 것인지에 대하여 내일
날이 밝기 전에 성명을 기록해 가지고와서 고하라' 하였습니다." 하니, 전교하기
를, "알았다. 오늘은 밤이 깊어 할 수가 없다. 내일 아침에 승지는 배첩(拜帖)을
가지고 나아가 치사(致謝)하라. 통제사는 즉시 비변사로 하여금 천거해서 차출
케 하라. 모든 일을 (승)정원이 살펴서 시행하라."
— 『선조실록』 31년(1598) 11월 24일

신하들의 공을 시샘한 선조

그날   노량 해전을 끝으로 정유재란은 사실상 막을 내리게 되는데요. 이후에도 선조는 전쟁에서 활약한 무신들을 굉장히 소홀하게 대우했다면서요?

방기철   네, 전후에 조정에서 공신을 책봉하는데, 전체 104명의 공신 가운데 전쟁에 참전했던 선무공신은 열여덟 명밖에 안돼요. 그중에 일등공신은 권율, 이순신, 원균 단 세 사람뿐입니다.

이해영   그렇게 미워하더니 그래도 일등공신으로 인정은 해 줬네요.

신병주   누가 뭐래도 이순신이 가장 큰 공을 세웠기 때문에 일등공신으로 책봉할 수밖에 없었죠. 문제는 원균도 같이 일등공신이 됐다는 거예요. 어떻게든 이순신의 공을 깎아내리려고 한 것 같아요. 선무공신 지정에서 또 한 가지 주목할 점은 임진왜란과 정유재란 때 크게 활약했던 곽재우나 조헌 같은 의병장들이 대부분 빠졌다는 사실입니다.

이다지   그런 걸 보면 예나 지금이나 똑같은 게 지금도 독립운동가 후손들 중에는 궁핍하게 사는 분들이 많잖아요. 최근에 독립운동가의 후손 중 한 분이 폐지를 주워 생계를 유지한다는 뉴스를 본 적이 있어요. 그분이 인터뷰에서 선친들이 원망스러울 때가 있다고 이야기하는데 마음이 참 무거웠습니다. 나라를 위해서 목숨 바친 사람들의 후손이 제대로 대우받지 못한다면 다시 나라가 어려워졌을 때 나설 사람이 없겠다 싶더라고요.

이해영   그러게 말입니다. 그럼 100명이 넘는 공신 가운데 선무공신이 아닌 다른 사람들은 어떤 공을 세웠나요?

방기철   선무공신 18명을 뺀 나머지는 86명의 호성공신입니다. 호성공신이란 선조가 의주로 피란 갈 때 호위했던 사람들이죠. 선조는 전란 극복에서 가장 중요한 역할을 한 것이 명군의 참전이라고 생각했습니다. 『선조실록』에도 선조가 공신을 정할 때, '이번 왜란에 적을 평정한 것은 오직 명나라 군대의 힘이었다. 우리나라 장수들은 명나라 군대의 뒤를 따르거나 혹은 요행히 패잔병의 머리를 얻었을 뿐 일찍이 제 힘으론 한 명의 적병을 베거나 하나의 적진도 함락하지 못 했다'라고 얘기했다는 기록이 있죠.[†] 즉 선조는 명에 원병을 요청한 것이 가장 큰 공이라고 생각한 겁니다. 그러니 자신이 의주까지 피란 갈 수 있도록 호위한 사람들이 전란 극복에 가장 큰 공을 세운 게 되는 거죠.

류근　정말 놀랍네요. 그 정도면 연산군 못지않은 혼군 같은데요. 그게 정상적인 사고력을 갖춘 사람의 발상인가요?

이해영　선조는 왕의 자리는 구할 줄 알았지만 나라를 구할 줄은 모르는 왕이었다는 게 다시 한 번 분명하게 드러나네요.

이다지　선조 때 걸출한 인물들이 정말 많이 나오잖아요. 이황, 이이, 이항복, 이원익, 류성룡, 이런 인물들을 제대로 활용했다면 세종만큼 훌륭한 치적들을 이룰 수 있었을 텐데 너무 안타까워요.

이해영　어느 시대나 인재들은 있어요. 다만 그 인재들이 어떤 리더를 만나느냐에 따라서 그들의 운명도 명확히 달라지는 것 같아요.

> [†] 전교하기를, "윤허한다. 이번 왜란의 적을 평정한 것은 오로지 중국 군대의 힘이었고 우리나라 장사(將士)는 중국 군대의 뒤를 따르거나 혹은 요행히 잔적(殘賊)의 머리를 얻었을 뿐으로 일찍이 제 힘으로는 한 명의 적병을 베거나 하나의 적진을 함락하지 못하였다. 그 중에서도 이순신과 원균 두 장수는 바다에서 적군을 섬멸하였고, 권율은 행주에서 승첩을 거두어 약간 나은 편이다.
> ― 『선조실록』 34년(1601) 3월 14일

정유재란 후 명과 일본의 변화

그날　정유재란 발발부터 전쟁이 끝나는 시점까지 이야기를 나눠 봤는데요. 7년간의 전쟁으로 명과 일본에도 뭔가 변화가 있지 않았을

세키가하라 전투를 그린 병풍

까 싶어요. 전쟁 후 일본과 명은 어떻게 달라졌나요?

방기철 중국에서는 명에서 청으로 왕조 교체가 이루어졌고, 일본 역시 히데요시에서 이에야스로 막부의 교체가 있었습니다. 특히 일본 은 이 전쟁을 통해서 수많은 선진 문물을 수입했습니다. 예를 들 어 조선의 성리학이 이때 전파되고요, 또 조선의 활자를 갖고 가 서 인쇄술을 발달시키죠. 이 때문에 전후 일본 문화가 굉장히 발 달하게 됩니다. 일본의 역사학자 도쿠토미 소호는 임진왜란을 일본의 사치스러운 해외 유학이라고 표현하기도 했습니다.

신병주 임진왜란으로 생긴 국제 정세상의 변화 중 가장 중요한 것은 전 통의 강국이었던 명나라가 기울고 북방 여진족이 세운 후금이 흥기하게 된 것입니다. 얼마 후 청으로 이름을 바꾼 후금이 결국 명나라를 멸망시키고 중원의 패자가 되죠. 상황이 그렇게 바뀌 었음에도 조선은 명에 대한 의리를 끝까지 지켜야 한다는 입장 을 고수하죠. 이른바 재조지은이라는 겁니다. 줄곧 친명배금 정책을 유지하던 조선은 결국 1627년에 정묘호란, 1636년에 병자호란이라는 혹독한 대가를 치르게 됩니다.

류근 그 재조지은이라는 말을 들으면 너무 화가 나요. 대체 누가 나라를 구했습니까? 나라를 구한 건 조선의 백성들이에요. 그러면 백성을 섬겨야지 이게 무슨 말도 안 되는 소리예요. 그런 걸 보면 선조는 그토록 참혹한 전쟁을 치르고도 배운 게 하나도 없는 거예요. 전쟁 후에도 제대로 된 국가 시스템을 만들려는 노력조차 하지 않았잖아요.

그날 임진왜란 4부작 하면서 시청자 여러분의 뜨거운 호응을 느낄 수 있었는데요. 이 편을 계기로 많은 분들이 임진왜란에 관심을 갖게 됐길 바랍니다.

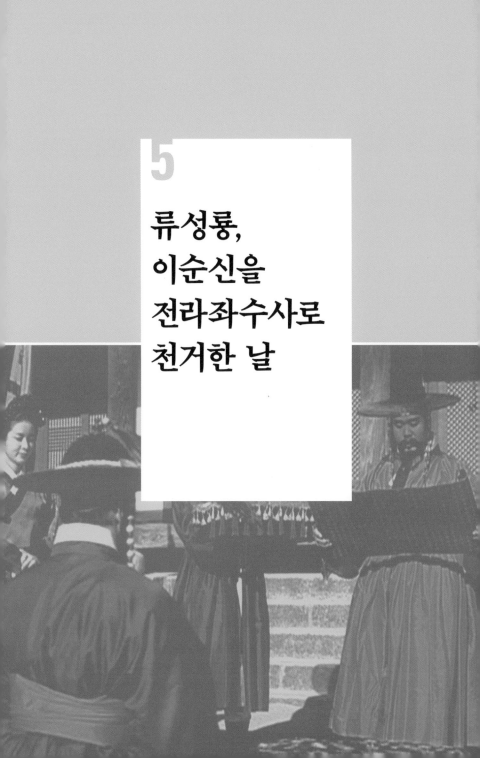

5

류성룡,
이순신을
전라좌수사로
천거한 날

조선의 명재상, 임진왜란과 이순신 하면 제일 먼저 떠오르는 인물 류성룡. 류성룡은 1542년(중종 37) 외가인 경상도 의성에서 황해도 관찰사 류중영의 아들로 태어나 안동에서 어린 시절을 보냈다. 이후 관직 생활을 위해 서울에 올라온 후에는 남산 묵사동(墨寺洞), 즉 현재의 남산 한옥마을 인근에서 생활했다. 16세 가을에 향시에 급제했고, 19세에는 관악산에서 『맹자』를, 20세에는 고향에 돌아가 『춘추』를 읽었다. 1562년 21세 때, 안동 도산서원에서 퇴계 이황을 배알하고 그 문하로 들어가 『근사록』 등을 배웠다. 이황의 학통을 계승한 수제자라는 사실은 류성룡의 정치적 성장에 큰 힘이 됐다.

1564년 7월 생원시와 진사시에 연이어 합격하였고, 1565년 성균관에 들어갔다. 25세가 되던 1566년 문과에 급제하여 승문원 권지부정자로 관직에 진출하여 1567년 8월에는 예문관 검열이 되었고, 1570년에는 수찬, 정언 등을 거쳐 이조좌랑에 올랐다. 1571년 가을에 호를 서애(西厓)라 하였는데, 서애는 안동 하회마을의 서쪽 절벽을 뜻하는 말이다. 1589년 정여립 역모 사건의 여파로 동인 내에서 당파가 갈리자 정인홍, 이산해가 중심이 된 북인과 맞서는 남인의 영수가 되었다. 1590년 5월 우의정에 올랐으며, 1591년 좌의정과 이조판서를 겸하면서 정읍현감으로 있던 이순신을 전라좌수사로 천거하였다. 종6품에서 정3품으로 무려 일곱 품계나 오른 파격적인 승진이었다. 행주 대첩으로 유명한 권율을 의주목사로 천거한 사람도 바로 류성룡이었다. 이순신과 권율, 임진왜란의 전세를 뒤집은 두 영웅의 활약 뒤에는 인재를 알아보는 류성룡의 안목이 있었던 것이다. 1592년 4월, 임진왜란이 발발하자 류성룡은 좌의정과 병조판서, 도체찰사를 겸하면서 전시 정부의 최고 책임자가 되었다. 명나라 제독 이여송과 평양성 수복에 대해 논의하였고, 평양성 탈환 후 명나라가 일본군과의 강화 협상에 나서자 이에 반대하고 왜적에 대한 총공세를 주장하였다. 1593년 10월 선조를 모시고 한양으로 돌아온 후에는 다시 영의정에 올랐다. 1594년 전쟁이 소강상태에 이르자, 전수기의십조(戰守其宜十條, 전쟁에서 마땅히 지켜야 할 10조목) 등을 올려 구체적인 전쟁 대비책을 제시하였다. 류성룡은 전쟁 기간 중 직업군인으로 구성된 훈련도감의 설치, 전쟁에서 공을 세운 노비의 신분을 해방시켜 주는 면천법, 지방의 특산물을 쌀로 대신 내게 하는 작미법(作米法) 등 다양한 정책 아이디어를 제시하고 이를 실천하기 위해 노력하였다. 의리와 명분에만 집착하지 않고 실용과 경제에도 주력한 것이다. 1597년 정유재란이 일어난 후에도 류성룡은 경기도와 충청도 지방을 순시하며 전쟁의 최일선에서 활약했다.

그러던 1598년 9월, 명나라 조사관 정응태와 지휘관 양호 사이의 내분으로 일어난 '정응태 무고 사건'으로 인하여, 류성룡은 북인들의 탄핵을 받고 11월 19일 파직되고 만다. '주화오국(主和誤國, 화의를 주장하여 나라를 망침)'이 탄핵의 주된 이유였다. 안타깝게도 1598년 11월 19일은 이순신이 노량 해전에서 전사한 바로 그날이었다.

불명예스럽게 파직당한 류성룡은 1599년 2월 고향인 안동 하회로 돌아왔고, 『징비록』의 집필에 착수한다. 1604년 7월 임진왜란 때 선조의 몽진을 보필한 공을 인정받아 호성공신(扈聖功臣) 2등에 녹훈되었으나, 류성룡은 왕명을 받고 그의 초상을 그리러 온 화공을 돌려보낸다. 이후에는 주로 집필 활동에 전념하다가 1607년 5월 13일, 66세를 일기로 생을 마감하였다.

류성룡, 이순신을 전라좌수사로 천거한 날

"정읍현감 이순신을 전라좌수사로 초수할 것이니
그대들은 내 뜻을 거역치 말라!"

1591년(선조 24년) 이순신은 전라좌수사에 임명된다.

"아니되옵니다, 전하. 부당한 인사이옵니다.
한 번에 일곱 품계를 뛰어넘는 승차는 전례가 없는 일이옵니다."

종6품에서 정3품으로 올린 전례 없는 인사에
조정은 발칵 뒤집힌다.
이순신을 천거한 인물은 좌의정 겸 이조판서였던 류성룡.

"윤허할 수 없다. 과인은 이순신이 전라좌수사로서의 소임을
그 누구보다 잘 해내리라 여겨 그를 초수한 것이다."

류성룡을 깊이 신뢰한 선조는 뜻을 굽히지 않는다.

임진왜란이 일어나기 1년 전에 이뤄진 파격적인 인사,
류성룡의 이순신 천거는 다가올 국면에 대비한 신의 한 수였다.

조선 시대 전라좌수영과 경상우수영의 위치

그날   역사저널 그날, 오늘은 국가적 위기 한가운데에서 활약했던 명
        재상 류성룡에 대한 얘기 나눠 보겠습니다.

최태성   류성룡에 대해서는 학교에서 배운 기억이 거의 없죠? 사실 교과
        서에도 류성룡 하면 선조를 보필했던 신하 또는 이순신의 조력
        자 정도로만 언급되어 있거든요. 그래서 많은 분들이 류성룡에
        대해 잘 모르시는 것 같아요.

신병주   류성룡은 그분 자신의 업적도 업적이지만 이순신 장군을 추천한
        걸로 유명하죠.

류근   행주 대첩의 권율 장군을 의주목사에 천거한 분도 류성룡이라면
        서요. 임진왜란 초기의 포진을 류성룡이 다 짰다고 해도 과언이
        아니네요.

신병주   류성룡이 이순신을 전라좌수사로 천거해서 임명된 게 임진왜란
        이 일어나기 1년 2개월 전이거든요. 이게 전쟁의 흐름을 바꾼 신
        의 한 수가 된 거죠. 전라좌수사라는 말 많이 들어 보셨을 텐데,
        전라좌수사의 본래 이름이 뭔지 혹시 아세요?

류근　본래 이름이 따로 있습니까?

신병주　전라좌수사는 전라좌도 수군절도사를 줄인 말입니다. 지금은 전라도를 남북으로 나누지만 조선 시대에는 좌우로 구분했거든요. 여기서도 좌우는 한양에 있는 왕의 시선을 기준으로 해요. 일반적으로 생각하는 것과 반대죠. 그러니까 전라좌수사는 전라좌도 수군 총책임자라는 뜻입니다. 그러면 전라좌수사의 부임지는 어디일까요?

류근　여수 쪽이요.

신병주　그렇죠. 전라좌수영이 여수에 있기 때문에 이순신의 부임지 역시 여수가 됩니다. 혹시 임진왜란 때 경상우수사는 누군지 아십니까?

류근　원균 아닙니까?

신병주　맞아요. 경상우수영은 거제에 있고 전라좌수영은 여수에 있는데, 이 두 지역이 굉장히 가깝습니다. 그러다 보니 두 사람이 계속 부딪칠 수밖에 없는 거예요.

류성룡, 그 사람이 알고 싶다

그날　오늘 류성룡의 고향에서 도움 말씀 주실 분을 한 분 모셨습니다. 안동대학교 사학과 정진영 교수님입니다. 반갑습니다.

정진영　네, 반갑습니다.

그날　류성룡을 한마디로 정의한다면 어떤 인물이라고 할 수 있을까요?

정진영　류성룡은 당대 최고의 정치가이자 학자였습니다. 또 탁상공론만 일삼는 학자가 아니라 실무에도 발 벗고 나서서 백성을 이롭게 하는 경세가였다고 이야기할 수 있습니다.

그날　류성룡이라는 인물에 대해 자세히 알아보기 위해서 이력서를 준비했는데요. 오늘 이력서에는 조금 특이하게 빈칸들이 있습니

류성룡 이력서

	(류성룡)	생년월일	1542년(중종 37)~1607년(선조 40)	
	출생지	의성	**고향**	(안동 하회마을)
	학력	(도산서원, 퇴계 이황의 제자)		
경력	25세(1566년) 문과 급제 31세(1572년) 홍문관 수찬 50세(1591년) 좌의정 겸 이조판서 51세(1592년) 영의정(당일 파직), 평안도 도체찰사(12월) 임진왜란 내내 영의정 겸 도체찰사			
특기	(바둑)			

류성룡 이력서

다. 여러분이 이 빈칸을 채워 주셔야 해요. 먼저 이름부터 보겠습니다. 류성룡이라고 쓰는 분도 계시고 유성룡이라고 쓰는 분도 계신데 어떤 게 맞는 건가요?

류근   저도 저 문제 때문에 곤란을 꽤 겪었어요. 본래는 두음법칙을 일괄 적용해서 '유'라고 표기해야 했어요. 그런데 지난 2006년에 국가가 이름 표기를 강제하는 것은 부당하다는 법원 판결이 나와서 그때부터 류로 표기할 수 있게 되었습니다. 원래 류와 유는 한자 자체가 달라요.

그날   버들 류(柳) 자 쓰는 거죠?

류근   그렇죠. 버들 류 자만 유독 류라는 발음을 사용합니다.

신병주   문중에서 특히 류성룡으로 써 달라고 요청한다고 들었습니다.

정진영   네, 문중에서는 류로 표기하기를 희망합니다.

옥연정사 서애 류성룡이 이곳에서 『징비록』을 집필했다.

류성룡의 고향, 하회마을

이윤석 고향이 빈칸인데 류성룡 고향은 굉장히 유명하잖아요. 안동 하
회마을이라고 알고 있거든요. 영국의 엘리자베스 2세가 방문해
서 더 유명해진 그곳이요.

신병주 안동 하회마을은 2010년, 경주 양동마을과 함께 유네스코 세계
유산으로도 지정된 곳입니다. 하회(河回)의 순우리말이 물이 굽
이돌아 나간다는 뜻의 물 돌이여서 물돌이동이라고도 부르고요.
류성룡의 호인 서애도 하회마을 서쪽 절벽을 뜻하는 거예요. 서
녘 서(西) 자에 절벽 애(厓) 자를 쓴 거죠. 고향에 대한 애정이 호
에도 나타나는 거죠.

그날 류성룡이 말년에 『징비록』을 집필한 정자도 하회마을 근처에 있
는 거죠?

정진영 네, 『징비록』의 산실인 옥연정사는 하회마을에서 봤을 때 서애
오른쪽에 위치해 있습니다. 절벽 반대편 끝 부분에는 서애 선생

겸암정사 류성룡의 형인 겸암 류운룡이 학문 연구와 제자 양성에 힘쓰던 곳이다.

님의 형님인 겸암 류운룡 선생께서 쓰셨던 정자가 있고요. 이곳 이름은 류운룡 선생의 호를 따서 겸암정사입니다. 이 두 형제의 우애가 특히 깊었다고 하는데요. 말년에 서애 선생이 옥연정사에서 은거 생활을 할 때 두 분이 서로 자주 왕래할 수 있도록 서쪽 절벽 한쪽에 길을 뚫기도 했습니다. 안동에서는 그 길을 '형제의 길' 혹은 '우애의 길'이라고 부릅니다.

신병주 저도 우애의 길을 한 번 걸어 봤는데요. 우애 나누기 참 힘듭니다. 위험해요. 굉장히 아슬아슬합니다.

정진영 가치 있는 것들은 그렇게 쉽게 얻어지지 않으니까요.

류성룡의 최종 학력은?

그날 또 이력서를 채워 보겠습니다. 학력입니다.

이윤석 물론 고학력이겠지요.

그날 예전의 학력이라고 하면 누구의 제자 이런 거 아니겠습니까?

류근   그렇다면 답이 너무 뻔하죠. 퇴계 이황 아닙니까? 류성룡이 퇴계
        선생의 제자라는 사실은 너무나도 유명하잖아요.

신병주   류성룡이 스물한 살 되던 1562년에 예안에 있는 도산서원에 찾
        아가서 퇴계 선생께 『근사록』¹을 배웠다는 기록이 있어요. 흔히
        같은 안동 사람이라 왕래가 잦았을 거라고 생각하기 쉬운데 실
        제로는 거리가 꽤 돼요. 같은 안동이지만 하회마을이 있는 풍산
        은 안동의 서쪽이고 도산서원이 있는 예안은 안동의 동북쪽이거
        든요. 걸어가기에는 꽤 먼 곳이죠.

류근   맞아요. 전에 하회마을에서 도산서원까지 차로 이동해 본 적이
        있는데 생각보다 엄청 멀더라고요.

신병주   차로도 한 시간 가까이 걸릴 정도로 먼 거리라 통학은 불가능했
        을 거고, 아마 일정 기간 그곳에서 기숙하면서 공부하는 식이었
        을 거예요. 이때 퇴계 선생이 류성룡을 보고는 '이 사람은 하늘
        이 내린 사람이다. 반드시 훗날 큰일을 할 것이다.' 이렇게 말했
        다는 이야기가 있어요.†

그날   사람을 알아봤네요.

이윤석   퇴계 선생은 류성룡을 알아봤고, 류성룡은 또 이순신 장군을 알
        아봤잖아요. 조선 역사를 생각하면 정말 기적 같은 선순환이었
        네요.

---

† 공의 휘는 성룡이고, 자는 이현(而見)이며, 성은 류(柳)씨이다. 공의 선조는 풍
  산현 사람이다. 군수를 지낸 공작(公綽)의 손자이고, 관찰사를 지낸 중영(仲郢)
  의 아들이다. 젊었을 때 총명하고 박학하였으니, 도산에서 이 선생(이황)을 처음
  뵈었을 때에 이 선생이 말하기를, "이 사람은 하늘이 낸 자이다." 하였다.
  ── 허목, 『기언(記言)』 「서애유사」

양산에 구멍을 뚫어 선조를 훈수하는 류성룡

류성룡의 특기?

그날　다음으로 특기란을 채워 볼까요? 류성룡 선생의 특기는 무엇이
　　　었을까요?

정진영　바둑입니다.

류근　그것과 관련된 이야기가 있어요. 임진왜란 때 명나라 장군 이여
　　　송이 선조하고 바둑을 두게 되었어요. 그런데 선조의 바둑 실력
　　　이 신통치 않았던 모양이에요. 그래서 옆에 있던 류성룡이 양산
　　　에 구멍을 뚫고 그 구멍 사이로 들어오는 햇빛으로 훈수를 뒀다
　　　고 하죠.

이윤석　어떻게 보면 상징적인 이야기 같기도 하네요. 이여송과 선조의
　　　심리전을 대리한 것은 사실 류성룡이었다는 의미로요.

류근　오, 그럴듯한 해석입니다.

신병주　『난중일기』에도 이순신이 부하들과 바둑 두는 장면이 꽤 많이
　　　나와요. 바둑을 두면서 병사들과 자연스럽게 소통했던 거죠.

이윤석 　류성룡과 이순신이 바둑을 뒀다면 둘 중에 누가 이겼을까요?

류근 　류성룡이 이겼을 겁니다. 기보가 남아 있지 않아서 정확한 실력을 가늠할 수는 없지만 류성룡의 바둑 실력은 나라에서 제일가는 국수급이었다고 전해지거든요.

류성룡과 이순신의 첫 만남

김상중 　아무래도 류성룡 하면 이순신 장군 이야기를 빼놓을 수가 없습니다. 이순신 장군을 천거하신 분이 서애 류성룡 선생이시고요. 두 분의 우정은 어느 정도였는지, 그리고 이순신 장군에 대한 서애 선생의 믿음이 왜 그렇게 강했는지, 그런 것들이 궁금합니다.

그날 　류성룡과 이순신은 언제부터 알고 지낸 사이인가요?

신병주 　어린 시절부터 관계가 있었다고 합니다. 흔히 두 사람이 친구라고 생각하는데 류성룡이 세 살 많아요. 사실 류성룡은 이순신 장군의 형님과 친구였어요. 이순신 장군은 사형제 중 셋째인데, 제일 윗형님 이름이 복희씨의 신하, 희신입니다. 그다음에 중국 제일의 성인으로 치는 분이 요 임금, 순 임금이죠. 그래서 바로 윗형님 이름이 요신이에요. 이 형님하고 류성룡이 친구 관계였습니다. 이순신 장군은 순 임금의 신하라는 뜻으로 순신이죠. 그러면 이순신 장군 동생 이름은 뭘까요?

류근 　이순신 장군의 동생도 있어요?

신병주 　네, 요순 다음으로 하나라의 우임금이 유명하죠. 치수(治水)를 잘했던 분이요. 이 우임금의 신하라는 뜻에서 동생 이름은 우신이에요.

류근 　이순신 집안에서 태평성대를 다 책임지겠다는 뜻이네요.

이윤석 　그러면 이순신이 류성룡에게 존댓말을 했을까요? 아니면 동네 형이니까 편하게 말을 놓았을까요?

류근 　지금도 초등학교 때까지는 형 친구들한테 말 놓잖아요. 그러다가 중학교쯤 가면 슬슬 존댓말 쓰기 시작하고요. 이순신과 류성룡의 관계도 그렇지 않았을까요? 그러다가 자라면서 존댓말을 쓰기 시작했겠죠.

그날 　그래도 형님이라고 부르지 않았을까요?

정진영 　옛날에는 나이를 굉장히 중요시했습니다. 증자께서도 '조정에서는 관작만 한 게 없고(朝廷 莫如爵), 고을에서는 나이만 한 게 없다(鄉黨 莫如齒)'고 하셨잖아요. 그래도 보통 다섯 살까지는 허교, 즉 친구로서 마음을 터놓고 이야기하는 게 가능했어요. 그러니까 어릴 때는 형, 아우 하면서 편하게 지내지 않았을까 싶어요. 물론 벼슬길에 나간 뒤에는 달라졌을 수도 있죠.

류성룡과 이순신 장군이 가까워진 계기는?

그날 　류성룡과 이순신 장군은 어떻게 친한 친구처럼 지내게 된 거예요? 계기가 있었을 거 아니에요.

신병주 　제일 중요한 게 한동네 살았던 거예요. 기록에 보면 류성룡 선생은 지금 남산 한옥마을 근처의 묵사동에 살았어요. 이순신 장군이 살았던 곳은 건천동인데 얼마 전까지 명보극장 있던 자리예요. 거리상으로 1킬로미터도 떨어지지 않은 곳이죠.

이윤석 　류성룡이 전라좌수사 자리에 이순신을 천거한 데 대해 대신들의 반대가 상당했다고 들었어요. 그런 반대를 무릅쓰고 의견을 관철했다면 단순히 친하기 때문만은 아니었겠죠?

정진영 　물론입니다. 친분 때문만은 아니죠. 이순신은 일찍이 함경도 최북단에서 부대장으로 활약했습니다.[†] 그 이후에는 전라감사 이광의 군관으로도 활동했고요. 류성룡은 이순신의 행보를 유심히 살피고 있었습니다. 그러다 전란의 기운을 감지하게 된 거죠. 류

성룡은 후일을 대비하기 위해 이순신처럼 능력 있는 장군을 전
라좌수사 자리에 앉혀야 한다고 생각했던 것 같습니다.

류근　축구에 비유하자면 한 번도 국가 대표로 선발된 적 없는 선수를
최전방 스트라이커로 기용한 거예요.

이윤석　국내 리그에서 뛰는 모습을 보고 이 사람이다 싶어서 바로 발탁
한 거죠.

최태성　류성룡은 이순신에 대한 기대가 정말 컸던 거 같아요. 이순신이
전라좌수사로 임명되어 가자 정성껏 편지도 쓰고 병서도 한 권
보내 줍니다. 『증손전수방략』이라는 책인데요. 그 책을 받아 본
이순신이 이런 기록을 남깁니다. '수륙전과 불로 공격하는 전술
등에 관한 것이 낱낱이 기록되어 있다. 참으로 만고에 보기 드문
저술이다.'[‡] 이순신이라면 이 병서를 잘 활용할 수 있을 거라는
기대와 믿음이 류성룡에게는 있었던 거 같습니다.

이윤석　적재적소에 인재를 추천했을 뿐 아니라 그가 제 능력을 발휘할
수 있도록 도움까지 주는군요.

류근　두 사람 사이를 한마디로 정의하자면 무한 신뢰가 아닐까 싶어
요. 『난중일기』에 보면 이런 내용이 나와요. 전쟁 중에 류성룡이
죽었다는 오보를 들은 이순신이 '만약 류 정승이 돌아가셨다면
이제 나랏일을 어떻게 할까' 하고 걱정했다는 거죠. 이순신이 전
쟁에서 최고의 성과를 거둘 수 있었던 건 후방에 류성룡이 버티
고 있었기 때문이라고 생각합니다.

정진영　그렇죠. 손바닥도 하나로는 소리가 나지 않잖아요. 이순신이 그
토록 큰 전공을 세울 있었던 것은 크게 두 가지 덕분이었습니다.
하나는 경상도 지역의 의병이죠. 곽재우를 비롯해서 김면, 정인
홍 등이 낙동강 지역을 굳게 지킴으로써 왜적들이 진주를 거쳐
전라도로 진출하는 것을 저지했고, 덕분에 후방 기지를 든든하

게 확보할 수 있었죠. 두 번째는 류성룡이 조정에서 든든한 지원
자 역할을 해 줬기 때문입니다. 이순신 하면 제일 먼저 떠오르는
게 뭐죠?

류근 　거북선이죠.

정진영 　그렇죠. 그럼 거북선은 누가 만들었을까요? 대개 이순신 혼자 거
북선을 만들었다고 생각합니다. 지금도 그렇지만 군함을 건조한
다는 것은 수군절도사 혼자 결정할 수 있는 문제가 아니지요. 국
가의 허가와 재정적인 지원이 이뤄지지 않으면 불가능한 일입니
다. 이런 점에서 류성룡이 이순신의 든든한 지원군이 돼 줬죠.

류근 　언뜻 이런 말이 떠올라요. 지음지교(知音之交), 서로가 서로를
알아 주는 관계. 이순신과 류성룡이 딱 그랬던 거 같아요.

† 안개가 자욱한 어느 날, 군사들은 모두 나가 곡식을 거두고 있었고, 진영에는
불과 수십 명만이 남아 있었다. 그때 갑자기 적 기병의 급습을 받았다. 이순신
은 급히 진영의 문을 닫고 유엽전(柳葉箭)을 쏴 수십 명의 적을 말에서 떨어뜨
렸다. 그러자 적들이 놀라 모두 달아나기 시작했다. 혼비백산한 적들은 깃발도
버리고 약탈한 물건도 모두 버린 채 달아나기에 급급했다.
— 『징비록』(류성룡, 김흥식 옮김, 서해문집, 2003)

‡ 좌의정 류성룡이 편지와 함께 『증손전수방략(增損戰守方略)』 책을 보내 왔다.
이 책을 보니 수전(水戰), 육전(陸戰)과 화공법 등에 관한 전술을 일일이 설명
했는데, 참으로 만고에 보기 드문 뛰어난 저술이다.
— 『교감 완역 난중일기』(이순신, 노승석 옮김, 민음사, 2010), 1592년 3월 5일

조선의 운명이 류성룡에게 달렸다

1592년(선조 25) 4월,
부산 앞바다에 일본 함대가 나타났다.
7년간의 긴 전쟁이 시작된 것이다.

파죽지세로 북상하는 일본군을 피해
선조는 도성을 버리고 의주로 향한다.

임진왜란 기간 동안 선조는 류성룡에게
영의정과 도체찰사, 훈련도감 도제조 등
다양한 임무를 맡긴다.

전란 극복의 모든 책임이
류성룡의 양 어깨에 지워진 것이다.

임진왜란 때 류성룡이 맡은 관직

류근　전쟁 중에 저 많은 직책을 다 맡는 게 과연 좋은 일일까요?

최태성　임진왜란이 일어났을 때, 선조는 모든 요직을 류성룡 한 사람에게 몰아주듯이 맡깁니다. 제가 표로 한 번 정리해 봤는데요. 병조판서, 도체찰사[2], 영의정, 훈련도감 도제조[3] 등 중요한 직책을 다 맡고 있어요. 병조판서는 지금으로 치면 국방부 장관이죠. 도체찰사는 전시 군사 총지휘관이고요. 게다가 영의정이었으니 국무총리까지 맡은 거예요.

류근　선조의 신뢰를 한 몸에 받았네요.

정진영　사실 선조와 류성룡은 인연이 많습니다. 류성룡의 부인이 세종의 아들 광평대군의 5세손인 이경이라는 분의 따님이었어요. 그러니까 류성룡이 왕실과 혼인 관계를 맺은 셈이죠. 어찌 보면 한가족이니까 선조가 류성룡을 더 가깝게 생각했을 수 있죠.

신병주　류성룡이 문과에 급제한 해가 1566년이고, 선조가 즉위한 게 그 이듬해예요. 둘 다 의욕이 넘칠 때죠. 이즈음 류성룡이 경연에서 강의를 한 적이 있는데, 그게 선조에게 강한 이미지를 남겼다고 해요.[†]

정진영　류성룡은 갓 출사한 젊은 나이에 이미 당대 최고의 강독관이라는 평가를 들을 정도로 강의를 잘했다고 합니다.

류근   그만한 신뢰를 얻었기 때문에 선조가 류성룡의 추천을 받아들여서 이순신을 전라좌수사에 제수한 거죠. 한꺼번에 여섯 단계를 뛰어넘는 승진은 굉장히 파격적인 인사잖아요.

신병주   종6품에서 정3품으로 뛰는 거니까 정확히 일곱 단계가 오른 거죠.

최태성   그러네요. 어쨌든 지금도 6급 공무원을 3급으로 올린다고 하면 어마어마한 파격이거든요.

신병주   조선 시대에는 고속 승진하는 경우가 종종 있었죠. 어사 박문수도 그렇고요. 그런데 또 주목할 거는 올라가는 것뿐 아니라 갑자기 확 떨어지는 경우도 많았다는 거예요.

> † 지난번 류성룡이 강관이었을 때에 진설(陳說)이 정밀하고 절실하므로 강관 중에서 첫째라고 하였는데, 이제 대고(大故, 부친상)를 당하여 장차 3년을 보내야 하니 사림이 많이 아까워합니다. 그러나 도리는 무궁하므로 한 사람이 죄다 논설할 수는 없는 것이고 강독하는 관원의 논설에도 채택할 만한 것이 많이 있으니, 어찌 박식을 꺼려서 아뢰지 않겠습니까.
> ― 『선조실록』 6년(1573) 8월 16일

전쟁 초기 육군이 속수무책으로 패한 원인

그날   어쨌든 류성룡의 천거 덕분에 막강한 조선 수군이 탄생했어요.

이윤석   조선에서는 수군에 비해 육군이 상대적으로 약했잖아요. 처음 전쟁 시작하고 한 달 만에 무참히 패했는데, 육군이 왜 그렇게 속수무책으로 패했는지 궁금합니다.

신병주   가장 큰 원인 중 하나로 꼽는 게 조선이 건국된 후 200년간 평화가 계속됐다는 거예요. 큰 전쟁이 거의 없었죠. 여진족과의 국지전이 있었지만 대부분 조선이 승리했어요. 그래서 사람들 사이에 전쟁에 대한 경각심이 없었어요. 또 16세기로 갈수록 조선에 성리학 이념이 정착하면서 철저하게 문치주의로 흘러요. 그러다 보니 숭문천무, 즉 문이 숭상되고 무가 천시되는 상황이 지속됐죠. 또 15세기까지만 해도 진관 체제라는 거점 중심 방어 체제를 구축하고 있었는데 16세기가 되면서 이걸 제승방략 체제로 바꿔요. 결과적으로는 방어 체제의 변화가 임진왜란에 큰 독이 된 거죠.

류근　『징비록』을 읽어 보면 전쟁 전에 류성룡이 다시 진관 체제로 돌아가자고 주장했는데 이게 묵살당했다고 하더라고요.

조선 전기 지방 방어 체제, 진관 vs 제승방략

그날　진관 체제가 무엇이고 제승방략 체제가 무엇이었길래 이런 논란이 있었는지 자세히 알아 보겠습니다. 박금수 박사님, 진관 체제와 제승방략 체제에 대해 자세한 설명 부탁드립니다.

박금수　진관 체제에서는 각 지역에 일종의 군사 라인이라고 할 수 있는 진(鎭)을 설치합니다. 각 진에서 군사들을 독자적으로 관장하여 외부의 침략에 대응하는 체제인데요. 당시에는 양인개병제[4]에 따라 민간인과 군인의 구별이 없었어요. 그래서 대개의 진은 행정 단위와 일치했습니다. 각 진이 지역에 고정되어 외적을 방어하는 다소 수동적인 방어체제였던 거죠. 소규모의 왜구가 전국 각지에서 출몰했던 조선 전기에는 이 진관 체제가 꽤 유용했습니다. 하지만 진관 체제는 다수의 적이 한곳을 집중 타격할 때에는 제대로 대응하지 못하고 쉽게 격파당할 수 있다는 허점이 있었습니다. 이에 비해 제승방략 체제는 적의 공격이 있을 때 해당 지역의 진이 우선 대응을 하고 인근 군사들을 모아서 한꺼번에 2차 대응을 할 수 있죠. 운동 경기에 비유하자면 진관 체제는 지역 방어, 축구의 포백 시스템에 비유할 수 있고요. 제승방략 체제는 대인 방어, 즉 미드필더에서 수비수들이 주요 공격수를 집중 마크하는 시스템으로 볼 수 있습니다.

제승방략 체제가 쉽게 격파된 이유

이윤석 외적이 대규모로 공격해 들어올 때 우리도 한꺼번에 대응을 하면 잘 막힐 거 같은데, 왜 제승방략이 안 먹혔던 거죠?

박금수 제승방략 체제에 대해 조금 더 자세히 살펴보면 왜 그런지 알 수 있습니다. 제승방략 체제에서는 적의 공격이 있을 때 해당 지역의 진이 우선 대응을 하죠. 그 다음에 주변 진의 군사들이 모입니다. 그런데 이 군사들은 독자적으로 행동하는게 아니라 지휘관인 경장(京將)이 서울에서 파견되기를 기다립니다. 경장의 지휘 하에 군사들이 움직이게 되어 있어요.

그날 지역 병사들은 경장이 내려 올 때까지 싸우지 못하고 기다려야 하는군요.

박금수 그렇죠. 그런데 문제는 당시 일본군의 침략 속도가 굉장히 빨랐다는 겁니다. 부산진이 무너지고 2차 대응을 하기 위해 상주에 모여 있던 군사들이 서울에서 경장이 내려오기도 전에 일본군을 만나게 된 겁니다. 감독이 부임하기도 전에 축구 대표팀이 한일전을 치른 것과 마찬가지 상황이었죠. 따라서 대대적인 피해가 불가피했던 것입니다.

이윤석 류성룡의 건의대로 진관 체제로 복귀했으면 일본군을 막는 데 좀 더 유리했을까요?

박금수 당시 일본의 군사력은 조선군, 특히 남쪽 지방의 군사력보다 양이나 질적인 면에서 훨씬 우수했기 때문에 아마 진관 체제가 복구됐더라도 효과적으로 대응할 수 없었을 거예요. 다만 외적과 싸우려고 모인 군사들이 지휘관이 없어서 다시 흩어지는 상황은 막을 수 있지 않았을까 싶네요.

그날 애초에 선조가 류성룡의 건의를 받아들였으면 초반에 이렇게까지 무너지지는 않았겠네요. 아쉬워요.

류근 　육군이 거의 궤멸되는 상황까지는 안 갔겠죠.

류성룡, 권율을 추천하다

최태성 　초반에 무너지기는 했습니다만 육군이 그리 무능했던 것만은 아니었어요. 바다에 이순신 장군이 있다면 육지에는 권율 장군이 있잖아요. 임진왜란의 3대 대첩이 뭐죠?

이윤석 　김시민의 진주 대첩하고 이순신의 한산 대첩이요.

최태성 　또 하나 있죠. 권율 장군 하면 생각나는 전투요.

이윤석 　행주 대첩.

최태성 　그렇죠. 잘 아시네요. 권율이 여기서 큰 승리를 거둬서 도원수가 되잖아요. 육군이 마냥 무능하지만은 않았던 거죠.

류근 　아무튼 권율을 천거한 사람도 바로 류성룡 아닙니까. 류성룡은 사람 보는 눈이 탁월했던 거 같아요. 감독이 선수 교체하자마자 새로 투입된 선수가 바로 골 넣는 거랑 비슷한 상황이죠.

신병주 　권율 하면 대개 장군, 즉 무관으로 알고 있지만 사실 문관이에요. 원래 정5품 호조정랑 자리에 있다가 류성룡의 천거로 정3품 의주목사가 됩니다. 당시 의주는 서북방의 요충지죠. 권율은 이곳에서 어느 정도 군사적인 능력을 쌓고 있었는데 얼마 못 가 해직이 됩니다. 임진왜란이 일어났을 당시 권율은 전라도 광주목사로 있었어요. 이순신과 경상도 의병들의 활약이 일본군의 전라도 진출을 저지한 것도 사실이지만 권율 장군 역시 전라도 사수에 한몫 했죠.

이윤석 　관습이나 친분 같은 걸 따지지 않고 능력만 있으면 파격적으로 등용한다는 게 스포츠랑 비슷하네요. 이게 먹혔든 거예요.

류성룡은 십만양병설에 반대했나?

그날 흔히 임진왜란을 제대로 대비하지 못했다는 이야기를 하면서 거론되는 게 율곡 이이의 십만양병설이잖아요. 이걸 류성룡이 반대했다는 이야기가 있던데 사실인가요?

정진영 흔히 율곡 이이가 십만양병설을 주장했는데, 서애 류성룡이 이를 반대했다고 이야기합니다. 그런데 당대의 기록, 즉 『선조실록』이나 율곡의 문집, 서애 류성룡의 문집 그 어디에도 이런 이야기가 없습니다. 다만 후대에 발간된 『율곡전서』 부록 편에 김장생이라는 분이 행장[5]을 쓰면서 이런 사실을 기록해 두었죠.[†] 그것이 바탕이 되어서 같은 이야기가 『선조수정실록』에도 실립니다. 『선조수정실록』은 서인이 인조반정을 일으켜 북인 정권을 무너뜨린 다음에 『선조실록』이 왜곡이 너무 심하다면서 다시 만든 거예요. 그러니까 류성룡의 반대파인 서인이 『선조수정실록』을 만들면서 그 이야기를 삽입한 겁니다. 그 스토리가 오늘날까지 전해져 오는 거고요. 하지만 요즘 역사학계에서는 율곡의 십만양병설을 역사적인 사실로 받아들이는 데 어려움이 많다는 입장입니다. 지금까지도 이 문제에 대해 논란이 많습니다.

류근 저만 해도 십만양병설에 대해서 의문이 있었거든요. 율곡이 그런 주장을 펼친 게 임진왜란 발발 10년 전인데, 당시에 병사를 10만이나 기르는 것이 가능했을까요? 다른 건 다 차치하고서라도 당시 인구에서 여자 빼고 천인과 사대부를 다 빼고 나면 과연 10만이라는 숫자를 징집이나 할 수 있었을까 싶어요. 다른 나라하고 첨예하게 대립하는 국가적인 위기 상황도 아닌데, 그런 대규모 군사 양성이 정치적 이슈로 대두하기는 힘들지 않았을까요?

최태성 그렇죠. 사실 군대를 늘리려면 엄청난 돈이 들거든요. 10만이라는 군사를 먹이고 입히는 데 돈이 얼마나 들지 상상해 보세요.

이윤석 　정확히 10만이라고 콕 집어 얘기한 게 아니라 많은 숫자의 병사가 필요하다는 걸 상징적으로 표현한 게 아닐까 싶어요. 율곡 선생이 '국가가 200년에 이르면 오랜 평화로 군대와 식량이 부족해진다.' 이런 이야기를 했다는 기록이 있거든요.

신병주 　맞아요. 율곡 이이 선생이 평소 국방 문제나 병력 충원에 대해 강조한 것을 제자들이 좀 더 구체화하고, 또 약간은 과장해서 서술한 게 아닌가 싶습니다. 그 과정에서 스승의 반대 편에 있던 류성룡이 이 같은 탁견을 무시했다는 식의 이야기를 덧붙인 거고요. 이후 서인 쪽에서 그 이야기를 계속 유포합니다.

류근 　율곡은 가만히 계셔도 스스로 빛나는 분인데, 제자들이 굳이 그런 네거티브 전략까지 동원해야 했나 싶습니다.

> † 일찍이 경연에서 "미리 10만 명의 군사를 양성하여 위급할 때를 대비하소서. 그렇지 않으면 10년이 못 되어 흙이 무너지는 듯한 화가 있을 것입니다" 하니, 정승 류성룡이 말하기를, "아무 일이 없는데 군대를 양성하는 것은 화근을 만드는 것입니다" 하였다. 당시는 난리가 없은 지 오래되어 안일한 것만을 좋아하여 경연에 있던 신하들이 모두 선생의 말을 잘못되었다고 하였다. 선생은 나와서 류성룡에게 말하기를, "나라의 형편이 위태롭기가 달걀을 쌓아 놓은 것과 같은데, 시속의 선비는 시무(時務)를 모르니 다른 사람이야 진실로 기대할 것이 없거니와 그대도 이런 말을 하는가" 하였다.
> ― 김장생, 『사계전서(沙溪全書)』「율곡행장」

류성룡이 이순신을 비판한 까닭은?

김상중 　실록에 선조가 이순신을 비판한 기록이 있습니다. 당시 서애 선생께서는 그 비판을 긍정하셨고요. 이순신과 깊은 신뢰와 우정을 나누었던 서애 선생께서 그런 비판에 동조하게 된 배경이 무엇이었는지 궁금합니다.

그날 　이순신 장군이 선조의 명을 어기고 싸움에 나가지 않았다. 그래서 백의종군하게 되었다. 대개 이렇게 알고 있잖아요. 어떻게 된 건가요?

최태성 일본군이 이순신을 함정에 빠뜨리려고 거짓 정보를 흘려요. 고니시 유키나가 쪽에서 가토 기요마사 군대가 언제 어디로 가는지에 대한 정보를 흘렸는데 우리 조정에서는 그걸 믿고 바로 그곳에 이순신을 보낸 거죠. 둘의 라이벌 관계는 워낙 유명했거든요. 그런데 이순신이 보니까 이거 함정이에요. 가서는 안 돼요. 그래서 안 갑니다. 왕명에 불복한 거죠. 조정에서 난리가 났죠. 결국 이순신은 이 일로 감옥에 갇히게 되고요.

그날 이순신 장군의 판단력이나 인품을 누구보다 잘 아는 서애 선생님께서 좀 감싸 주실 만도 한데 왜 그러셨을까요?

류근 글쎄요. 저는 이렇게 생각해요. 현장에 있는 지휘관이 아니고서는 그 정보가 참인지 거짓인지 가리기가 어렵잖아요. 인간적인 측면이나 전략적인 측면보다는 일단 왕의 명령을 따르지 않은 잘못을 먼저 따진 것이 아닐까요?

최태성 이순신 장군에게 더 큰 화가 미치는 것을 걱정한 것은 아니었을까요? 류성룡과 사이가 나쁜 신하들이 원균을 편들고 이순신을 모함하는 내용이『징비록』에 많이 기록되어 있어요. 이 사건을 당파적인 입장으로 보기 시작하면 이순신이 더 큰 공격을 받을 수 있다. 이런 입장이었던 거죠. 결국 이순신을 보호하기 위해 그런 모습을 보인 건 아닐까 싶어요.

류근 아빠가 화났을 때 엄마가 먼저 화를 내서 아이를 보호하는 작전이군요. 일리가 있네요.

그날 하지만 그 와중에 이순신 편을 든 사람도 있었잖아요?

정진영 그렇죠. 여러 사람이 이순신을 지키려고 노력합니다. 그 가운데서도 판중추부사 정탁이라는 분은 그야말로 온몸을 던져서 이순신을 방어했어요. 사실은 선조가 명령 불복종으로 이순신을 극

형에 처하려고 했거든요. 그때 이분이 "이순신 같은 명장을 죽여
서는 안 됩니다. 전쟁터의 일은 보통 사람들이 알지 못하는 일입
니다. 이순신 같은 훌륭한 장수라면 전후의 사정을 알고, 이유가
있어서 왕명을 거역했을 것입니다"라고 진언하죠. 선조가 그 말
을 듣고 죽이려던 것을 감해서 백의종군을 명한 거고요.

이윤석 사실 이순신 장군을 천거한 게 류성룡이잖아요. 동네 형이기도
하고. 자기가 직접 이순신을 변호하면 선조가 듣지 않을 수도 있
잖아요. 직접 말하기보다 같은 동인인 정탁에게 '대신 좀 말해
주는 게 어떻소.' 이렇게 부탁한 거 아닐까요?

그날 동네 형의 그런 깊은 마음을 이순신 장군은 알았을까요?

신병주 그랬던 것 같아요. 『난중일기』에 보면 이순신이 1597년 4월 1일
에 감옥에서 풀려나요. 그 다음 날 이순신이 바로 류성룡을 찾아
갑니다. 둘이 밤새 이야기하다가 닭이 울어서야 헤어졌다고 해
요.† 이순신이 감옥에서 나와 처음 찾은 친구가 류성룡이고 또
류성룡이 그런 이순신을 반갑게 맞아 줬다면 두 사람의 우정이
얼마나 깊은지 알 만하죠.

류근 지음지교라고 했잖아요. 두 분은 말하지 않아도 통하는 관계인
거죠.

† 종일 비가 계속 내렸다. 여러 조카들과 함께 이야기했다. 방업(方業)이 음식을
매우 풍성하게 차려 왔다. 필공(筆工, 붓을 만드는 장인)을 불러 붓을 매게 했
다. 어두울 무렵 성으로 들어가 영의정과 이야기하다가 닭이 울어서야 헤어져
나왔다.
— 『교감 완역 난중일기』(이순신, 노승석 옮김, 민음사, 2010), 1597년 4월 2일

류성룡의 개혁 정책

전쟁의 포화 속에서도
류성룡은 전란 극복을 위해 다양한 정책을 내놓는다.

직업군인을 양성하기 위해 훈련도감을 설치하고,
새로운 화포와 무기를 제작해 무력을 강화한다.

그리고 천인들을 양인으로 올려 주는
면천법을 실시해 부족한 병력을 보충한다.
비록 천인이라도 전쟁에서 공을 세우면 관직에 오를 수 있었다.

류성룡은 군량을 마련하고
굶주린 백성들을 구제하기 위한 대책도 세운다.
소금 생산을 장려해 곡식과 바꿀 수 있게 한 것이다.

7년이나 이어진 참혹한 전쟁,
류성룡은 흔들리는 조선을 지탱한 기둥이었다.

조선의 명재상 류성룡이 제안한 개혁안

그날 류성룡 선생께서 저렇게 많은 업적을 이루었다는 사실, 오늘 새롭게 알았네요.

최태성 그렇죠. 민심 수습과 군사 물자 공급은 전쟁 승패에 가장 중요한 부분이거든요. 류성룡은 그 부분을 정확히 간파했던 거죠.

이윤석 일반 백성들과 조선군뿐 아니라 명나라 군사도 먹여야 했잖아요. 그런데 전쟁 중이고 본래 좁은 땅에 백성들까지 줄었으니 그 많은 식량을 국내에서 조달하는 게 과연 가능했을까요?

신병주 그래서 류성룡이 낸 아이디어는 국경 지역인 중강진에 시장을 개설하고 거기에서 인근에 있는 요동 지역 곡식을 수입하도록 하는 거였어요. 또 곡식보다 구황작물을 더 많이 심도록 장려하기도 했고요. 임진왜란의 여파로 열악해진 경제 사정을 극복하고자 많은 노력을 합니다.

류근 정책 집행의 리허설 같은 거네요. 원래 고위 공직자들이 이런 대안을 마련할 줄 알아야 하는 거거든요.

내 노비를 내놓으시오

류근 병역 확충을 위해 면천법을 실시했다고 했는데 노비 중에 사노비는 개인 재산으로 취급 받지 않았습니까?

신병주 네, 그렇죠.

류근 그 말은 주인이 있다는 뜻인데 주인이 노비를 순순히 군대에 보내 줬을까요? 자기 손해잖아요.

정진영 노비는 원래 군역의 의무를 지지 않았어요. 노비 중에는 관가에 속한 공노비와 개인 소유의 사노비가 있잖아요. 이 가운데 공노비가 속오군으로 가는 건 문제가 없는데 일반 사대부가의 사노비가 군인으로 차출됐을 때는 많은 저항에 부딪힐 수밖에 없죠.

양반 사대부가에서는 자기 노비를 찾아가겠다고 소송을 제기하기도 합니다.

최태성 아무리 그래도 나라가 망해 가는데 내 재산만 찾겠다고…….

신병주 류성룡은 이런 상황에 대해 강하게 비판을 하죠. 노비 찾기에 혈안이 된 주인들을 보고는 양반들도 군역을 지게 하자고까지 주장하거든요. 그래서 양반들이 더 싫어하는 거죠. 노비 데려가는 데 저항했더니 '그럼, 너도 와' 이렇게 돼 버리니까요. 사실 류성룡은 전란 극복을 계기로 속오군 체제 전반을 정비하려고 했습니다. '나라가 급한데 신분 따질 게 뭐 있느냐. 양반, 공노비 사노비 할 것 없이 전부 와서 싸워라.' 이런 식으로 군사 모집을 하죠. 또 '아주 용맹한 병력 만 명을 모집해서 다섯 개 군영에 2000명씩 분산시켜 지키게 하면 더 이상 서울이 허망하게 무너지는 일은 없을 것이다.' 이런 식으로 상당히 구체적인 개혁안을 제시합니다.

최태성 류성룡은 노비들이 군공을 세워 양인이 되고, 나아가 관직에까지 오를 수 있도록 해야 한다고 주장합니다. 물론 조선 전기에도 노비가 관직에 오른 일이 있었지만 류성룡은 그걸 아예 정책으로 만들자고 주장한 거죠.

그날 전란 중에 면천만 한 동기부여책이 없잖아요. 신분이 달라지는 거니까 얼마나 열심히 싸웠겠어요. 굉장히 좋은 전략이었던 것 같아요.

류근 정말 류성룡 없었으면 어쩔 뻔했어요. 선조는 류성룡을 업고 다녀야 합니다.

신병주 류성룡의 정책이 더 의미 있는 건 정부 최고 책임자가 직접 새로운 개혁안을 제시하고 시행하려 했기 때문입니다.

그날 이런 개혁적인 정책들이 전쟁 이후에도 계속 됐다면 조선이 많이 달라졌을 것 같은데 어떤가요?

신병주 　사실 류성룡이 면천법이나 시장 개설, 또 공물을 쌀로 바치게 하는 작미법[6]까지 다양한 아이디어를 많이 냈는데 대부분 제도화되지 못해요. 그래도 딱 하나 운영되는 게 바로 훈련도감입니다. 직업군인 제도가 적용된 거죠.

그날 　훈련도감 외에는 다 원래대로 돌려 놓은 거예요?

신병주 　그렇죠.

그날 　안타깝네요. 이렇게 좋은 정책들이 쏟아져 나왔는데…….

류성룡을 버린 선조

김상중 　서애 류성룡 선생이 안 계셨더라면 임진왜란 이후 한강 이북은 명나라가, 한강 이남은 왜가 차지해서 지금의 대한민국도 없었을 것이라고 생각합니다. 그런데 그렇게 큰 업적을 남긴 서애 선생을 선조가 내칩니다. 그를 버릴 수밖에 없었던 선조의 마음은 어떤 것인지 알고 싶습니다.

이윤석 　굉장히 심각한 질문이에요. 이순신 장군이 바깥의 적을 막았다면, 류성룡 선생은 나라가 안에서 무너지는 것을 막은 분인데 선조가 결국 내쳤어요.

류근 　저는 전혀 놀랍지 않습니다. 선조라면 충분히 그럴 법합니다.

그날 　아무리 변덕이 심한 선조라도 류성룡을 쉽게 내칠 수는 없었을 텐데, 과연 무슨 일이 있었던 걸까요?

정응태 무고 사건

1598년, 명나라 장수 양호는
울산성 전투에서 승리했다고 거짓 보고한다.

양호와 정치적으로 대립하던 명나라 조사관 정응태는
명 황제에게 탄핵 상소를 올린다.

조선 조정은 양호를 돕기 위해 나섰다가
정응태의 모함을 받게 된다.

조선이 옛 고구려 땅을 되찾기 위해
일본과 결탁해 명을 속였다는 것이다.

선조는 결백을 밝히려 명에 류성룡을 보내려 하지만
류성룡은 여러 이유를 대면서 선뜻 나서지 않는다.

류성룡은 왜 사신으로 가는 것을 주저했을까?

류성룡, 주화오국의 누명을 쓰다

그날 저런 일도 있었네요.

신병주 전쟁 막바지에 명나라 조정과 조선에 파견된 일선 지휘부 사이에서 분열이 일어났어요. 사정이야 어찌 됐든 조선에서는 명나라에 해명할 일이 생긴 거죠. 그래서 선조는 처음에 류성룡 보고 가라고 해요. 그런 경험도 많고 하니까. 그런데 류성룡이 자꾸 핑계를 대면서 안 가려고 해요. '저보다는 윤두수나 이항복이 낫습니다.' 이렇게요. 그러니까 선조가 슬슬 열이 받는 거죠.

이윤석 그런데 류성룡이 왜 사신으로 가는 것을 마다했을까요?

신병주 그냥 이 사건에 휘말리기 싫었던 것 같아요. 자기들끼리 내분인데 괜히 조선에서 나설 일이 아니라는 거죠. 류성룡이 보기에는 그들끼리 해결하게 두고 조선은 그저 '저희 입장을 좀 고려해 주세요' 이렇게 말이나 한마디 하면 될 일이라고 여겼던 것 같아요. 아무리 봐도 별 명분도 없고 실리도 없는 일이다 보니까 계속 거부를 한 거예요. 또 이때 류성룡이 상당히 고령이었어요. 지금이야 비행기 타면 북경까지 두 시간밖에 안 걸리지만 이때는 북경에 사신으로 가는 게 몇 달씩 소요되는 힘든 여정이었거든요. 결과적으로 류성룡은 조선에서 자기가 해야 할 역할이 훨씬 더 중요하다고 생각했기 때문에 선조의 명을 따르지 않은 거죠.

이윤석 그러니까 사신으로 가지 않겠다는 데는 이유가 있었던 건데, 그런데 '사신으로 안 가? 오케이 너 끝' 이건 좀 심한 처사 아닌가요?

류근 다시 말씀 드리지만, 선조이기 때문에 충분히 그럴 수 있어요. 선조는 평생 어느 한쪽에 권력이 집중되는 것을 경계했잖아요. 전쟁이 끝나가니까 슬슬 권력의 중심을 옮겨야겠다고 생각한 것 같아요. 전쟁 이후 류성룡이 너무 막대한 권력을 짊어지고 있었으니까요. 이대로 두면 향후 정국 운영에 부담이 될 것이라는 생각을 했겠죠.

신병주 맞습니다. 선조는 전쟁이라는 특수 상황이 아니었다면 류성룡을 거의 7년 가까이 국정 책임자로 두지 않았을 거예요. 전쟁이 어느 정도 수습 국면에 이르니까 류성룡을 용도 폐기한 거죠.

정진영 당시에 급속도로 성장하면서 조금씩 조정을 장악하고 있던 북인들이 선조의 의중을 눈치채고 류성룡을 공격하기 시작합니다. 그때 나온 말이 '주화오국(主和誤國)'입니다. 일본과 화친을 주장해서 나라를 망쳤다는 주장이죠. '일본이 한강 이남 지역을 떼어 달라는데 류성룡이 그런 협상을 하자고 했던 것 아니냐?' 이렇게 공격을 했죠.

최태성 그때 북인이 올린 류성룡 탄핵 상소를 보면 당시 사대부들이 할 수 있는 욕이란 욕은 다 담겨 있어요. 일본과의 강화를 주장했던 류성룡을 남송의 진회[7]에 비유합니다. 진회는 남송의 충신 악비를 죽이고 금나라와 굴욕적인 강화를 맺었던 인물이에요. 류성룡을 거의 매국노 반열에 올린 거죠.

신병주 선조에겐 마음에 딱 드는 상소문이었죠. 결국 선조는 신하들의 탄핵을 받아들이는 형식으로 류성룡을 파직시킵니다. 가장 어려운 때에 거의 모든 것을 맡겼던 인물이 바로 류성룡인데, 그런 사람을 불명예스러운 탄핵으로 물러나게 한 거죠.

그날, 조선의 두 별이 지다

최태성 조정에서 류성룡이 파직당한 그날 바다에서는 어떤 일이 벌어진 줄 아세요? '나의 죽음을 적에게 알리지 마라.'

이윤석 설마 이순신 장군께서 돌아가신 날이에요?

최태성 그렇죠. 이순신 장군이 노량 해전에서 전사한 날이 바로 류성룡이 쫓겨난 날입니다. 운명의 장난이라고밖에 볼 수 없죠.

류근 소름 돋네요. 문학적인 표현으로 슬픈 운명의 연대적 동지입니다.

신병주 그야말로 역사를 바꾼 결정적 그날이에요. 11월 19일.

이윤석 문과 무를 대표하는 조선의 두 충신이 동시에 사라진 날이죠.

최태성 전란이 끝나고 있는 즈음에.

류근 류성룡이 낙향할 때 강을 건널 여비조차 없었다고 하거든요. 역적에게나 할 법한 욕을 먹고 숙청된 거예요.

왕을 버린 신하 류성룡

그날 나중에 다시 조정에 나가거나 이러진 않나요?

정진영 한참 지난 후에 선조도 마지못해 류성룡을 불러요. 조정에서 류성룡을 재등용하라고 하죠. 그러나 류성룡이 거기에 응할 리가 없겠죠. 또 전란이 완전히 정리된 다음에 공신을 책봉하는데, 류성룡을 호성공신⁸ 2등에 책봉합니다. 1등도 아니고 2등이죠. 공신이 되면 공신각에 초상화를 걸어야 되거든요. 그래서 선조가 안동에 화공을 보내서 초상화를 그려 오라고 시키는데 류성룡이 그것조차 거부를 합니다. 그 후로 류성룡은 외부와의 소통을 완전히 끊고 옥연정사에 들어앉아 후세를 경계하기 위한 작업을 합니다. 그것이 바로 『징비록』의 집필이죠.

류근 초상화 한 장보다 『징비록』이 백 배는 더 가치 있죠.

이윤석 벼슬, 공신, 초상화 세 가지를 다 거부한 거잖아요. 논리적 비약일 수도 있겠지만, 선조가 류성룡을 버린 것이 아니고 류성룡이 선조를 버린 것 같다는 생각이 드네요.

서애 류성룡에게 다른 호를 붙인다면?

그날 오늘 서애 류성룡에 대한 얘기 나눠 봤는데, 이분을 새로이 수식하는 말이 필요할 것 같아요. 류성룡은 어떤 인물이라고 말할 수 있을지 한마디로 표현해 주시면 감사하겠습니다. 류성룡 선생께 새로운 호를 지어 주시는 것도 괜찮고요. 생각하실 동안 김상중 씨의 생각은 어떤지 물어 보겠습니다.

김상중 　리더로서의 자질이 탁월한 분이셨죠. 리더와 보스의 차이점이 그런 게 아닌가 싶습니다. 리더는 가라고 얘기하는 사람이 아니라 같이 가자고 말하는 사람이죠. 또 보스는 자기 언행에 책임을 지려고 하지 않지만 올바른 리더는 자기 언행에 책임을 집니다. 『징비록』에서 그려지는 류성룡의 모습은 바로 그런 것입니다.

그날 　네, 진정한 리더였다.

류근 　임진왜란 당시에 무너져가는 조선, 특히 선조라는 왕 밑에서 정치, 경제, 군사, 외교까지 붙들고 불철주야 노심초사했던 류성룡에게 어울리는 별호가 딱 떠올랐습니다. '조선의 총무 류성룡', '임진왜란의 총무 류성룡.'

그날 　궂은 일 마다하지 않고 다 하는 사람이 총무잖아요.

정진영 　맞아요. 모든 조직에 총무가 없으면 일이 안 되죠.

이윤석 　류성룡은 전쟁 전부터 인재를 요직에 배치함으로써 전쟁을 대비했잖아요. 전쟁이 끝난 다음에는 다시는 이런 일이 발생하지 않도록 미래를 대비했고요. 전쟁을 대비했다는 의미에서 비전(備戰) 류성룡 어떨까요? 대비할 비 자에 전쟁할 때 전 자 써서 비전. 영어로 하면 미래를 제시한다는 의미도 되고요.

최태성 　엄청난 전란의 소용돌이 속에서도 자신의 모든 것을 바친 류성룡을 보면서 아낌없이 주는 나무가 떠올랐어요. 시대의 큰 나무로서 나라와 백성을 위해 모든 것을 바친, 거목 류성룡이요.

6

동아시아
베스트셀러
『징비록』

"한양과 지방에 기근이 심한 데다가 군량미를 운반하느라 지친 노약자들이 도랑에 굴러다니고, 건강한 사람들은 도적이 되었으며 역병까지 겹쳐서 거의가 다 죽었다. 부모 자식과 부부가 서로 잡아먹는 지경이었고, 사람 뼈가 들불처럼 흩어져 있었다."

1593년 4월, 한양이 수복된 후 이곳을 찾은 류성룡의 눈에 비친 백성들의 처절한 모습이 『징비록(懲毖錄)』에 기록되어 있다. 『징비록』은 저자 류성룡이 벼슬에서 물러나 낙향해 있을 때 집필한 책이다. 제목인 '징비'는 『시경(詩經)』 소비편(小毖篇)에 나오는 '여기징이비후환(予其懲而毖後患, 미리 징계하여 후환을 조심한다)'라는 구절에서 따왔다.

류성룡은 서문의 첫머리에서 "『징비록』이란 무엇인가? 임진왜란이 발생한 후의 일을 기록한 것이다. 그중에서 임진왜란 전의 일을 가끔 기록한 것은 그 전란의 발단을 규명하기 위해서이다"라고 하여 임진왜란의 원인과 경과를 밝히려는 목적에서 이 책을 저술했음을 밝혔다. 또 "나와 같이 보잘 것 없는 사람이 어지러운 시기에 나라의 중책을 맡아서 위태로운 판국을 바로 잡지 못하고 넘어지는 형세를 붙들어 일으키지도 못했으니 그 죄는 용서받을 수 없을 것이다. 그런데도 오히려 시골구석에서 목숨을 붙여 구차하게 생명을 이어가고 있으니 이것이 어찌 왕의 너그러우신 은혜가 아니겠는가?"라는 구절에서 임진왜란 때 나라의 중책을 맡았으면서도 전란을 제대로 극복하지 못한 자신에 대한 반성 또한 『징비록』을 집필하게 된 중요한 원인임을 알 수 있다.

한편 "한가한 틈을 이용하여 내가 귀로 듣고 눈으로 본 바, 임진년부터 무술년까지의 일을 대강 기술하니 이것이 얼마가량 되었고, 또 장계

(狀啓), 상소, 차자, 문이(文移)와 잡록(雜錄)을 그 뒤에 부록했다"라는 문장은『징비록』이 1592년부터 1598년까지 류성룡이 직접 보고 들은 내용과 장계와 상소문 등을 종합한 기록임을 보여 준다.

물론 임진왜란을 다룬 기록이『징비록』뿐인 것은 아니다. 그럼에도 이 책이 특별한 의미를 지니는 이유는 저자인 류성룡이 전란 당시 조선의 국정 최고 책임자였기 때문이다. 류성룡은 영의정, 병조판서, 도체찰사 등 최고 직책을 두루 맡아 전쟁의 전개 상황, 명군의 참전과 강화 회담의 뒷이야기, 백성들의 참상 등을 누구보다 정확하게 포착할 수 있는 위치에 있었다. 또한 그는 조정의 여러 공문서에 접근할 수 있는 권한을 가지고 있었기 때문에 비교적 객관적이고 믿을 만한 기록을 남길 수 있었다.

『징비록』은 전쟁의 경위와 전황을 충실하게 묘사하는 데 그치지 않고, 조선과 일본, 명나라 사이에서 급박하게 펼쳐지는 외교전과 전란으로 인해서 극도로 피폐해진 일반 백성들의 생활상, 이순신을 비롯하여 신립, 원균, 이원익, 곽재우 등 전란 당시에 활약했던 주요 인물들의 공적과 인물평까지 담고 있다. 그러므로『징비록』은 현존하는 임진왜란 관련 기록물 가운데 최고의 사료적 가치를 지닌 자료라 할 만하다.

동아시아 베스트셀러『징비록』

숙종 38년(1712) 4월,
일본에 통신사로 갔던 정사 조태억이
조정에 놀라운 사실을 전한다.

류성룡이 지은『징비록』이
일본에서 출판되어 읽히고 있는 것을 목격한 것이다.

> 류성룡이 지은『징비록』이 왜국에 흘러들어 갔다 하니
> 지극히 놀랍습니다. 조항을 세워 엄격하게 금단하소서.
> ──『숙종실록』 38년 4월 22일

『징비록』은 일본 유출을 엄격히 금지시킨 책이었다.

엄격한 통제에도 불구하고 일본에 전해진『징비록』은
17세기 말『조선징비록』이라는 이름으로 간행되어
일본인들 사이에서 널리 읽힌다.

『징비록』은 임진왜란과 조선에 대한
일본인들의 인식을 크게 바꾼다.

에도시대의 한 장편 역사 소설에서는
『징비록』을 인용해 일본 수군을 압도하는
이순신 장군을 영웅으로 소개하고,
그의 활약을 높이 평가한다.

다른 조선 장수들의 활약상도 담았다.

18세기 중국에까지 전해진 『징비록』,
그것은 전근대 동아시아에서 가장 널리 읽힌
조선이 낳은 베스트셀러였다.

그날 역사저널 그날 오늘은 서애 류성룡이 쓴『징비록』에 대해 자세히 살펴보도록 하겠습니다.『징비록』이 일본에서도 널리 읽혔네요.

방기철 그렇습니다. 류성룡은 임진왜란 당시 국정을 총괄했던 인물이죠. 그렇기 때문에『징비록』에는 당시 조선의 국방 상황, 명과 일본에 대한 조선의 외교 자세, 일본군의 장단점을 평가한 부분과 그에 대한 조선의 대응 방안까지 전부 기록되어 있습니다. 그런 면에서『징비록』은 조선의 1급 기밀문서라고 할 수 있죠.

신병주 조선과 일본의 관계에 대해 기록한 책들이 꽤 있어요. 이런 것들이 특히 일본으로 많이 유출되었는데요. 예를 들어『간양록』[1]이나『해사록』[2]이 그렇습니다. 그중에서도『징비록』에 대한 관심이 컸던 까닭은『징비록』이 임진왜란을 거시적인 관점으로 분석했기 때문입니다. 또 조선과 명의 외교 관계, 요즘 말로 외교 비사까지 담겨 있어서 일본인들이『징비록』을 더 중요하게 생각했죠.

이윤석 얼마 전 줄리언 어산지라는 사람이 미국 정부의 기밀문서를 공표하는 바람에 전 세계가 깜짝 놀란 적이 있잖아요. 이것과도 유사한 일이 아니었나 싶어요.

최태성 제목에도 이 책의 위험성이 잘 나타나 있어요. 제목이 징비잖아요. 징계할 징(懲) 자에 삼갈 비(毖) 자를 썼어요. 한마디로 반성하고 대비한다는 의미인데 이건『시경』에서 따온 표현이거든요.『시경』에 "미리 징계하여 후환을 조심한다(予其懲而毖後患)"는 말이 나와요. 참혹한 전쟁을 겪은 후에 갖게 된 통절한 반성과 그 반성 속에서 나온 대비책, 류성룡은 바로 그런 내용들을 책에 담고자 한 거죠.

류근 일본이나 중국 입장에서 보면『징비록』은 조선이 어떻게 앞날에 대비하고 있는지 알려 주는 책이네요.

이윤석 일종의 조선 사용 설명서네요.

방기철 『징비록』이 세상에 처음 알려진 게 1633년이에요. 『서애문집』 뒤쪽에 처음 수록됐거든요. 이 책이 일본에서 『조선징비록』이라는 이름으로 간행된 건 1695년이고요. 불과 62년 만에 한 나라의 1급 기밀문서가 다른 나라로 유출되어서 책으로 간행까지 된 겁니다.

일본판 『조선징비록』과 류성룡의 『징비록』은 같은 내용인가?

그날 만물각 연결해서 일본에 전해진 『징비록』에 대해 자세히 알아보도록 하겠습니다. 서울대 규장각한국학연구원에 김시덕 교수님 모셨습니다. 선생님, 안녕하세요.

김시덕 네, 안녕하십니까. 김시덕입니다.

그날 일본에서 간행된 『조선징비록』과 류성룡의 『징비록』은 같은 내용인가요?

김시덕 기본적으로는 같은 내용입니다. 다만 일본판에 약간 추가된 부분이 있습니다. 지금 제가 들고 있는 책이 1695년에 교토에서 출간된 『조선징비록』입니다. 우선 류성룡의 서문이 나오고요. 그 뒤에 17세기 말 일본에서 가장 유명한 유학자였던 가이바라 에키켄의 서문이 있습니다. 이 서문에 임진왜란을 다룬 수많은 책 가운데 가장 믿을 만한 책은 『징비록』이라는 내용이 나옵니다. 그렇게 책에 대한 신뢰를 주는 거죠. 다음으로 조선 지리에 어두운 일본인들을 위해 조선의 지리 정보를 담았습니다. 물론 지도도 있고요. 또 본문에는 일본식으로 한문을 풀어서 읽을 수 있도록 훈점을 붙였습니다. 이게 있으면 한문을 잘 몰라도 내용을 대략 알 수 있죠. 이 훈점 덕분에 상당수의 일본인들이 『징비록』을 읽을 수 있게 됐습니다.

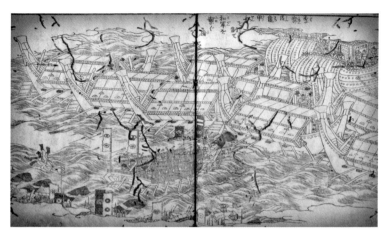

『에혼다이코키(세부)』 일본에서는 거북선을 그릴 때 머리보다 등껍질을 강조해서 표현한다.

『징비록』의 영향을 받은 일본의 책은?

그날　『징비록』이 영향을 끼친 책들이 있다고 들었어요.

김시덕　『징비록』은 일본에서 출판된 이후 약 200년간 100여 점 이상의
　　　　책에 영향을 줬습니다. 그중에 가장 많은 영향을 받았고, 또 유
　　　　명한 책이 『에혼다이코키(繪本太閤記)』³라고 하는 책입니다. 책
　　　　제목을 번역하면 '그림으로 보는 도요토미 히데요시 일대기'가
　　　　됩니다. 그중에 6편과 7편이 임진왜란 이야기를 담고 있는데,
　　　　6편에 거북선이 그려져 있죠.

이윤석　어찌 보면 지네 같기도 하고, 태양열 집열판 같기도 하네요.

최태성　바다 위에 떠 있는 성처럼 묘사를 했어요.

김시덕　한국에서는 거북의 머리를 중시하는데, 일본에서는 머리보다 등
　　　　껍질을 더 강조합니다. 등껍질이 있기 때문에 화살을 쏴도 튕겨
　　　　나가고 뛰어올라 갈 수도 없죠.

류근　　무적의 돌격선 이미지네요.

김시덕　다음 그림은 조선 수군이 일본 수군을 압도하는 장면입니다.

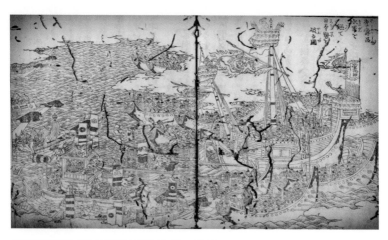

「에혼다이코키(세부)」 조선 수군이 일본 수군을 압도하는 장면이다.

그날   그러네요. 오른쪽이 훨씬 더 크고 많아 보이네요.

김시덕   옛날 그림은 오른쪽 위부터 아래로 가기 때문에 그림의 흐름상
        조선 수군이 일본 수군을 누르는 형상이 되는 거죠.

삽화가 있는 일본 책이 더 있나?

이윤석   삽화가 있으니까 보기가 편한데 그런 책들이 또 있습니까?

김시덕   네, 『에혼다이코키』보다 50년 정도 뒤에 나온 『조선정벌기』라는
        책이 있습니다. 『조선정벌기』를 보시면 총을 맞은 이순신 장군
        이 웃으면서 총알을 빼는 대목이 그려져 있습니다.†

그날   우리가 생각하는 이순신의 모습은 아니네요. 이순신의 얼굴이
        장비를 닮았어요. 일본에서는 그만큼 무시무시한 이미지였던 모
        양이에요.

최태성   총알을 빼는 장면인데도 불구하고 고통스러운 표정이 하나도 없
        어요. 굉장히 당당한 모습이죠. 이순신에 대한 일본인들의 두려
        움이 잘 느껴지네요.

「조선정벌기(세부)」 전쟁 중에 총을 맞은 이순신. 고통스러운 표정 없이 당당한 모습이다.

김시덕 　네, 그렇습니다. 『징비록』이 넘어가면서 조선에도 이순신 같은 명장이 있었음이 처음으로 알려졌죠. 그 밖에도 권율이나 김응서 등의 이름이 일본에 전해집니다.

　　† 이순신이 전투하던 때의 일이다. 앞서 싸움을 독려하던 그가 총알을 맞았다. 피가 어깨에서 발꿈치까지 흘러내렸지만 그는 아무런 반응도 보이지 않았다. 싸움이 끝난 뒤에야 비로소 박힌 총알을 빼냈다. 칼로 살을 가르고 5, 6센티미터나 박힌 총알을 빼내는 동안 곁에서 보던 사람들의 얼굴은 까맣게 변했지만 태연히 말하고 웃는 모습이 전혀 아픈 사람 같지 않았다.
　　— 『징비록』(류성룡, 김흥식 옮김, 서해문집, 2003)

『징비록』, 조선에 대한 일본의 생각을 바꾸다

류근 　『징비록』을 통해서 조선에 대한 일본인들의 생각이 바뀌지 않았을까 싶네요.

김시덕 　맞습니다. 일본에 다른 나라 기록들이 전해지기 전에는 일본이 가장 잘 싸웠고, 명나라가 그나마 상대할 만했고, 조선은 전쟁에서 역할이 거의 없었던 것처럼 생각되었습니다. 명나라 기록이 일본에 전해진 후로는 명에 대한 정보는 많아졌지만 조선에 대한 인식은 바뀌지 않았죠. 조선은 여전히 명의 도움이 없었다면 이미 망했을 나라라는 이미지가 있었습니다. 그런 인식을 깬 게 『징비록』이었습니다.

그날 이토록 자세한 기록이 남아 있기 때문에 일본이나 명에서 섣불리 역사를 왜곡하지 못하는 거예요. 어떻게 보면 그게 『징비록』이 지닌 무게가 아닌가 싶습니다.

일본이 꼽는 임진왜란 3대 전투

신병주 우리나라에서는 흔히 임진왜란의 3대 대첩으로 행주 대첩, 진주 대첩, 한산 대첩을 이야기하잖아요. 그럼 일본에서는 임진왜란의 3대 대첩으로 어떤 걸 꼽을까요?

그날 거기서도 3대 대첩을 꼽아요? 흠, 우리가 크게 졌던 전투를 생각하면 되는 건가요?

신병주 네, 일본에서도 물론 자기들이 크게 승리한 전투를 3대 대첩으로 꼽습니다. 대표적으로 벽제관 전투가 그래요. 평양성을 탈환한 조명연합군이 그 여세를 몰아 벽제관까지 갔다가 일본군에 대패했죠. 정유재란 때 울산성에서 벌어졌던 울산성 전투도 있고요. 마지막으로 사천성 전투[4]를 꼽는데, 양쪽 인식이 많이 다르죠.

방기철 일본군이 조선에 와서 이긴 전투가 굉장히 많잖아요. 그런데 명군 없이 조선군만 상대한 전투는 대첩이라고 얘기하지 않습니다. 조명연합군이나 명군과 싸워서 이긴 것만 대첩이라고 얘기해요. 그만큼 일본이 조선을 낮게 평가했던 거죠.

류근 조선은 안중에도 없었던 거군요. 그러면 일본은 이 전쟁을 조선 땅에서 명나라와 벌인 전쟁이라고 이해했다는 뜻인가요?

방기철 처음에는 그랬죠. 그런데 『징비록』을 통해 그런 인식이 많이 깨지게 됐습니다.

이윤석 　조선만 억울할 뻔했어요. 일본 입장에서는 '명하고 싸우는데 조선이 왜 자꾸 껴' 이거고 '명은 조선 싸움에 내가 껴 준다' 이런 입장이었잖아요. 그나마 『징비록』이 유출된 덕분에 역사가 바로 잡힌 것 같아서 불행 중 다행이다 싶네요.

신병주 　『징비록』은 국정 최고 책임자가 쓴 책이기 때문에 고급 정보도 많고 내용도 비교적 정확했죠. 또 거시적인 안목에서 임진왜란을 그렸을 뿐 아니라 7년간 류성룡이 직접 보고 들은 생생한 전쟁 일화들을 모두 기록했다는 점에서 더 의미가 있어요. 『징비록』에서 류성룡은 종군기자인 동시에 국정 총 책임자였던 거예요.

최태성 　책 제목 나왔네요. 『대통령의 시간』 대신 『관료의 시간』 어때요?

그날 　『영의정의 시간』이죠.

류근 　『징비록』을 읽어 보면 류성룡은 단순한 관료가 아니에요. 관료, 학자, 외교관까지 정말 다방면에서 활약하는 존재예요. 『징비록』도 마찬가지예요. 미시와 거시를 넘나드는 대단한 백서잖아요.

평양성 전투, 그 치열했던 현장

12월에 명나라가 대군을 보냈다.

명나라 군대는 진격하여 평양을 포위하고
대포와 불화살로 적을 공격하니
대포 소리가 땅을 울려서 몇십 리 안에 산이 모두 흔들렸다.

불화살이 마치 베로 천을 짜듯이 공중을 채우니
그 연기가 하늘을 덮었다.

적의 칼과 창이 성벽 위에서 아래를 향해 나와 있는 모습이
마치 고슴도치의 바늘 같았다.

제독 이여송은 궁지에 몰린 적이
죽음을 각오하고 싸울 것을 염려하여
군대를 수습해 성 밖으로 나간 뒤에 적의 탈주로를 열었다.

그날 밤 적은 얼음이 언 대동강을 건너 달아났다.

임진왜란의 전세를 바꾼 평양성 전투

류근   영화의 한 장면처럼 정말 잘 쓰지 않았습니까. 당시의 전투 상황
이 어땠는지 머릿속에 환하게 그려지는 것 같아요. 저는 문학 하
는 입장에서 류성룡의 묘사력에 탄복했어요. 회고록이 아니라
소설처럼 긴박하게 읽혀요.

이윤석   맞습니다. 전투 장면이 생생하게 그려져요. "불화살은 베로 천을
짜듯이 공중을 채웠고, 칼과 창은 고슴도치의 바늘 같았다."

그날   그게 평양성 전투를 묘사한 구절이죠. 평양성 전투가 임진왜란
의 전세를 바꾼 전투 아니었습니까?

방기철   그렇죠. 임진왜란이 수세에서 공세로 전환되는 계기가 바로 평
양성 전투입니다. 조명연합군이 평양성을 탈환한 이후 일본군은
더 이상의 북진을 포기해요. 대신 남쪽으로 내려와서 한성 부근
의 방어를 강화하죠. 하지만 평양성 전투 승리의 부작용도 있었
습니다. 명군 대장 이여송이 평양성 전투에서 승리한 후 지나친
자신감을 얻고 일본군을 얕보게 되면서 벽제관 전투에서 대패하
거든요.

일본군은 얼레빗이요, 명군은 참빗일세

최태성   사실 명군과 조선군은 전쟁의 목적도 다르고 전쟁에 임하는 자
세도 완전히 달랐기 때문에 이걸 조율하는 게 굉장히 중요했어
요. 평양성 전투 당시 류성룡이 하삼도체찰사, 즉 국정 총책임자
였거든요. 10만이 넘는 명나라 군사 식량 조달해야죠, 군수 물자
보급해야죠, 명나라 장수 대접해야죠. 류성룡이 얼마나 많은 일
들을 떠안고 있었는지 감도 안 잡힐 정도예요.

신병주   전쟁 초기에는 명군이 자기들 먹을 군량미를 싣고 옵니다. 대신
운반은 조선에서 하라는 하죠. 결국 우리 백성들을 동원할 수밖

에 없는데 백성들이 다 소나 말을 갖고 있는 것도 아니고, 대개는 몸으로 때워야 하는 거예요. 그래서 명군이 온다는 소식을 들은 백성들이 도망가버린 일도 많았어요. 한번은 명에서 갑자기 군복을 조달하라고 해서 조선 백성들이 옷을 조달하기도 했고요.

그날　그냥 싹 쓸어 갔다는 얘기잖아요. '일본군은 얼레빗 명군은 참빗'이라는 표현이 있을 정도로 조선 백성들이 명군을 끔찍해 했다고 들었어요.

적군에게 무릎 꿇지 않기 위해 원군에게 무릎 꿇다

류근　명나라는 본래 상국인 데다가 지원병까지 보내 준 상황이잖아요. 기록에 보면 명나라 장수가 류성룡을 자신의 신하 다루듯 했대요. 거의 왕처럼 군림했다는 거죠.

최태성　『징비록』에 류성룡이 굴욕당한 장면들이 많이 나와요. 한번은 명나라 진영에 식량과 마초 같은 것들이 늦게 갔나 봐요. 전쟁 중이니까 충분히 그럴 수 있잖아요. 그런데 명나라 진영에서 불같이 화를 낸 거죠. 그래서 책임자인 류성룡이 붙들려 가요. 명나라 장수가 류성룡을 자기들 병영에 무릎 꿇려서 앉히고 군법으로 다스리겠다고 겁박하는데, 그때 류성룡이 어떻게 했을 것 같아요?

이윤석　무릎 꿇고 빌어야 하지 않나요?

최태성　맞아요. 그래도 류성룡은 굉장한 고위 관료잖아요. 그런데도 명 장수에게 쉼 없이 사과를 합니다. 일국의 재상이 다른 나라 장수들 앞에 무릎 꿇고 머리를 조아리는 광경을 상상해 보세요. 정말 가슴이 먹먹합니다. 류성룡도 그런 말을 남겨요. "나랏일이 이 지경에 이른 것을 생각하니 나도 모르게 눈물이 흐른다."

그날　『징비록』의 표현들이 사람을 몰입하게 만들어요.

이윤석 적군에게 무릎 꿇지 않기 위해 원군에게 무릎을 꿇어야 하는 설움이 어땠을까요? 약소국의 재상이기 때문에 당해야 하는 치욕이 컸을 것 같아요.

사람 뼈가 들불처럼 흩어져 있었다

최태성 『징비록』에는 전쟁의 참혹한 실상에 대한 기록이 굉장히 많아요. "한양과 지방에 기근이 심한 데다가 군량미를 운반하느라 지친 노약자들이 도랑에 굴러다니고, 건강한 사람들은 도적이 되었으며 역병까지 겹쳐서 거의가 다 죽었다. 부모 자식과 부부가 서로 잡아먹는 지경이었고, 사람 뼈가 들불처럼 흩어져 있었다."

그날 상상조차 하기 싫은 장면이네요.

최태성 그걸 기록하고 있는 류성룡의 심정은 과연 어땠을까요?

류근 류성룡도 인간인지라 한양의 참상을 보고 바로 몸져 눕습니다. 이때 류성룡이 52세예요. 당시로서는 꽤 연로한 나이죠. 그런 데다가 참혹한 현실을 목격하고 느낀 자책감 때문에 병이 더 깊어진 게 아닌가 싶어요. 위아래 할 것 없이 조선인 모두가 고통받고 있는 겁니다.

방기철 류성룡이 전쟁의 참상을 목격하고 눈물 흘리며 안타까워하는 모습이 『징비록』 곳곳에 나오죠. 류성룡은 굶주린 백성들을 위해 솔잎 가루 10분에 쌀가루 1홉을 섞어서 물에 타 먹으라는 구체적인 구휼 방법까지 제시했대요. 백성들을 한 명이라도 더 살리고자 노력한 거죠.

이윤석 전쟁의 참상을 널리 알려서 다시는 이런 일이 반복되지 않게 하겠다는 것이 류성룡이 『징비록』을 집필한 이유 중 하나가 아니었을까 하는 생각이 드네요.

류근 그런 바람이 무색하게 임진왜란 끝나고 얼마 못 가 조선은 다시 정묘호란과 병자호란을 겪잖아요. 이런 거 보면 어이가 없어요. 왜 역사에서 배우지 않는 걸까요?

이윤석 맞습니다. 그래서인지 왜란과 호란의 공통점이 상당히 많아요. 임진왜란 터졌을 때 "왜적이 이리 빨리 올라올 수는 없다" 이러고, 병자호란 때는 "금군이 이리 빨리 내려올 수는 없다" 이렇게 얘기했죠. 또 왕들도 "반드시 서울을 지키겠다" 하고 떠나고, "앞장서서 무찌르겠다" 하고 떠나요. 역사가 반복되는 것 같아요.

그날 되풀이하지 말자고 이런 기록을 남겼는데 몇 년 후에 그대로 역사가 되풀이됐다는 게 참 마음 아프네요.

간첩을 잡은 류성룡

적의 첩자 김순양을 잡았다.
내가 엄하게 심문하니 그는 우리의 작전 명령서와 공문 등
군사기밀을 적에게 넘겨주고
그 대가로 소 한 마리를 받았다고 실토했다.

적의 첩자가 된 자가 또 있느냐고 물으니
40여 명의 첩자가 순안, 강서 등 여러 진영에 흩어져
잠입하여 활동하고 있다고 했다.

나는 매우 놀라 즉시 조정에 보고했고,
첩자들의 이름을 조사해 여러 진영에 알려서 잡아들였다.

며칠 후 나는 안주성 밖에서 김순양을 처형했고,
그 목을 매달아 사람들이 보게 했다.
이후 첩자들은 놀라서 모두 흩어졌다.

오래지 않아 명나라 군대가 압록강을 건너왔고,
우리 군과 연합해 싸워 평양성 공략에 성공할 수 있었다.

만약 첩자가 남아 있어서 왜적이 미리 방비했더라면
일이 어떻게 되었을지 알 수 없었을 것이다.

『징비록』에 담긴 이순신의 진면목

그날 또 다른 비하인드 스토리였습니다. 간첩까지 잡으셨어요. 류성 룡 선생님 정말 대단하십니다.

류근 엄청난 일 하신 거예요. 자랑할 만하죠.

신병주 『징비록』에 보면 은근히 자기가 잘했다고 자랑하는 내용이 적지 않아요. 특히 이순신 장군과의 관계를 강조해요. '이순신은 어릴 때부터 지략과 담력이 있었다.' 이런 식으로 오랜 인연을 드러내 고, 자기가 추천한 사람이라는 것도 확실하게 밝히죠. 한산 대첩 에서 이순신 장군이 승리했을 때는 '나라를 중흥시킨 공'이라고 표현합니다. 또 '이순신은 전쟁 중에 경계를 엄중히 해서 갑옷과 투구를 푼 적이 없었다'거나 전사 직전에 '나의 죽음을 적에게 알리지 말라고 했다' 이런 내용까지 다 기록할 정도였어요.

그날 '나의 죽음을 적에게 알리지 말라'가 『난중일기』에 적혀 있는 게 아니라 『징비록』에 있는 내용이군요.

류근 『난중일기』에 어떻게 적어요. 죽기 직전에 '일기장 가져와라' 할 것도 아니고.

신병주 이순신 장군이 1598년 11월 19일에 전사하시거든요. 그런데 『난 중일기』가 1598년 11월 17일까지 기록되어 있어요. 돌아가시기 이틀 전까지 일기를 쓰신 거죠.

류근 이순신 장군은 민족의 영웅 아닙니까. 이분의 진면목이 『징비 록』에 담겨 있다면서요.

신병주 실록에서는 이순신을 원균과 거의 비슷한 비중으로 다루는데 비 해 『징비록』에서는 이순신에 대한 이야기가 훨씬 많아요. 또 이 순신에 대해서는 칭찬 일색인데 원균에 대해서는 반대고요. 예 를 들어 이순신 장군은 운주당에서 부하들과 전쟁에 대한 대화 를 나누면서 소통한 반면, 원균은 여기서 첩을 끼고 놀면서 술주

정을 했다고 적혀 있어요.†

이윤석 신병주 교수님이 좀 전에 말씀하셨듯이 본인이 잘한 일들도 많이 적었어요. 가령 '평양성 전투 후에 얼른 퇴로를 쳐서 적을 박멸하라 명했는데 군사들이 쭈뼛대다가 놓쳤다. 전쟁을 한번에 끝낼 수 있었는데 안타깝다.' 또 '적들이 내 목을 노리고 개성 쪽으로 올라오고 있다. 그럼에도 나는 피하지 않았다.' 이런 대목도 있고요. 인간적인 매력이 느껴지지 않나요?

> † 이순신이 한산도에 머무르고 있을 때 운주당이라는 집을 지었다. 그는 그곳에서 장수들과 함께 밤낮을 가리지 않고 전투를 연구하면서 지냈는데, 아무리 졸병이라 해도 군사에 관한 내용이라면 언제든지 와서 자유롭게 말할 수 있었다. 그러자 모든 병사가 군사에 정통하게 되었으며, 전투를 시작하기 전에는 장수들과 의논해 계책을 결정한 까닭에 싸움에서 패하는 일이 없었다. 그런데 원균은 그 집에 첩을 데려다가 함께 살면서 이중 울타리를 쳐 놓아 장수들조차 그를 보기 힘들었다. 또한 술을 좋아해서 술주정이 다반사였다. 군중에서는 형벌이 무시로 이루어져 병사들은 이렇게 수군거렸다. "왜놈들을 만나면 달아나는 수밖에 없네그려."
> ─『징비록』(류성룡, 김흥식 옮김, 서해문집, 2003)

류성룡이 탄금대 전투 패배를 강하게 비판한 이유는?

최태성 비판할 때는 또 준엄하게 비판합니다. 탄금대 전투에 패배한 신립에 대해서는 명나라 장수 이여송의 말을 빌려서 이렇게 얘기합니다. '험난하기 이와 같은데 지킬 줄 몰랐으니, 총병 신립에게는 계책이 없겠다.'

류근 류성룡이 전쟁 발발하고 바로 영의정으로 임명됐다가 하루 만에 파직된 적이 있잖아요. 그게 전쟁 초기의 연이은 패전 책임을 전부 뒤집어썼기 때문이거든요. 류성룡 입장에서는 억울해서라도 신립을 강하게 비판할 수밖에 없지 않나 싶기도 해요.

방기철 류성룡이 『징비록』에서 탄금대 전투를 굉장히 상세하게 서술한 건 맞아요. 그렇다고 류성룡이 신립 개인을 비판했다고 보기에는 좀 힘들 것 같아요. 당시 조선의 지역 방어 체제인 제승방략 체제의 모순 때문에 전쟁 초기 경상도 지역 병사들이 제대로 운용되지 않았고, 결국 초기 대응에 실패했잖아요. 그것이 패전의 원인임을 밝히려고 했던 거죠. 또 한 가지 덧붙이자면 조정에서는 신립을 보내면 당연히 이길 줄 알았어요. 그런데 졌단 말이에요. 그 충격이 너무 컸기 때문에 류성룡이 탄금대 전투에 대해 더 자세하게 서술할 수밖에 없지 않았나 싶습니다.

군사 전략가 류성룡, 훈련도감을 설치하다

이윤석 얼마 전에 드라마 『징비록』에도 그런 장면이 나왔어요. 병사들이 왕 앞에서 조총 시범을 보이거든요. 그때 신립이 조총을 장전하고 발사하는 것을 보면서 "실제 전쟁이었으면 조총병들은 벌써 죽었습니다." 이렇게 비아냥대요. 그러니까 류성룡이 "조총은 일단 장전만 되면 과녁까지 뚫어버릴 만큼 파괴력이 강합니다. 그러니 절대 얕보면 안됩니다." 이렇게 경고를 하더라고요.

그날 류성룡이 전쟁 전에 미리 조총에 대해 언질을 줬음에도 신립이 조총 부대에 우습게 보다가 결국 패배한 거네요. 류성룡은 미래를 내다보는 혜안도 있었고, 군사 전략가의 자질도 상당했던 것 같아요.

최태성 류성룡이 지닌 군사 전략가로서의 면모를 단적으로 보여 주는 게 훈련도감의 설치예요. 류성룡은 임진왜란을 겪으면서 자주국방의 필요성을 절감하거든요. 말로는 조선을 구원하려 왔다는 명군이 전쟁에 적극적으로 임하지도 않고, 군량미만 축내는 거 같으니까요. 훈련도감에 대해서는 학창 시절에 한 번씩 들어보셨죠? 시험에도 나왔잖아요.

이윤석   들었던 기억은 나는데 '거기서 무슨 훈련을 했더라?' 싶네요.

최태성   훈련도감은 삼수병으로 구성됩니다. 조총을 다루는 포수, 창과 검을 다루는 살수, 활을 쏘는 사수 이렇게요. 훈련도감의 가장 큰 특징은 징병제에서 모병제로 전환됐다는 겁니다. 군인들이 급료를 받고 복무하는 형태가 된 거죠.

이윤석   군인들에게 최초로 월급 준 분이 류성룡 선생이셨군요.

신병주   직업군인 제도가 정착되기 시작한 거죠. 또 훈련도감에는 유생부터 노비, 승려까지 다 들어갈 수 있었어요. 직업군인이 되고 싶은 사람은 모두 응시할 수 있게 했는데, 여기서도 시험을 보거든요. 뭐 시험 볼 것 같아요?

류근   글을 아는 양반들만 있는 게 아니니 병법서 시험은 못 봤을 테고, 아마 힘자랑 같은 거 시켰겠죠.

신병주   네, 맞아요. 무거운 돌 들기, 쌀 포대 들기, 이런 걸로 기본 근력 테스트를 합니다. 또 높이뛰기 같은 걸로 순발력도 보고, 기초 체력 테스트도 해요. 또 조총 시험도 있습니다. 임진왜란 때 우리에게 패전을 안겨 준 게 조총이잖아요. 그래서 전쟁 직후에 바로 조총을 도입하거든요. 조총을 세 번 쏴서 한 번 이상 맞추는 사람, 이런 식으로 합격자를 가렸습니다. 최종 합격자는 1개월에 쌀 여섯 말 정도를 급료로 받고 복무했습니다. 완전한 직업군인으로 거듭난 거죠.

방기철   류성룡은 조선 시대 병역 제도의 모순이 전란 극복에 걸림돌로 작용한다는 걸 인식했던 것 같아요. 그런 맥락에서 천민들도 군대에 갈 수 있도록 한 거죠. 조선 시대 병역 제도의 모순이 뭐냐면 가난하고 힘 없는 백성들만 군대에 간다는 거예요. 양반은 양반이니까 안 가고 노비는 양반의 재산이니까 안 가요. 류성룡은 이 모순이 해결되지 않으면 결코 전란을 극복할 수 없다고 생각했던 거죠. 그래서 노비들도 군대에 갈 수 있는 길을 열어 준 것이 아닌가 싶습니다.

류근 　아무리 전쟁 중이라지만 당시 정서상 양반과 천민을 한 부대에 편성한다는 건 대단히 혁명적인 사고 아닙니까? 더구나 병역면제는 양반들의 특권이었는데, 양반들이 가만히 있었을까요?

최태성 　양반들의 특권 얘기하시면서 왜 저희를 보십니까?

그날 　전쟁이 났다. 본인은 양반이다. 그러면 어떨 것 같아요? 군대에 오라고 하면 발 벗고 가실 겁니까? 아니면 본인의 노비라도 전쟁에 참여할 수 있게 하시겠습니까?

최태성 　그래도 분수에 맞게 사는 것이 성리학의 나라 조선의 법도 아니겠습니까, 대감?

이윤석 　옳소이다. 병역은커녕 군포도 안 내던 우리가 어찌 천민과 몸을 섞는다 말이오.

최태성 　있을 수 없는 일이요.

이윤석 　우리는 행정병이 어울리오. 이런 식으로 나오지 않았을까요?

그날 　두 분은 뼛속까지 특권 의식에 젖은 양반인 것 같아요.

신병주 　실제로 노비들이 훈련받고 있는데 주인들이 화가 나서 잡으러 오는 경우가 종종 있었어요. '이 노비는 내 재산인데 왜 얘가 여기서 훈련하고 있느냐?' 그러는 거죠. 그래서 양반들에게는 류성룡이 공공의 적이었어요. 이게 훗날 류성룡이 탄핵받는 이유 중 하나로 작용합니다.

훈련도감에서 조선군이 받은 훈련은?

그날 　조선 정예군의 상징, 훈련도감의 탄생 과정을 살펴봤는데요. 훈련도감이 어떤 곳이었는지 조금 더 자세히 알아볼까요? 박금수 박사님, 군인들은 훈련도감에서 어떤 훈련을 받았나요?

원앙진 기를 든 분대장을 필두로 등패수, 낭선수, 장창수, 당파수가 배치된다.

박금수　네, 『징비록』에서 확인하신 대로 류성룡은 명나라 병사들이 평
　　　　양성 전투에서 싸우는 것을 보고 깜짝 놀랐습니다. 당시 명나라
　　　　군사 중에서도 가장 큰 활약을 펼쳤던 이들은 남병이었습니다.
　　　　남병은 중국 남부 지방 병사들을 말하는데요. 이들이 절강병법
　　　　을 구사했습니다. 절강성, 즉 저장성은 중국 남부의 곡창지대이
　　　　기 때문에 왜구들이 자주 창궐했습니다. 때문에 저장성에서도
　　　　조선과 마찬가지로 농민군을 데리고 전문 싸움꾼인 왜구를 상대
　　　　할 수밖에 없었죠. 여기서 중국의 이순신이라고 할 수 있는 척계
　　　　광 장군이 등장합니다. 척계광 장군은 저장성에 파견된 후 농민
　　　　군들을 유기적으로 조직하는 새로운 전법을 만들어 내는데 그게
　　　　바로 절강병법입니다. 평양성 전투에서 구사된 절강병법을 보면
　　　　먼저 불랑기, 호준포[5] 같은 강력한 화기로 기선을 제압했습니다.
　　　　그런 다음 창과 검을 쥔 살수들이 원앙진을 짜고 돌격하고요.
이윤석　절강병법만 해도 어려운데 원앙진까지……. 너무 어려워요.
박금수　낯설죠. 저도 군 생활을 훈련도감에서 한 건 아니라 용어가 조금

어려운데요. 먼저 원앙진이라는 말은 원앙새의 특징에서 나왔어
요. 원앙은 두 마리가 꼭 쌍을 이뤄 다니잖아요. 원앙진도 꼭 두
줄로 다녀요. 이런 특징으로 원앙진이라는 이름이 붙은 것입니
다. 원앙진을 그림으로 살펴보시면 맨 앞에 등패[6]라는 방패를 든
등패수가 섭니다. 그 뒤에 낭선수가 낭선[7]이라는 긴 무기를 들고
서고요. 그 다음으로는 전통적인 무기인 장창을 든 병사 네 명과
삼지창이라고도 불리는 당파[8]를 든 병사들이 보조하게 되어 있
어요. 원앙진에서는 짧은 무기, 긴 무기가 조화를 이룰 뿐 아니
라 방어 무기와 공격 무기들이 서로 쌍을 이루어 공격을 펼칩니
다. 원앙의 특징 중 하나가 한 마리가 죽으면 나머지도 따라 죽
는다는 거죠. 원앙진도 마찬가지예요. 전투 후에 전보를 해서 진
을 지휘한 대장이 죽었거나 전체 병사의 반 이상이 죽으면 나머
지 생존자들도 참수에 처합니다.

그날 　그건 너무 심한 것 같아요. 아까운 병력을 왜 죽이나요?

박금수 　무시무시한 군율이죠. 내 짝이 살아야 내가 산다는 견고한 협동
　　　　체제를 구축하기 위해서 무시무시한 군율을 적용했던 것입니다.

그날 　그럼 정말 죽음을 각오하고 싸우겠네요. 말 그대로 결사대예요.

류근 　그러면 저 병사들은 원앙진에서 쓰는 무기들을 전부 잘 다룰 줄
　　　　알아야겠네요.

박금수 　네, 그렇습니다. 진영도 중요하지만 무기들을 특징에 맞게 잘 쓰
　　　　는 게 매우 중요하겠죠. 스튜디오로 이동해서 원앙진에 쓰이는
　　　　무기들에 대해 구체적으로 설명해 드리도록 하겠습니다.

완벽한 조화를 이룬 원앙진의 무기들

박금수 　아까 말씀드린 대로 원앙진에서는 맨 앞에 등패가 배치됩니다.
　　　　등패는 등나무로 만든 방패예요. 다른 나무로 만들면 굉장히 무

거운데, 등나무로 만들면 가벼우면서도 굉장히 질긴, 기동성 있는 방패가 되죠. 그래서 등패는 체구가 작고 몸이 유연한 사람이 쓰기 좋다고 합니다. 반면 낭선은 체구가 크고 힘이 세서 적에게 위압감을 줄 수 있는 사람이 쓰고요.

이윤석   최태성 선생님이 제격이네요. 앉아만 있어도 위압감을 주잖아요.

박금수   최태성 선생님을 낭선수로 임명합니다. 그 다음엔 장창이 있죠. 장창수는 계속해서 적과 대적하는 긴박한 상황에서도 평정심을 잃지 않고 정확하게 찔러 줘야 돼요. 그래서 정신력이 좋고 지치지 않는, 뺏심 좋은 사람이 장창을 맡게 됩니다. 아마 류근 시인 같은 분들이 장창수로 뽑혔을 것 같아요. 그런데 장창은 굉장히 길기 때문에 적이 장창 아래로 파고들면 힘을 못 써요. 그래서 장창수 뒤에 당파수가 배치되는 거죠. 당파수의 임무가 장창수를 보호하는 거예요. 진 안으로 파고든 적병의 무기를 당파로 걸어서 빼앗는 역할을 하는 거죠. 그렇기 때문에 대개 눈매가 무섭고 담력이 센 사람, 눈에서 살기가 느껴지는 그런 사람이 맡습니다. 신병주 선생님이 학자시지만 그래도 눈에 결기가 있어 보여요. 그래서 당파수로 적합하지 않나 싶습니다. 그러면 왜 하필이 무기들일까요? 하고 많은 무기 중에 원앙진에서는 왜 등패, 낭선, 장창, 당파를 조합했을까요? 사실 이 무기들의 조합이 굉장히 중요해요. 무기들이 서로 장단점을 보완해 줘야만 전체가 완전해지는 겁니다. 이해가 안 가시죠? 제가 시범을 보여 드리겠습니다. 낭선수 앞으로 나와 주십시오.

최태성   이게 평양성 전투에서 일본군들을 쓸어버렸다는 낭선이군요.

박금수   원래는 장창이 가장 무시무시한 무기였어요. 고대에는 창이 무기의 왕이라고 불렸거든요. 하지만 그런 장창도 낭선 앞에서는 힘을 못 썼습니다.

최태성　이게 더 센 거예요?

박금수　그렇죠. 서로 겨뤄 볼게요. 대치하는 두 병사가 같은 수준의 무예를 구사한다면 장창이 찌르기만 해도 낭선에 막혀요. 낭선과 창이 싸우면 낭선이 열 번을 이긴다고 병서에 나와 있어요. 그러면 낭선이 최고의 무기일까요? 그럼 낭선만 쓰면 되지 다른 것은 필요가 없죠.

최태성　몸집이 작아서 낭선을 못 쓴 거 아닐까요?

박금수　그보다는 낭선의 천적이 있기 때문이었습니다. 등패가 바로 그 천적입니다. 아까 장창이 낭선한테 왜 졌죠? 가지에 걸려서 졌죠. 그럼 안 걸리면 되잖아요. 실제로 등패수가 자세를 잡고 빈틈을 노려 낭선수에게 접근하면 낭선수는 막을 수가 없습니다. 낭선 가지에 독이 발라져 있다고 해도 등패수는 자기 몸을 보호하면서 진격할 수 있잖아요. 이런 식으로 장창은 낭선한테 잡히고, 낭선은 등패한테 잡히고, 등패는 곤봉한테 잡히고, 곤봉은 장창한테 잡힙니다. 어느 것 하나 빠질 수가 없는 거죠. 원앙진은 이런 상생, 상극 관계에 의해서 만들어진 진법입니다. 그렇기 때문에 원앙진은 각 무기들이 서로 장단점을 보강해 주는 최강의 진법이라고 할 수 있죠.

이윤석　자, 이렇게 새로운 진법을 배웠는데 실제로 조선에서 이걸 사용한 적이 있습니까? 효과를 봤나요?

박금수　네, 그렇죠. 열 명을 한 단위로 묶는 원앙진은 조선 후기 군영의 기본 편제가 돼요. 뿐만 아니라 구한말 의병이나 독립군들도 바로 이 원앙진법으로 군사를 조직했다는 기록이 남아 있습니다.

그들만의 강화, 류성룡의 선택은?

벽제관 전투 패배 후,
명군은 일본과의 강화를 통해
전쟁을 마무리 지으려 한다.

명나라는 일본에게 강화 조건으로
도요토미 히데요시의 항복과
조선에서의 즉시 철군을 요구한다.

하지만 일본은 조선의 왕자와 대신을 인질로 보낼 것과
임진강 이남 4도를 자신들에게 할양할 것을 요구한다.

명과 일본의 일방적인 강화 움직임에
조선은 강하게 반대한다.

전시 최고 사령관으로 강화를 반대하며
일본군 섬멸을 주장했던 류성룡.

그런데 그가 강화에 대한 입장을 바꾸며
임란 정국에 태풍의 눈이 된다.

명과 일본, 그들만의 강화 협상

그날 　강화라는 게 전쟁을 끝내겠다는 종전 협상을 말하는 거죠?

신병주 　네, 여기서 가장 큰 문제는 조선이 전쟁터로서 피해가 가장 컸음에도 불구하고 강화 협상은 명과 일본의 주도로 추진됐다는 거죠. 그야말로 그들만의 회담이었어요. 조선의 의사는 묻지도 않고 자기들끼리 조선 영토를 분할해서 통치하겠다는 어처구니없는 강화 회담을 진행시키죠.

류근 　분할통치라는 말만 들어도 분통이 터지지 않습니까? 조선에서 이걸 받아들일 수 있는 건가요?

최태성 　물론 안 되죠. 그래서 선조도 강화를 말하는 자는 간인(奸人)이니 목을 베어서 효수하라고 합니다. 강화에 대해서는 한마디도 꺼낼 수 없는 분위기를 만드는 거죠. 류성룡도 처음에는 지금이 일본군을 섬멸할 수 있는 좋은 기회인 것 같다며 이여송에게 계속 공격 요청을 해요. 그런데 이여송이 움직이지 않죠. 류성룡 입장에서는 답답하니까 도체찰사 자격으로 조선군을 이끌고 일본군을 공격하기도 하는데요. 이게 또 이여송하고 충돌하게 되는 계기가 되죠.

방기철 　명에서는 전쟁을 빨리 끝내려고 하는데 류성룡이 계속 여기에 반대하고 태클을 거는 겁니다. 그러니 명 장수들 눈에 류성룡이 예뻐 보일 리 없겠죠. 실제로 명나라 문헌인 『양조평양록』에 보면 류성룡이 굉장한 간신으로 묘사되고 있어요.[†]

류근 　간신이요?

방기철 　네, 아주 간악한 신하로 묘사되고 있는데, 이건 오히려 류성룡이 조선의 국익을 대변하면서 얼마나 열심히 노력을 했는지를 보여주는 반증이라고 말씀드릴 수 있을 것 같습니다.

† 임진왜란에 류성룡, 이덕형 등의 간신이 발호했기 때문에 일본군의 침략에 대응하지 못하고, 명나라의 도움을 기다려서 간신히 나라를 되살릴 수 있었다.
── 『양조평양록(兩朝平攘錄)』

류성룡, 강화에 대한 입장을 바꾸다

그날   당시 조선에서 강화를 주장한다는 건 굉장히 위험한 일이었잖아요. 그런데 류성룡은 왜 갑자기 입장을 바꿨을까요?

이윤석   사실 류성룡이 강화를 주장했다는 게 잘 믿어지지 않아요. 류성룡이 갑자기 강화 쪽으로 돌아섰다면 뭔가 이유가 있겠죠. 류성룡은 계속 명나라를 상대해 왔기 때문에 명나라에 대해 가장 잘 알잖아요. 명에 더 이상 싸울 의사가 없음을 파악한 게 아닐까요?

최태성   류성룡이 명나라통이니까?

이윤석   그렇죠. 계속 장수들 접대도 하고 군량미도 조달해 주고 그랬으니까 제일 잘 알지 않았을까요?

류근   혹시 그런 게 아니었을까요? 일선에는 이런 얘기도 있거든요. '명나라는 움직이지 않고, 일본도 지지부진하고 있으니 우리가 강화든 항복이든 해서 일본이 명나라의 턱 끝까지 가면 명나라도 전투에 더 열심히 임할 것이다.' 전쟁을 끝내기 위해 이런 생각까지 했다는 거죠.

최태성   배수진을 쳤다는 거죠?

류근   뜻대로 안 되니까 극단적인 방법을 택한 거죠.

그날   그때 류성룡이 어떤 생각을 하고 있었는지 심정을 한번 들어 보죠. "계사, 갑오년에는 사람들이 서로를 잡아먹으며 국가의 형세가 심히 위태로워 하루도 보전하기가 어려웠고 힘으로는 능히 적을 도모할 수 없었습니다. 저는 밖으로는 명 조정에서 일본을 견제하려는 계획을 좇아 적의 세력을 조금 완화시키고 안으로는 전쟁에 대응할 준비를 닦아서 서서히 뒷날을 도모하려고 스스로 계획을 세웠던 것입니다."

류근 우리가 했던 말이 그대로 나오네요. 우선 급한 불부터 끄고 뒤에 운신의 폭을 넓혀 보겠다. 이런 심정이 담겨 있네요.

방기철 이 글은 사실 류성룡이 조목[9]에게 보낸 글이에요. 조목은 퇴계의 수제자 가운데 한 명이었어요. 퇴계의 수제자 하면 류성룡, 조목, 김성일 이렇게 꼽아요. 이 수제자 자리를 놓고 경쟁했기 때문인지 조목하고 류성룡은 약간 반목하는 부분도 없지 않습니다. 조목은 주화오국(主和誤國), 즉 화의를 주장해서 나라를 그르쳤다면서 류성룡을 비판하기도 했거든요. 류성룡이 그 비판에 대해서 답한 글이 바로 저것입니다. 그런데 여기 보시면 계사, 갑오년 즉 1593~94년이죠. 그때 사정이 어떻습니까? 백성들은 굶주리고 있고, 국가는 힘이 없고, 명은 강화를 원하고, 어떻게 해야 되겠습니까? 시간을 벌어 군비를 강화해서 훗날을 도모하고자 한다는 서애 류성룡의 뜻이 이 글 속에 담겨 있는 거죠.

신병주 강화에 대한 류성룡의 입장이 드러난 부분은『징비록』에도 상당히 많습니다. 가장 시급한 게 뭔가? 우선 군사 제도를 정비해야 하고, 또 전쟁으로 피폐해진 민생도 안정시켜야 하겠죠. 류성룡이 보기에 일단 강화를 해서 전쟁의 피해를 막고, 그 기간 중에 우리는 훈련도감 설치, 속오군 제도의 확립, 작미법, 면천법 등 여러 가지 시스템 개선을 통해 철저하게 준비하는 게 최선이라는 거죠. 그리고 자신이 선두에 서서 정책을 지휘하겠다는 식으로 방향을 잡았던 겁니다.

이윤석 류성룡이『징비록』을 쓴 이유 중 하나가 이게 아니었을까 싶어요. 전쟁을 계속하든 강화를 하든 그에 따라 결과가 어떻게 달라질지 얘기하긴 어렵지만 자기를 지킬 힘이 없을 때는 전쟁도 강화도 스스로 결정할 수 없다. 이런 것들을 알리기 위해서 『징비록』을 쓴 게 아닌가 싶네요.

온 나라가 애도한 류성룡의 죽음

그날   결국 류성룡은 전란 극복을 위해서 혼신의 힘을 다하다가 삭탈 관직 된 후에 고향 안동으로 내려가서 6년간 『징비록』을 씁니다. 그리고 향년 66세를 일기로 세상과 작별하죠.

최태성   전란 수습에 힘썼던 그의 사망 소식에 온 나라가 애도했다고 해요. 우선 상인들은 철시를 합니다. 철시란 저잣거리 상점들이 문을 닫고 영업하지 않는 걸 말해요. 사대부들은 류성룡의 옛집터에다가 신위를 모시고 친척이 죽은 것처럼 통곡하며 상을 치렀고요. 장례를 치른 날에는 유생과 사대부 400여 명이 모였는데, 그중에는 술과 고기에 입을 대지 않는 사람도 있었다고 합니다.†

류근   전란 극복을 위해서 혼신의 노력을 다했음에도 류성룡은 백성과 사직을 제대로 지켜내지 못한 것을 부끄러워하면서 자책합니다. 『징비록』의 서문은 읽으면 읽을수록 비장해요. "백성들은 떠돌고 정치가 어지러워진 때에 나 같은 못난 사람이 나라의 중책을 맡아 위기를 바로잡지 못하고 나라가 무너지는 것을 떠받치지 못하였으니 그 죄는 죽어도 용서 받지 못할 것이다."

최태성   참 겸손하시네요.

류근   정말 통렬한 자기반성이죠.

---

† 사신은 논한다. 도성 각전(各廛)의 백성들이 빠짐없이 묵사동에 모여 조곡(弔哭)하였는데 그 숫자가 1000여 명에 이르렀다. 묵사동에는 류성룡의 옛집 터가 남아 있었다. 각 아문의 늙은 아전 30여명도 와서 곡하였다. 시민과 서리 등이 본가가 청빈하여 상을 치르지 못할 것이라 하여 포(布)를 모아 부의하였다. 성안 백성들이 곡한 일은 오직 이이와 유몽학이 죽었을 때에만 있었는데, 이이의 상은 서울에서 있었고, 유몽학은 장령(掌令)으로 있었을 때 시방(市坊)의 적폐(積弊)를

개혁하기를 아뢰어 백성들에게 은혜가 있었기 때문이었다. 그러나 이번에는 그 사람이 조정에서 발자취가 끊어졌고 상(喪)이 천리 밖에 있었는데도 온 성안 사람들이 빈 집에서 회곡하였으니, 어찌 시사가 날로 잘못되어가고 민생이 날로 피폐해지는데도 이어 수상(首相)이 된 자들이 모두 전 사람만 못하기 때문에 이렇게 추감(追感)하기에 이른 것이 아니겠는가. 지금의 백성들 역시 불쌍하다.

— 『선조실록』 40년(1607) 5월 13일

새롭게 출간된 『징비록』에 어울리는 홍보 문구는?

그날   오늘날 우리가 『징비록』을 읽어야 하는 이유도 여기에 있지 않을까 싶은데요. 요즘 서점 가면 『징비록』과 관련된 책들이 정말 많죠. 여러분께서 『징비록』의 출판을 맡았다고 가정하고 홍보 띠지 문구를 만들어 주세요. 수많은 『징비록』 가운데 우리 책이 눈에 띄게 하려면 어떤 문구를 쓰는 게 좋을까요?

최태성   흠, 책이 많이 팔려야 되겠네요. 그럼 이건 어떨까요? 300년 전 동아시아를 열광케 한 문제작 징비의 귀환!

이윤석   사람들은 묻는다. 소 잃고 외양간 고치랴. 류성룡이 묻는다. 역사의 실패, 반복할 것인가, 반성할 것인가? 『징비록』이 대답한다. 소 잃고 외양간 고치자. 우리는 두 번 소를 잃었다. 이제는 외양간을 고칠 때다.

류근   그 띠지 엄청 두껍겠네요. 띠지 문구가 아니라 서문 같은데요.

이윤석   그럼 한 줄로 할까요? 류성룡이 묻는다. 조선의 실패, 반성할 것인가 반복할 것인가?

류근   저는 이렇게 하겠습니다. '역사에 굶주린 당신, 징비록의 밥상에 숟가락을 얹어라.' 역사는 음식과 같다고 생각해요. 우리가 음식 이름 1000개, 만 개 알아도 막상 그 맛을 모르면 아는 게 아니잖아요. 마찬가지로 역사도 무조건 암기해서 시험 100점 맞으면 뭐 합니까. 역사에서 배우고 느끼고 깨닫고 반성하고 그런 것들을 통해 새로운 실천의 동력을 얻는 것, 그것이 역사 공부의 진정한 목적 아니겠습니까? 독자들이 『징비록』의 밥상에 숟가락을 얹고 그 맛을 제대로 음미했으면 좋겠습니다.

7

광해군,
세자 책봉
되던 날

광해군은 연산군과 함께 '군'으로 불리는 국왕이다. 그것은 그들을
국왕으로 인정하지 않는다는 당시의 엄중한 선고다. 이런 판정에 따라 두
사람의 의전은 국왕이 아닌 세자의 수준으로 강등되었다. 조선 시대 사료
에서 그들은 '폐주'나 '혼군' 같은 명예롭지 못한 칭호로 불렸다.

모든 시대는 나름의 무게를 갖지만, 광해군의 시대는 더욱 특별한
역사적 위치에 있었다. 그가 재위한 기간은 임진왜란과 정묘 · 병자호란이
라는 거대한 세 전란 사이에 끼여 있었다. 조선은 황폐해졌고, 중국에서는
명 · 청의 교체가 뚜렷해졌다. 그러니까 광해군은 전란으로 황폐해진 나라
를 다시 일으켜야 했을 뿐 아니라 중국의 왕조 교체라는 거대한 변화에도
적절히 대응해야 한다는 나라 안팎의 난제를 한꺼번에 떠안은 것이다.

이처럼 복잡한 국제 질서와 국내 상황은 광해군이 전개한 외교와
내치의 빛과 그림자를 더욱 날카롭게 대비시켰다. 먼저 '탁월한 외교 정책
을 펼친 군주'라는 말처럼 그의 외교 정책은 높이 평가받는다. 그 핵심은
'균형 잡힌 실리 외교'라고 요약할 수 있다. '재조지은'이라는 표현이 보여
주듯, 임진왜란이 끝난 뒤 조선에서 명의 위상은 극도로 높아졌다. 이런 현
상이 이성적이고 냉철한 판단을 흐린 것은 당연했다. 후금이 점차 강성해
지자 명은 그들을 제압하기로 결정하고 조선에 원군을 요청했다. 조선의
신하 대부분은 '재조지은'을 내세우며 파병에 적극 찬성했다. 이때 국내외
정세를 냉정하게 파악한 인물은 국왕 광해군이 거의 유일했다. 그는 현실
을 고려하지 않고 파병을 주장하는 신하들에게 이렇게 대답했다. "경들은
지금 우리 병력으로 이 오랑캐(후금)를 잠시라도 막을 수 있다고 생각하는
가? … 지금 우리는 열심히 노력해 군사를 기르고 장수를 뽑으며, 땅을 개

간하고 병기를 조련하며 성을 잘 수리해야 한다. 이 모든 것을 정리한 뒤에야 정세에 대처할 수 있을 것이다." 그러나 광해군의 실각으로 조선의 실리외교는 철회되었고, 그런 전환은 두 번의 호란이라는 참담한 결과를 가져왔다.

외교에서 보여 준 균형 잡힌 판단은 내치에까지 적용되지는 못했다. 그의 판단력을 방해한 핵심 요인은 '정통성에 대한 집착'이었다. 그는 정비가 아닌 빈(공빈 김씨)의 소생이었고, 그것도 둘째 아들이었다. 이런 정통성의 약점은 적장자 영창대군이 태어나자 더욱 부각되었고, 왕위에 오르기 전은 물론 국왕이 된 뒤에도 큰 위협으로 작용했다.

이런 잠재적 위협은 그를 불안으로 몰고 갔고 폭력적으로 만들었다. 나쁘게 말하면 광해군의 시대는 옥사의 연속이었다. 사실이든 조작되었든 모반 사건이 거듭 일어났고, 그것은 자연히 대규모의 인명 손실로 이어졌다. 1612년(광해군 4) 김직재의 옥사로 100여 명이 처벌되고, 1613년에는 박응서 등이 인목대비의 아버지 김제남과 역모를 꾀했다는 혐의로 처벌되었다. 옥사와 관련해 가장 중대한 사건은 영창대군을 살해하고 인목대비를 서궁에 유배시킨 처사였다. 이 두 사건은 '폐모살제'라는 인조반정의 핵심 명분을 구성했다.

즉위 초반 광해군은 균형 잡힌 인사 정책으로 국정을 순조롭게 이끌었지만, 여러 옥사를 거치면서 강경파 이이첨을 중심으로 한 대북 세력에게 치우쳤고 결국 인조반정으로 폐위되는 비운을 맞았다. 광해군은 왕위에서 쫓겨난 뒤에도 18년을 더 살면서 자신을 폐위시킨 국왕이 겪은 정묘·병자호란의 치욕을 모두 지켜보았다. 그 사건들을 보면서 그가 어떤 생각을 했을지 궁금하다.

광해군 세자 책봉 되던 날

전쟁으로 피폐해진 조선에
새로운 변화의 바람을
일으키려 했던 개혁가.

정통성에 대한 콤플렉스 때문에
형제들을 죽이고
새어머니를 유폐시킨 패륜아.

한 인간을 둘러싼 극과 극의 평가.

광해군 그의 참모습은
과연 어떤 것인가?

키워드로 본 광해군

그날   드디어 광해군까지 왔습니다. 「역사저널 그날」 게시판에 광해군을 다뤄 달라는 요청이 참 많았는데요. 그만큼 광해군에 대한 관심이 높은 것 같아요. 그래서 광해군 하면 떠오르는 대표 이미지들을 키워드로 준비해 봤습니다. 먼저 영화 「왕이 된 남자, 광해」를 많이 떠올리는 것 같아요.

이다지   이 영화의 영향으로 광해군은 학생들이 가장 좋아하는 왕 가운데 한 명이 됐어요. 학생들은 미디어에서 그려지는 역사를 실제 사실로 받아들이기 때문에 영화에서 멋있게 표현된 광해군을 좋아하는 거죠.

최광희   사실 영화에서는 광해군이 아니라 가짜 왕 하선이 멋있죠. 광해가 자리를 비운 사이에 실제 왕보다 더 좋은 정치를 하잖아요.

그날   다음 키워드는 깨진 용상, 폐위, 쫓겨남, 폐주네요. 연산군처럼 쫓겨난 왕이라는 이미지가 있는데, 학생들은 광해군이 왜 폐주가 되었는지 정확한 이유를 알고 있나요?

이다지   광해군은 연산군과는 이미지가 확실히 다른 것 같아요. 망나니 같은 행실로 쫓겨난 연산군에 비해 광해군의 폐위는 좀 억울하다고 생각하는 학생들이 많아요.

신병주   정치적인 이유로 희생되었다고 생각하는 거죠.

계승범   광해군을 쫓아낸 인조 정권이 배금 정책을 펴다가 병자호란을 맞지 않습니까? 그 같은 경험 때문에 '광해군이 계속 집권했다면 전란을 피할 수 있지 않았을까?' 하는 기대감이 생긴 거죠.

그날   다음 키워드는 홍길동이네요. 아버지를 아버지라 부르지 못했던 홍길동, 그러니 서자라는 이미지를 표현한 것이겠군요. 홍길동이 서자니까요. 그럼 광해군도 서자였던 거예요?

신병주   그렇죠. 후궁의 아들이었으니까요. 선조의 왕비인 의인왕후 박

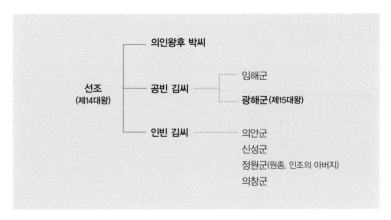

```
                    ┌─── 의인왕후 박씨
         선조        │                      ┌···· 임해군
       (제14대왕)    ├─── 공빈 김씨 ········│
                    │                      └···· 광해군 (제15대왕)
                    │
                    └─── 인빈 김씨 ········ 의안군
                                          신성군
                                          정원군 (원종, 인조의 아버지)
                                          의창군
```

광해군 계보도

씨가 자식을 낳지 못해요. 이분이 열다섯에 왕비가 되시고, 마흔
여섯에 돌아가시는데 그때까지 자식이 없었던 걸 보면 뭔가 문
제가 있었던 모양입니다. 어쨌든 선조에게는 의인왕후를 맞기
전부터 사랑하던 여인이 있었어요. 그 여인이 바로 공빈 김씨예
요. 본래 공빈 김씨는 소주방 나인이었는데 선조의 총애를 받아
서 후궁이 되었다고 합니다. 그 공빈 김씨가 낳은 아들이 임해군
과 광해군이었어요. 임해군이 첫째고, 광해군이 둘째죠. 그러니
까 광해군은 후궁 소생으로 세자에 책봉되었다가 결국 왕이 된
거죠.

임진왜란, 광해를 세자로 세우다

1592년(선조 25) 4월,
전쟁의 그림자가 조선을 뒤덮는다.
임진왜란 7년간의 긴 싸움이 시작된 것이다.

파죽지세로 북진한 일본군은 단숨에 도성까지 압박해 온다.

피란을 결심한 선조는 만일의 상황을 대비해
둘째 광해군을 세자로 삼는다.

인장도 교서도 없는 초라한 책봉식,
다음 날 세자 광해군은 선조를 따라 피란길에 나선다.

다급하게 이루어진 세자 책봉,
광해군 앞에는 험난한 세자 생활이 기다리고 있었다.

우여곡절 끝에 이뤄진 세자 책봉

그날   맏아들 임해군이 있는데 왜 둘째 아들인 광해군을 세자로 책봉한 건가요? 둘 다 서자인 건 마찬가지잖아요.

계승범   기록에 보면 임해군은 행실에 문제가 많았다고 합니다. 함부로 다른 사람의 땅이나 노복을 뺏고 심지어는 살인까지 했다고 해요.† 임진왜란 때 조정이 피란을 가고 제일 먼저 경복궁이 불타지 않습니까? 그때 민가 가운데 가장 먼저 불탄 집이 임해군의 집이었다고 해요. 그만큼 여기저기 원한을 많이 샀던 거죠.

그날   임해군은 행실이 나빠 민심을 얻을 수 없었던 거군요. 그런데 왜 광해군은 열여덟 살이 되어서야 세자로 책봉이 되나요? 열여덟 살이면 굉장히 늦은 나이 아닌가요?

계승범   네, 굉장히 늦은 건데요. 적장자가 있어서 원칙대로 후계자가 결정되는 거라면 괜찮겠지만 여러 후보 가운데 한 명을 후계자로 선택해야 하는 경우라면 문제가 생길 수밖에 없죠. 신하들 각각의 이해관계도 있고요. 또 선조 입장에서는 특정 왕자에게 관심이 쏠리는 게 의심스러웠을 수도 있죠.

최광희   선조가 방계 출신이라 서자를 세자로 앉히는 게 싫었을 수도 있을 것 같아요. 언젠가 의인왕후가 아들을 낳아 줄지도 모른다는 기대도 있었겠죠.

신병주   적장자는 없었지만 광해군에게는 또 쟁쟁한 경쟁자가 있었어요. 공빈 김씨가 죽고 선조가 가장 총애했던 후궁이 인빈 김씨인데, 그녀가 낳은 아들 중에 신성군이라는 왕자를 선조가 굉장히 예뻐했거든요. 그러므로 신성군이 웬만큼 자랄 때까지 세자 책봉을 미룬 거라고 볼 수도 있죠.

이다지   만약 임진왜란이 일어나지 않았다면 선조는 광해군을 세자로 책봉하지 않았을 것 같아요. 결국 전쟁이 터지고 혹시 모를 비상사

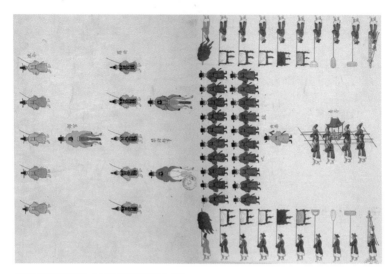

「문효세자책례도감의궤」 1784년, 국립중앙박물관 소장.

태에 대비해야 하니까 더 이상 세자 책봉을 미룰 수 없었던 거죠.

신병주 기록을 보면 광해군을 세자로 책봉할 때 상황이 워낙 어수선하고 혼란해서 인장이나 교서도 없이 허둥댔다고 합니다.[‡] 일반적인 세자 책봉 의식을 다룬 반차도를 보면 의식이 매우 화려합니다. 하지만 광해군 책봉 때는 그럴 만한 상황이 아니었죠. 아마 조선 왕세자 가운데 가장 초라한 세자 책봉식을 치른 왕세자가 광해군일 겁니다.

[†] 임해군은 의롭지 못한 짓을 많이 하여 백성의 땅을 빼앗는 등 죄악을 이루 다 기록할 수 없다.
— 「갑진만록(甲辰漫錄)」

영의정 이덕형이 이 때문에 차자를 올리고 직을 떠났다. "살피건대, 임해군 진은 교만하고 음란한 짓을 멋대로 하여 불의(不義)한 짓을 많이 저질렀다. 희서는 재신인데도 도적을 시켜 살해했고 하원 부인은 백제(伯娣)인데도 모욕을 가했으니, 왕법(王法)이 시행되었다면 당연히 형장(刑章)을 받았을 것이다."
— 「선조수정실록」 37년(1604) 3월 1일

간원이 아뢰기를, "임해군 이진이 전 주부(主簿) 소충한을 지척의 궁궐 담장 밖에서 몽둥이로 때려 죽였습니다. 대낮에 아무 거리낌 없이 살인을 했으니 국가의 법이 어디에 있는 것입니까. 유사(有司)로 하여금 법에 따라 조사해서 율에 비추어 시행하게 하소서.
— 『선조실록』 35년(1602) 7월 4일

‡ 광해군을 책봉하여 세자로 삼았다. 백관이 입조하여 하례하였는데 허둥지둥하여 동서반도 구분하지 못하고 인장도 교서도 없었으며, 궁료(宮僚)들도 오지 않았다.
— 『기재사초(寄齋史草)』

광해군, 선조의 시험을 통과하다

류근   아무리 심각한 위기 상황이라 하더라도 결국 세자로 책봉됐다는 건 그만큼 광해군이 세자로서 자질 있는 사람이었다는 뜻이겠죠.

이다지   광해군은 어린 시절부터 굉장히 비범했던 것 같아요. 한번은 선조가 왕자들의 자질을 시험해 보려고 화려한 보물을 진열해 두고서 마음에 드는 걸 골라 보라고 했대요. 그때 다른 왕자들은 모두 눈앞의 보물을 집어 가는데 오직 광해군만 붓과 먹을 잡았다고 합니다.†

최광희   광해군은 선조의 의도를 미리 눈치챈 거죠.

그날   그럴 땐 보물을 집으면 안 되죠. 오히려 다른 왕자들이 이해가 안 되네요.

이다지   비슷한 사례가 또 있는데요. 선조가 왕자들에게 '반찬 가운데 으뜸은 뭐냐?' 하고 질문을 했대요. 다른 왕자들은 고기나 생선, 꿀떡 이런 답을 말하는데 광해군만 유독 소금이라고 대답한 거예요. 그러면서 '아무리 귀한 음식도 소금이 없으면 맛을 낼 수가 없으니 소금이 가장 귀합니다' 이랬다는 거죠.‡

계승범   그런 걸 보면 어린 광해군이 질문의 핵심을 가장 잘 파악한 것 같네요. 사실 선조가 물은 건 '네가 가장 좋아하는 반찬이 뭐냐?'가 아니라 '여러 반찬 가운데 무엇이 으뜸이냐?'였잖아요. 어려서부터 공부를 좋아했던 광해군이 질문의 핵심을 잘 파악한 거죠.

류근 　그렇죠. 출제자의 의도를 정확히 파악한 거죠. 광해군은 어디서 따로 선행 학습을 한 걸까요? 대답이나 행동이 모두 어린아이가 할 만한 게 아니잖아요. 사교육의 냄새가 나는데요.

최광희 　광해군은 총명하기도 했지만 총명해 보이는 방법도 알았어요. 어릴 때부터 눈치가 굉장히 빨랐던 거죠.

신병주 　실제로 광해군은 품성이 바르고 학문을 좋아했다고 합니다. 세자 시절에 신하들에게 과일을 하사했다는 기록도 있고요. 광해군이 어질고 현명한 군주감이라는 데는 이견이 없었던 것 같아요.

이다지 　어린 시절 기록을 보면 광해군은 마음이 여리고 상처가 깊은 사람이라는 생각도 들어요. 선조가 왕자들에게 '너희에게 가장 부족한 것이 무엇이냐?'라고 물어 봤을 때, 광해군은 '어머니가 일찍 돌아가신 게 가장 마음이 아픕니다' 하고 대답했대요.

그날 　아버지로서는 마음이 짠했겠네요.

류근 　왕실에서 어머니는 정치적 후견인이기도 하지 않습니까. 그런 어머니가 워낙 일찍 돌아가셨으니 광해군 입장에선 상실감이 클 수밖에 없었을 거예요.

그날 　광해군은 언제 어머니를 잃은 거죠?

계승범 　공빈 김씨는 광해군이 만 두 살 때 산후병으로 죽었습니다. 그래서 광해군에게는 어머니에 대한 기억이 거의 없죠.

류근 　친모가 죽으면 아이는 누가 키우나요?

계승범 　'임해군과 광해군은 왕비의 치마폭에서 컸다.' 혹은 '의인왕후가 임해군과 광해군을 친자식처럼 돌보았다.', '의인왕후는 광해군이 왕의 뜻에 어긋나는 행동을 해도 말썽이 없도록 중재해 주었다.' 이런 기록들이 나옵니다.

그날　후궁의 아들을 왕비가 키우다니 상상이 잘 안 되네요.

> † 임금이 세자를 정하지 못하여 여러 왕자의 기상을 보려고 앞에다 보물을 성대하게 진열해 놓고 마음대로 취하도록 하니, 여러 왕자가 서로 다투어 보물을 취하는데 유독 광해군만은 붓과 먹을 가지므로 임금이 기이하게 여겼다.
> ─『정무록(丁戊錄)』

> ‡ 임금이 시험 삼아 여러 왕자에게 묻기를, "반찬 중에서 무엇이 으뜸이냐?" 하니, 광해가 대답하기를, "소금입니다" 하였다. 임금이 그 이유를 물으니, 대답하기를, "소금이 아니면 온갖 맛을 이루지 못하기 때문입니다" 하자, 임금이 또 묻기를, "너희가 부족하게 여기는 것은 무엇이냐?" 하니, 광해가 말하기를, "모친이 일찍 돌아가신 것을 마음 아프게 생각합니다" 하니, 임금이 그 대답을 기특하게 여겼다. 광해가 세자가 된 것은 순전히 말에 힘입었다고 한다.
> ─『공사견문(公私見聞)』

조선 시대 궁중 암투, 그 실상은?

그날　드라마나 영화에서 후궁들의 궁중 암투에 대해 많이 다루잖아요. 후궁들의 실제 삶과 그들 사이의 서열 문제가 굉장히 궁금한데요. 그래서 후궁에 대해 특별한 관심을 갖고 연구하시는 김종성 선생님 모셨습니다. 선생님, 선조에게는 몇 명의 후궁이 있었나요?

김종성　선조에게는 두 명의 왕비와 여덟 명의 후궁이 있었습니다. 그중에서 선조의 총애를 특히 많이 받은 분이 공빈 김씨와 인빈 김씨죠. 특이한 점은 선조의 후궁 여덟 명 가운데 여섯 명이 정1품 빈이었다는 거예요. 정1품 빈은 영의정, 총리급입니다. 조선 시대 후궁의 평균 품계가 정2품 소의(昭儀)거든요. 정2품이면 지금의 장관급에 해당합니다. 결국 선조는 후궁들에게 비교적 높은 품계를 준 셈이죠.

최광희　광해군처럼 후궁의 아들이 세자가 됐을 때, 생모와 왕비 간의 서

열은 어떻게 되나요?

김종성   세자가 된다는 것은 왕의 후계자가 되는 것이기 때문에 이때는 세자가 왕비의 아들로 입양됩니다. 왕비의 양자가 되는 거죠. 그 러면서 생모인 후궁과는 법적인 모자 관계가 끊어지게 돼요. 『예기』에는 '남의 후사가 된 사람은 그의 아들이 되므로 자기 친부모를 돌보지 못한다'라고 적혀 있습니다. 후궁들이 자기 아들을 세자로 만들기 위해 갖은 애를 쓰지만 사실 그게 꼭 좋은 일은 아닌 거죠. 아들이 세자가 되는 즉시 자기는 그 아들을 잃게 되니까요.

류근   권력이 피보다 더 진한 경우네요.

신병주   광해군도 의인왕후의 아들로 입적되었기 때문에 결국 의인왕후의 아들이 되는 거죠.

그날   드라마에서 가장 흥미로운 부분이 후궁들의 궁중 암투죠. 여기서 고증이 잘못된 부분이 있을까요?

김종성   우선 드라마에서는 왕이 후궁을 자기 마음대로 뽑는 것처럼 나오지요. 그런데 이건 사실과 다릅니다. 후궁이나 궁녀는 모두 내명부[1] 소속이기 때문입니다. 내명부는 기본적으로 왕비 소관이고, 내명부의 인사권이나 상벌권 역시 모두 왕비가 관할하기 때문에 왕이 후궁을 들이려면 반드시 왕비의 동의를 얻어야 했습니다.

최광희   후궁을 맞으려면 조강지처의 허락이 있어야 한다. 이건 굉장히 새로운 사실인데요. 드라마에서 종종 궁녀들이 승은을 입는 장면이 나오잖아요. 그럼 그런 것도 불가능한 건가요?

그날   왕비의 동의라는 게 사후 승인도 가능한가요?

신병주   네, 사실 승인이라는 건 좀 형식적인 측면이 있죠. 거의 통보에 가까웠다고 할까요?

빈·귀인 (정1품~종1품)	왕후를 보좌하고 부례(婦禮)를 논한다.
소의·숙의 (정2품~종2품)	비례(妃禮)를 찬도한다.
소용·숙용 (정3품~종3품)	제사와 빈객을 맡는다.
소원·숙원 (정4품~종4품)	연침(燕寢)을 베풀고 사시(絲枲)를 다스려 해마다 헌공(獻功)한다.

후궁의 직무

그날 　드라마 속 후궁과 실제 후궁, 또 어떤 차이가 있을까요?

김종성 　드라마에서는 후궁들이 하는 일이 별로 없죠. 매일같이 어떻게
　　　　하면 왕의 관심을 끌 수 있을까 이런 것만 고민하는 듯 보이지만
　　　　사실 후궁들에게는 각각 정해진 일이 있었습니다. 『세종실록』
　　　　에 보면 정1~2품의 후궁들은 주로 왕비를 보좌하는 일을 했습
　　　　니다. 정3품은 내명부의 제사나 손님맞이를 담당했고요. 그 다음
　　　　정4품 후궁들은 왕과 왕비의 잠자리를 준비했습니다. 사실 이건
　　　　좀 참기 힘든 부분이었을 것 같아요. 후궁인 자기가 왕과 왕비의
　　　　잠자리까지 준비한다는 게 속상하겠죠. 어쨌거나 후궁들은 맡은
　　　　역할, 즉 밥값을 해야만 궁에 머무를 수 있었습니다.

이다지 　대개 후궁은 굉장히 아름다웠을 거라고 생각하잖아요. 실제로
　　　　후궁의 미모에 대한 기록이 있나요?

김종성 　드라마에서는 후궁들이 전부 굉장한 미녀로 나오는데요. 실제로
　　　　그런 경우는 거의 없었습니다. 후궁들은 대부분 미모보다는 내
　　　　면의 덕성 때문에 선발되는 경우가 많았거든요. 왕들은 남자건
　　　　여자건 간에 유능한 인재를 곁에 두고 싶어 했기 때문에 후궁도
　　　　능력 있고 품행 좋은 사람으로 뽑는 경우가 많았죠.

최광희 　품행 좋은 사람이라고는 하지만 거기에 못생겼다는 표현은 없잖

아요.

신병주 후궁을 비롯한 궁중 여인들의 미모에 대한 기대는 다 드라마 탓입니다.

최광희 드라마를 보다가 예쁜 후궁이 나오면 저건 고증이 잘못됐다 이렇게 봐도 되는 건가요?

류근 정말로 실망스럽기 짝이 없습니다.

그날 조선 시대 후궁은 어떤 존재였다고 봐야 할까요?

김종성 흔히 후궁이라고 하면 왕의 여자라고 생각하지요. 하지만 사실 후궁은 왕비가 지배하는 내명부에 속한 사람이기 때문에 왕의 여자라기보다 왕비의 여자였다는 표현이 더 맞습니다.

의인왕후와 광해군의 관계

그날 자식이 없던 의인왕후 입장에서는 광해군이 세자로 책봉되면서 법적인 아들이 되었으니 더 든든하고 정도 많이 갔을 것 같아요. 둘의 관계는 어땠나요?

계승범 의인왕후와 광해군은 상당히 사이가 좋았습니다. 이들의 만남이 정치 무대에서 이루어지잖아요? 일단 임해군과 광해군 입장에서는 정치적 후견인을 얻은 것이고, 의인왕후 입장에서는 생모가 살아 있는 신성군보다는 임해군이나 광해군이 세자에 책봉되는 편이 왕비로서의 실권을 지키기에 유리했죠. 결국 두 그룹의 이해관계가 정확히 일치했던 겁니다.

류근 상호 보완 관계였네요. 누이 좋고 매부 좋고.

선조의 양위 선언, 그 속내는?

1592년(선조 25) 5월,
왕이 떠난 도성은 순식간에 무법천지로 변한다.
기댈 곳 없이 방황하는 백성들……

선조는 조정을 둘로 나누고 세자에게 분조를 맡긴다.

세자 광해군은 분조를 이끌고
전쟁터를 누비며 흩어진 민심을 수습한다.
분조는 의병을 모집하고 전투를 독려하며
조정이 건재함을 알린다.

백성들의 구심점이 된 분조,
명까지 세자의 분조 활동을 격려하자
선조는 노골적으로 세자를 견제하기 시작한다.

세자에게 왕위를 물려주겠다는 초강수를 둔 것이다.

선조 25년(1592)	6.13	10.19			
선조 26년(1593)	1.13	8.30	9.19	11.16	윤 11.12
선조 27년(1594)	4.4	5.27	7.9	9.18	
선조 28년(1595)	1.18	3.27			
선조 29년(1596)	8.27				
선조 30년(1597)	9.1	11.8			
선조 31년(1598)	2.25	9.23			
선조 32년(1599)	4.11				
선조 36년(1603)	1.14				
선조 40년(1607)	10.11				

선조의 선위 소동

선조의 거듭된 양위 선언

그날 　탁월한 정치 감각이라고 해야 할까요? 어쨌든 선조는 줄곧 자리를 보전하잖아요.

신병주 　한 해에도 수차례, 1593년에는 무려 다섯 번이나 선위 소동을 벌입니다. 거의 두 달에 한 번 꼴로 말이죠.

계승범 　선조는 주로 천재지변이 있거나 명나라에서 질책받는 등 자신의 권위에 위기가 닥쳤을 때 선위 소동을 일으킵니다. 더 재밌는 사실은 스무 번이 넘는 선위 소동 중에는 신하들이 동의하더라도 물리적으로 선위가 불가능한 상황도 있었다는 거예요. 가령 광해군이 외지에 나가 있을 때가 그렇죠. 여기에 함축된 의미는 자신과 세자 가운데 하나를 고르라는 거거든요. 그러니 '전하, 잘 생각하셨습니다. 선위 하십시오' 이렇게 말하는 건 목숨을 거는 거나 마찬가지죠.

그날 　신하들도 힘들었겠지만 광해군은 아버지의 끝없는 선위 소동을 어떻게 받아들였을까요?

이다지 진짜 속이 타들어 갔을 것 같아요. 왕이 '선위하겠다' 그러면 세자는 전교를 거두어 달라고 매일 엎드려 빌어야 하잖아요. 식사도 거르면서 말이죠.

계승범 광해군이 왜란 초기 세자 시절에 잔병치레를 상당히 많이 했다고 해요. 왕이 선위하겠다고 하면 세자 입장에서는 다른 방법이 없어요. 바로 달려가서 엎드려 비는 거죠. 곡기를 끊고 '아바마마, 선위 명령을 거두어 주소서' 그럴 수밖에 없거든요.

신병주 정신적, 육체적으로 스트레스가 엄청났을 거예요.

류근 전쟁 치르기도 힘든 어린 세자를 이렇게 매일 빌게 만들다니 얼마나 잔인한 아버지예요? 권력은 부모 자식 간에도 나눌 수 없다지만 그래도 도가 지나친 것 같아요.

명의 세자 책봉 거절

1595년(선조 28),
조선은 명에 광해군을
세자로 승인해 줄 것을 요청한다.

하지만 명은 조선의 세자 책봉 승인을 거절한다.

광해군은 왕비가 낳은 적자가 아니기에
세자 자격이 없다는 것이었다.

전쟁 중에는 광해군의 활약을 치켜세웠던 명.

명은 왜 갑자기 태도를 바꾼 것일까?

세자 책봉을 거절한 명의 속내

그날 아버지의 실패를 만회하라고 칙서까지 보냈던 명이 갑자기 세자 책봉에 반대하고 나서다니, 대체 왜 그러는 겁니까?

계승범 이 문제는 당시 명나라 내부 사정과 직결됩니다. 이때 명나라에서도 후계자 선정 문제가 중요한 이슈였거든요. 당시 명나라 신종 만력제 역시 선조와 마찬가지로 적자가 없고 후궁들이 낳은 왕자들만 있었습니다. 만력제는 그중 셋째인 주상순을 후사로 삼고 싶어 했어요. 셋째를 가장 예뻐했거든요. 그런데 예부에서 멀쩡한 장자가 있는데, 왜 서열을 무시하고 셋째 아들을 태자로 삼으려 하느냐고 반대를 하죠.

그날 두 왕실에서 같은 문제를 놓고 고민하다니 우연의 일치네요.

계승범 그렇죠. 어쨌든 명나라 예부에서는 장자인 임해군이 있는데, 전쟁 중이라는 이유로 광해군을 세자로 승인해 주기가 어려운 거죠. 자기들도 태자 책봉 문제로 만력제와 마찰을 빚고 있는데, 광해군을 세자로 책봉해 주면 셋째 아들인 주상순을 반대할 명분이 없어지는 거니까요.

신병주 이에 대한 선조의 태도가 참 이중적이에요. 전쟁 중에는 명나라 사신에게 세자 책봉을 부탁한다고 이야기하고서는 정작 임진왜란이 끝나고 정국이 안정되자 입장을 바꿔요. 신하들이 명나라에 세자 책봉을 주청해야 하지 않느냐 하니까 돈도 많이 들고 신경 써야 될 것도 많은데 왜 자꾸 그런 것을 주청하게 하냐고 반대 의견을 내요.

계승범 이런 기록도 있어요. 신료들이 뒤에 다시 이야기를 꺼냈을 때 선조가 뭐라고 하냐면 '그렇게 중요한 일을 왜 아직까지 청하지 않았느냐?' 그래요. 그래서 신료들이 '전하께서 지금껏 그것을 다 막으셨습니다' 이렇게 노골적으로 말합니다. 그러면 선조는 아무 말도 안 하고 못 들은 척하죠.

신병주 처음 명나라에서 왜 장자인 임해군이 있는데 광해군을 세자로 삼았느냐고 물었을 때 선조가 직접 임해군은 마음의 병이 있어 정상이 아니라고 이야기했어요. 그래 놓고 명나라 사신이 있는 자리에 굳이 임해군을 부릅니다. 명나라 사신들이 보기에 임해군은 멀쩡하거든요. 때문에 명나라에서도 선조가 광해군을 세자로 책봉해 달라는 건지 말라는 건지 혼란스러워 하죠.

계승범 10년 정도 이어지던 명나라의 태자 책봉 문제는 임진왜란이 끝나고 3년 정도 지난 1601년에 마무리돼요. 예부의 뜻에 따라 장자 주상락이 태자에 책봉됩니다. 조선에서는 명나라 내부 문제가 해결됐으니 다시 세자 승인을 주청해 봅시다 하는데, 명나라가 또 거절합니다. 같은 이유로요. 사실 이때는 명나라 내부 문제보다는 조선 길들이기 식으로 성격이 바뀌었죠.

이다지 선조도 그렇고 명나라도 그렇고 철저하게 자기 이익에 따라서 말을 휙휙 바꾸는 것 같아요.

최광희 광해군은 명이 그런 방식으로 조선을 휘어잡으려 한다는 걸 알고 있었을 것 같아요. 명에 대한 개인적인 감정도 그다지 좋지 않았을 거고요. 그런 것들이 나중에 명과의 외교 관계에 영향을 미치지 않았을까 싶네요.

류근 일리 있는 말입니다. 개인적인 배신감이 컸겠죠. 또 광해군은 명나라로부터 여러 차례 세자 책봉을 거절당하면서 '사대 외교의 진정한 실리가 뭐냐?' 이런 것들을 생각했을 것 같아요.

그날 온몸으로 배웠겠네요.

조선의 세자 책봉 주청 결과?

그날 그래도 결국 명으로부터 세자 책봉을 승인받았으니 왕위에 오른 거 아니겠어요?

계승범 아닙니다. 광해군은 세자 책봉 승인을 받지 못한 상태에서 선조가 죽고 급하게 왕위에 오릅니다. 그래서 즉위 후에 세자 책봉 대신 국왕 책봉을 주청하는데, 이것도 한 번 거절당하죠.

그날 아버지의 냉대, 명나라의 반대, 정말 광해군에게는 우군이라고는 하나도 없었네요.

신병주 광해군이 왕위에 오르기 직전에 또 큰 위기가 닥치는데요. 1600년에 의인왕후께서 돌아가십니다. 왕비 자리가 비었으니 선조가 새 왕비를 맞아야 하는데, 문제는 그 왕비가 적자를 낳을 수도 있다는 겁니다. 적자의 탄생은 서자이자 둘째인 광해군에게 큰 위협이 될 수 있죠. 상황이 이렇다 보니 신하들이 다시 광해의 입지를 강화하기 위해서 명나라에 세자 책봉을 주청하자고 나섭니다. 이때 선조가 이런 말을 합니다. '왕비가 돌아가셨으면 새 왕비 들일 생각을 해야지 왜 나는 생각해 주지 않느냐. 계비 문제 좀 꺼내라.'

그날 당시 선조 나이가 몇 살이었어요?

신병주 마흔아홉 살이요. 1552년생이니까.

그날 그때까지도 철이 안 들고 어쩜 그렇게 자기 생각만 하는지 놀랍네요.

선조의 재혼과 영창대군의 탄생

1602년(선조 35) 7월,
쉰한 살의 선조는 새 왕비를 맞아들인다.
상대는 열아홉 살의 인목왕후 김씨.

세자인 광해군보다 아홉 살이나 어린 왕비는
혼인한 지 4년 만에 대군을 생산한다.

왕위에 오른 지 39년 만에 얻은 적자,
선조는 노골적으로 광해군을 홀대하기 시작한다.

세자의 정치적 입지를 위협하는 적자의 탄생,
조정은 긴장감에 휩싸이기 시작한다.

최대 정적의 탄생, 적자 영창대군

그날   우려했던 일이잖아요. 새 어머니가 적자를 낳으셨습니다.

류근   동생이 태어난 게 아니라 말 그대로 정적이 태어난 거네요.

신병주   선조가 왕비 간택을 할 때 출산 여부에 중점을 두었는지 인목왕후가 아이를 정말 잘 낳아요. 결혼한 지 1년 만에 자식을 낳았는데, 다행히 딸이었어요. 이때 낳은 딸이 바로 정명공주²입니다. 그리고 그 다음에 또 임신을 해요. 그러나 그 아이는 사산돼 버렸고, 2년 뒤인 1606년에 아들을 낳습니다. 영창대군이 출생한 거죠. 이때 선조 나이가 55세셨어요. 상당히 노력을 많이 하신 것 같아요.

계승범   기록에도 새 왕비가 임신할 때마다 조정 분위기가 무거워졌다는 내용이 나옵니다. 그럼에도 불구하고 선조는 계속 후사를 보고자 했어요. 거의 집착에 가까운 행동이었죠. 그런데 사실 그럴 만한 일이 있었어요. 선조가 총애하던 신성군이 왜란 중에 죽었거든요. 사실 선조 입장에서는 광해군을 세자 자리에서 쫓아내고 싶어도 마땅한 대안이 없었던 거죠. 그런데 영창대군이 태어나면서 상황이 바뀝니다. 유사시에 대안으로 쓸 카드가 생긴 셈이죠.

이다지   광해군은 세자 시절 계속 초조함과 불안감에 시달렸잖아요. 특히 인목왕후가 계비로 들어오면서부터는 그 불안감이 정점을 찍지 않았을까 싶어요.

최광희   영창대군이 태어난 뒤부터는 밤잠까지 설치지 않았을까요? 계속 주판알을 튕겨야 되니까요.

영창대군의 탄생이 불러온 조정의 변화

그날   영창대군 출생 이후에 조정 신하들도 파가 갈렸을 것 같아요.

계승범   그렇죠. 선조가 광해군을 미워했던 것은 조정 신료들에게도 다 알려진 사실인데, 영창대군이 태어나면서 대안이 생겼잖아요.

그러니 신료들도 눈치를 보는 거죠. 지금 어느 쪽에 줄을 서는 것이 더 유리할까? 이런 고민들을 하죠.

신병주 이때 선조의 마음을 가장 잘 읽은 인물이 유영경[3]이라는 사람이에요. 당시 유영경이 선조에 의해 영의정에 임명됐거든요. 그래서인지 유영경도 약간 오버를 합니다. 일례로 영창대군이 태어났을 때 백관들을 모두 불러서 하례를 하자고 주청해요. 이건 대개 원자나 원손이 태어났을 때 하는 의식이거든요. 하지만 당시에는 이미 광해군이 세자로 책봉되어 있었기 때문에 그냥 왕자 하나 태어났을 뿐인 거예요. 그런데도 유영경이 자꾸 분위기를 몰아가요. 물론 너무 번거롭다는 문제도 있고 해서 결국 실행되지는 않지만 이런 일들을 통해 선조의 마음이 영창대군에게 있음이 더 명확해집니다. 유영경은 그런 선조를 대변해 준 거죠. 그러다가 1607년에 선조의 건강이 급속도로 나빠집니다. 살날이 얼마 남지 않았다는 걸 감지한 선조가 유영경을 불러요. 광해군에게 왕위를 물려준다는 교서를 발표하게 하려고 말이죠. 그랬는데 유영경이 그런 사실을 비밀에 부칩니다.[†]

류근 왕의 교서를 공표하지 않고 비밀에 부친다는 건 어명을 어긴 거 아닌가요? 거의 반역인데요.

신병주 네, 반역이라고도 볼 수 있죠.

[†] "신이 삼가 도로에서 듣건대 지난 10월 13일에 상께서 전섭(傳攝)한다는 전교를 내리자 영의정 유영경이 마음속으로 원임 대신을 꺼려 다 내쫓아서 원임 대신들이 알지 못하게 하였고, 여러 번 방계(防啓)를 올리고 유독 시임 대신(時任大臣)과 공모하였으며 중전께서 언서(諺書)의 전지를 내리자 '금일 전교는 실로 여러 사람의 뜻 밖에 나온 거사이니 명령을 받지 못하겠다'고 즉시 임금께 답하고, 대간으로 하여금 알지 못하게 하고 정원과 사관으로 하여금 성지(聖旨)를 극비로 하여 전출(傳出)하지 못하게 하였다 하니, 영경은 무슨 음모와 흉계가 있어서 이토록 남들이 알지 못하게 하는 것입니까."
— 『선조실록』 41년(1608) 1월 18일

세자가 바뀔 가능성은?

최광희 유영경이 정치적 도박을 했군요. 노골적으로 세자인 광해군을 배척하고 영창대군을 지지한 건데, 어느 정도 가능성이 있으니 그런 게 아닐까요? 세자가 바뀔 가능성은 어느 정도였나요?

계승범 세자를 교체한다는 건 그리 만만한 일이 아니었어요. 이미 광해군을 세자로 책봉했는데, 추후에 적자가 태어났다고 해서 세자를 바꾼다는 건 말이 안 되죠. 일반 사대부가에서도 그런 일을 하면 계통을 무너뜨린다고 난리가 날 텐데, 나라에서 그렇게 한다면 문제가 심각해지죠.

이다지 양녕대군처럼 세자가 바뀌는 경우도 있기는 하잖아요. 물론 양녕대군은 부녀자를 겁탈한다든가 공부를 게을리 하는 등 폐세자 시킬 만한 빌미를 제공했지만요. 그런데 광해군은 16년이나 되는 세자 시절 동안 단 한 번도 책 잡힐 만한 일을 하지 않았다고 해요. 16년이면 굉장히 긴 시간이잖아요. 광해군은 그만큼 성격이 신중하고 치밀했던 것 같아요.

신병주 광해군은 자기 관리를 워낙 잘했죠.

이다지 서럽고 억울한 순간이 너무 많았잖아요. 광해군 그럴 때마다 화를 내고 감정을 표현하는 대신 마음을 꾹 눌러 담아 놓은 게 아닐까 싶어요.

류근 너무 참으면 암 걸린다고 하잖아요. 괜히 광해군의 건강이 걱정되네요. 그런데 이런 사람들이 정말 무서워요. 평소에 화 안 내다가 한 번 화내면 진짜 무섭잖아요. 광해군이 딱 그런 성격인 것 같아요.

유영경 왕의 전교를 숨기다

그날 왕의 전교를 숨겼던 유영경은 결국 어떤 처벌을 받나요?

신병주　당시 유영경을 탄핵해야 한다는 주장도 있었지만 담당 사관을 처벌하는 선에서 그쳤어요. 선조의 총애가 워낙 컸기 때문에 유영경은 처벌받지 않고 빠져나간 거죠.

그날　그때부터 몸통은 빠져나가고 깃털만 당하는 일이 있었네요.

계승범　본래 이런 일이 생기면 조정에서 언론을 주관하던 대간들이 들고 일어나야 하는데, 당시 대간들이 전부 유영경 일파였어요. 그래서 별다른 반론 없이 잠잠했던 거죠.

그날　아버지도 등을 돌리고 신하들마저 반역에 가까운 행위를 하고, 광해군 입장에선 정말 사면초가나 다름없는 상황이었는데 그걸 어떻게 버텼을까요?

광해군의 남자 정인홍

신병주　바로 이때, 요즘 말로 '미스터 쓴소리'라고 할 만한 인물이 등장해요. 조선을 대표하는 선비 남명 조식의 수제자이자 임진왜란 때 활약한 의병장이었던 정인홍[4]이 바로 그 주인공이에요. 원칙과 소신을 지키기로 유명한 정인홍이 나서서 유영경 탄핵을 주청하는 상소를 올리죠.

그날　상소 내용을 좀 볼까요?

신병주　"전위하고 섭정하여 국가의 근본을 안정시켜 임금의 건강이 완쾌되는 경사를 빨리 부르는 것이 조정 신하들의 뜻이고, 온 지방 백성들의 뜻입니다."†

그날　저게 뭔 뜻이에요? 그만두라는 건가요?

신병주　전위, 즉 왕위를 광해군에게 물려주라는 거죠. 또 여기서 유영경의 탄핵을 주장합니다. "전하의 부자(父子)를 해치는 자도 영경이고, 전하의 종묘와 사직을 망치는 자도 영경이며, 전하의 나라와 백성을 해치는 자 또한 영경입니다." 당시 최고의 권력 실세

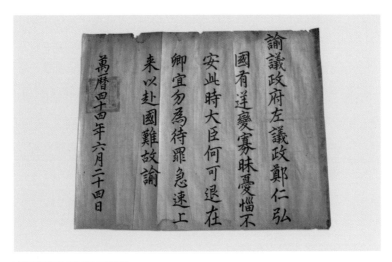

광해군이 정인홍에게 내린 유지(諭旨)

였던 유영경을 대놓고 비판한 아주 강력한 상소문이었죠.

최광희　대놓고 왕에게 물러나라고 얘기하는 건 죽음을 각오했다고 봐야되겠죠?

그날　선조가 많이 노여워했겠네요. 왕 입장에서 보면 이건 굉장한 불충이잖아요. 선조의 반응이 어땠나요?

계승범　물론 선조가 엄청나게 진노합니다. 선조의 성격 문제를 넘어서이런 상소를 접한 국왕이라면 누구라도 크게 노해서 정인홍을 처벌하자고 했을 거예요. 유영경도 한 닷새 후에 '저를 탄핵하는 글이 올라왔으니 이제 그만 두겠습니다'라고 해요. 그러니까 선조가 '경은 그럴 필요가 없다. 경은 모함을 받은 것이다.'[‡] 이렇게 말합니다. 이로써 선조의 의중이 분명해지니까 유영경 일파인 대간들이 들고 일어나서 정인홍을 탄핵하고 결국 정인홍은 귀양을 가게 됩니다.

이다지　안 그래도 위태로웠던 광해군의 입장이 이 상소로 더 난처해지게 됐어요. 이후에는 광해군이 문안을 와도 선조가 문전박대 했다고 해요. 그러면서 '너는 명나라에서 승인도 못 받았으니 세자가 아니다. 전쟁 때는 임시로 봉한 것이니 다시는 여기에 오지 마라' 이렇게 말한 거예요. 이 말이 너무 상처가 돼서 광해군이 피까지 토했다고 해요.

신병주 황당한 거죠. 세자 자격증 가지고 오라 이거죠.

그날 정인홍이 구회 말 구원 투수인줄 알았는데, 포볼을 던진 거예요. 광해군 입장에서는 얼마나 불안했겠어요. 심정적으로는 정인홍이 고마웠을지도 모르지만 현실적으로는 엄청난 위기를 초래한 거 아닙니까. 오히려 좀 원망스러웠을 것 같아요.

† 만약 온 나라 사람들이 원치 않는 것이라고 하였다면, 혹 전위하고 혹 섭정하여 인심을 결집시키고 국가의 근본을 안정시켜 임금의 건강이 완쾌되는 경사를 빨리 부르는 것은 조정 신하들의 뜻이고 서울 남녀들의 뜻이며 온 지방 백성들의 뜻인데, 혈기 있는 모든 사람들의 같은 뜻을 여러 사람의 뜻이 아니라고 한 것이니 이는 현저하게 무군(無君)의 마음이 있어 감히 합조(盍朝)의 울음을 자행하는 것입니다."
— 「선조실록」 41년(1608) 1월 18일

‡ "정인홍의 상소를 보니 극히 흉악하나 다만 이해하지 못하겠다. 내가 심병이 있어 똑바로 보지 못하고 슬쩍 보아 넘겼을 뿐이다. 그중에 나에게 관계된 말이 있었으나 또한 말한 까닭을 모르겠으니 더욱 음흉하다. 인홍이 이유 없이 임금의 마음을 동요시키고 영상을 모함하였으니, 여러 소인 중에 영상을 모함하려는 자가 유언비어를 조작하여 남쪽 지방에 전파시킨 것을 인홍이 주워 모아 이 상소를 한 것인가. 그 말을 비록 따질 만한 것이 못되지만 무사(無事)한 중에 일을 만들어 내어 지친 간에 부득불 이로 인하여 의심하고 틈이 생겨 조정이 혹 조용하지 못하면 큰 불행이다. 스스로 반성하여 떳떳하면 비록 천만 명이 떠들더라도 어찌 혐의할 것이 있겠는가. 또 전교한 일은 원래 다만 삼공에게 전하게 한 것이고 범연히 대신에게 전한 것이 아니다. 저 떠드는 자가 과연 어떤 사람인가. 경은 안심하고 출사하고 개의치 말라" 하였다.
— 「선조실록」 41년(1608) 1월 21일

선조의 갑작스러운 죽음과 광해군의 즉위

1608년(선조 41) 2월 1일 점심 무렵,
며칠 사이 병세가 나아진 선조에게 별식이 올라온다.
바로 약밥이었다.

그로부터 몇 시간 후,
갑자기 상태가 나빠진 선조는 혼수상태에 빠졌고,
회복하지 못한 채 숨을 거둔다.

선조가 승하한 바로 다음 날,
인목왕후는 서둘러 광해군을 즉위시킨다.

천신만고 끝에 오른 왕위,
이제 광해의 세상이 열린 것이다.

타이밍의 승리, 왕이 된 광해군

그날　광해군은 세자도 왕도 정말 극적으로 되네요.

이다지　학생들한테 얘기해 주면 '에이, 거짓말하지 마세요' 이렇게 얘기
할 것 같아요. 계속 산 넘어 산 넘어 산, 그러다가 '어, 돌아가셨
네' 이렇게 되니까요.

류근　드라마예요, 드라마. 그런데 정말 왕은 하늘이 만든다는 게 맞는
것 같아요. 이분은 세자 책봉도 전쟁 때문에 됐잖아요.

최광희　타이밍의 승리인 것 같은데, 약밥에 독약이라도 넣은 거 아닐까요?

신병주　실제로 반정으로 광해군을 몰아낸 서인 세력이 선조가 독살되었
을 가능성을 제기해요. 그래서 진상 조사 같은 걸 하는데 혐의를
밝혀내지 못합니다. 그러므로 선조는 오랫동안 앓던 병환 때문
에 돌아가신 것으로 봐야 할 것 같아요.

류근　그러네요. 서인 쪽에서 작은 꼬투리라도 잡았으면 선조 독살이
기정사실화 되었을 텐데 말이죠. 서인이 혐의를 입증하지 못했
다면 사실이 아닌 거죠.

최광희　그리고 또 한 가지 의외인 건 인목왕후의 행동이에요. 인목왕후
는 광해군의 정적인 영창대군의 어머니잖아요. 그런데 선조가
승하하자마자 바로 광해군에게 왕위를 넘겨 준단 말예요.

이다지　가능한 빨리 광해군에게 왕위를 넘기는 게 당시 인목왕후가 할
수 있는 최선의 선택이었을 거예요. 광해군의 왕위 계승이 기정
사실화 된 상황에서 괜히 미적거리면 아들인 영창대군만 더 밉
보이잖아요.

신병주　맞습니다. 이때는 인목왕후도 광해군의 즉위를 받아들일 수밖에
없었어요. 선조가 이미 유교(遺敎)로 광해군이 왕위를 잇도록 명
을 내렸거든요.† 이 처분을 번복할 수는 없는 상황이었고, 인목왕
후 입장에서도 영창대군을 확실하게 보호해 줄 사람은 광해군밖

에 없다고 믿은 거죠.

† 왕이 대정에서 네 번 절한 뒤에 동계(東階)로 올라가서 유교를 받았는데, 유교의 내용에, "내가 부덕한 몸으로 오랫동안 큰 기업을 맡아 오면서 온갖 험난한 일을 두루 겪었으므로 항상 환란을 걱정하는 조심스런 마음을 지녀 왔다. 이제 말명(末命)으로 부탁하는 것은 대점(大漸)의 조짐이 가까워졌기 때문이다. 생각건대 너는 인효(仁孝)한 자품을 타고 났기 때문에 나의 신민들의 기대를 한몸에 모으고 있으니 이는 실로 국가의 경사인 것으로 내가 다시 무슨 걱정할 것이 있겠는가. 본조(本朝)를 섬김에 있어서는 네가 정성을 다하여 주야로 게을리하지 않기 바라며, 동기를 사랑함에 있어서는 내가 살아 있을 때처럼 하여 시종 혹시라도 간격이 없게 하라. 외적의 침입에 대처할 방도를 더욱 공고하게 하고 사대하는 예절을 다시 극진히 하라. 이는 종묘사직을 위한 원대한 계책이니 어찌 부자 사이의 깊은 정 때문에만 하는 말이겠는가. 하늘은 환히 드러내기 마련이니 반드시 경명(景命)을 내리는 보답을 저버리지 않을 것이고, 백성들 또한 노고가 극심했으니 이럴 때에 조금 편안하게 해 주어야 한다. 나의 지극한 마음을 깊이 유념하여 네가 덕을 배양하도록 힘쓸 것을 면려한다" 하였다.
— 『광해군일기』 즉위년(1608) 2월 2일

광해군 복수를 시작하다

류근 그런데 보통 왕이 승하하고 다음 왕이 이렇게 바로 즉위하지는 않잖아요.

계승범 왕위 계승의 정통성이 약하거나 정치적인 문제가 있는 경우에는 빨리 즉위하는 경우도 있어요. 광해군도 상황이 상황인지라 선조가 승하한 다음 날 바로 즉위를 하죠.

류근 이것도 운명이겠죠. 세자 책봉식도 속전속결, 왕위 즉위식도 속전속결.

그날 이야기 흐름상 지금 제일 떨고 있을 사람이 누구인 것 같아요? 당연히 유영경이죠. 유영경은 어떤 반응을 보였나요?

신병주 당시 상황을 보면 유영경은 분명 노련한 정치인이었던 것 같아요. 유영경은 한때 영창대군에게 올인했었지만 이제 정국이 광해군 쪽으로 확 바뀌었거든요. 선조가 죽고 신하들이 광해군의 즉위를 주청하죠. 물론 광해군은 '아버지가 돌아가셨는데 내가 어떻게 바로 용상에 오를 수 있겠느냐?' 하면서 신하들의 주청을 거절합니다. 이 과정에서 대부분의 신하들이 한마디씩 할 때, 유영경은 네 번이나 청했다는 기록이 있어요.[†]

류근   그 즈음에는 연세도 제법 드셨을 텐데, 정말 발 빠르게 줄을 바꿔 서네요. 저런 민첩성과 순발력은 좀 본받아야 됩니다.

그날   그걸 보는 광해군의 심정도 참 복잡했겠어요. 싫은 내색을 할 수도 없고. 어떤 표정을 지었을까요?

최광희   인간에 대한 환멸 같은 걸 느끼지 않았을까요?

류근   일단 광해군이 권력을 잡았잖아요. 모래시계 하나 세워 놓고 그 끝을 바라보는 심정이 아니었을까 싶어요. 요즘 하는 말로 '그래 봤자 아이고 의미 없다' 그러지 않았을까 싶습니다.

그날   유영경의 끝은 어떻게 마무리되죠?

계승범   광해군은 비록 고생 끝에 왕위에 올랐지만 유교적인 군주에게 기대되는 것에서 크게 벗어나지 않습니다. 이를 테면 이런 거죠. '부왕의 총애를 받던 총신인데 어떻게 즉위하자마자 제거하겠는가?' 하지만 내심 하루빨리 유영경을 처벌하라는 중론이 들끓기를 바라죠. 실제로 유영경은 얼마 못 가 삭탈관직 당하고 경흥에 유배까지 돼요. 유영경이 거기서 자결을 하는데 사실상 처형 당한 거나 다름없죠.

신병주   반면 끝까지 광해군을 지켜 주었던 정인홍은 광해군으로부터 파격적인 대우를 받습니다. 선조가 급사하면서 정인홍의 유배는 결과적으로 훈장이 됐죠. 그래서 정인홍은 광해군 즉위 후 화려하게 정계에 복귀합니다. 이때 정인홍의 나이가 74세였어요. 굉장한 노령이었음에도 불구하고 광해군은 정인홍을 항상 곁에 둡니다. 이후 정인홍은 왕의 남자로 정계와 학계의 중심이 되고요.

류근   요즘 말로 따지면 실세 내지 배후인 거네요.

신병주   네, 그래서 1623년 인조반정이 일어났을 때 가장 먼저 처형을 당한 사람도 정인홍이에요. 이때 정인홍의 나이가 이미 89세였는데도 말이죠.

그날   왕위 계승과 관련해서 대놓고 특정인을 지지한다는 건 굉장히 위험한 일이에요. 목숨이 왔다 갔다 하는 거거든요.

> † 유영경이 들어와서 아뢰기를, "아뢰고자 하는 것이 있습니다." 하니, 왕이 이르기를, "해가 저물어가고 있으니 속히 행례하라" 하였다. (중략) 유영경이 아뢰기를, "정시(正始)하는 처음에 대례(大禮)가 제대로 모양을 이룰 수 없게 되었으므로 군정(群情)이 매우 안타까워하고 있습니다" 하니, 왕이 이르기를, "선왕께서 어좌에 오르지 않았던 것을 내가 분명히 알고 있다. 차마 어좌에 오르지 못하겠다" 하였다. (중략) 유영경이 아뢰기를, "군정이 매우 안타까워하고 있으니 삼가 힘써 따르시기 바랍니다" 하니, 왕이 이르기를, "조종조 때에도 어좌에 오르지 않은 분이 있었던 것을 뜰에 있는 원로 재신들은 반드시 알고 있을 것이다. 해가 이미 저물고 있으니 속히 행례하라" 하였다. (중략) 유영경이 네 번째 아뢰기를, "군정을 힘써 따르지 않을 수 없습니다" 하니, 왕이 이르기를, "나아가 속히 행례하라" 하니, 유영경이 아뢰기를, "군정이 매우 안타까워하고 있습니다. 삼가 바라건대 힘써 따르소서" 하니, 상이 이르기를, "여러 사람들의 말이 이와 같기 때문에 「죽기를 한하고 거절하려 했으나」 힘써 따르는 것이다."
> ―『광해군일기』 즉위년(1608) 2월 2일

첩첩산중, 상처뿐인 왕좌

그날   극적으로 용상에 앉게 된 광해군, 그때 심정이 어땠을까요? 아버지의 급사가 아니었으면 자기 목숨이 어떻게 됐을지 모를 만큼 위태로운 상황이었는데 말이죠.

최광희   16년 동안 세자 생활 하면서 밤마다 살생부를 만들지 않았을까 싶어요. 언제 그 살생부를 꺼내 들까? 이런 생각을 했겠죠.

이다지   그 16년 동안 모든 걸 기억하고 칼을 갈았던 거죠.

류근   인간적으로 '아, 살았다!' 하는 생각을 하지 않았을까요. 아버지의 죽음이 자기 생존과 직결되는 문제였으니까요.

계승범 어려서부터 경험했던 피해 의식, 상처 같은 것들이 계속 광해군을 따라다녔어요. 왕으로 즉위한 후에도 그 불안감을 완전히 떨치지 못했고요. 그동안 자기를 옥죄어 왔던 치명적인 약점들, 이를테면 적장자가 아니고 명 황제의 책봉에 받는데 실패했다는 점, 이 두 가지에 집착하는 모습을 보이죠.

신병주 광해군이 즉위할 무렵에는 임진왜란의 영향으로 나라 경제도 상당히 어려웠어요. 세종 때 약 170만 결 정도였던 토지가 이 무렵에는 60만 결 정도로 줄었다고 합니다. 거의 3분의 1 정도만 남은 거죠. 대외적으로도 광해군을 끊임없이 괴롭혔던 명의 존재가 그를 항상 긴장하게 했고, 또 후금이 신흥 강국으로 등장하면서 조선을 압박해 오고 있었죠. 어떻게 보면 광해군은 조선의 역대 왕 가운데 가장 어려운 시기에 왕위에 오른 왕이었다고 볼 수 있습니다.

류근 부도난 회사를 물려받은 후계자나 다름없네요.

신병주 그만큼 힘들게 왕위에 올랐기 때문에 왕위에 대한 집착도 강했을 거예요.

세자 광해, 왕위에 오르다

그날 눈물의 세자 시절을 보내고 왕위에 오른 광해군. 이 이야기를 영화로 만든다면 아마 이런 제목을 쓰지 않을까 싶어요. '세자 광해, 왕위에 오르다.' 그런데 여기 카피가 빠져 있어요. 최광희 평론가님께 가장 유리한 과제가 아닐까 싶은데요. 오늘의 소회로 영화 카피를 한 문장씩 만들어 주시기 바랍니다.

최광희 저는 16년간 세자 생활을 했던 광해군이 영화 「올드보이」의 주인공 오대수와 많이 닮았다는 생각을 했어요. 그래서 '조선판 올드보이, 칼을 간 남자'라고 썼습니다.

「세자 광해, 왕위에 오르다」

이다지 　즉위 과정이 워낙 힘들었잖아요. 그걸 보면서 '왕관을 쓰려는
　　　　자, 그 무게를 견뎌라' 하는 문구가 생각이 났어요. 광해군은 그
　　　　왕관의 무게를 견뎌 냈기 때문에 결국 왕이 될 수 있었던 거죠.
신병주 　광해군 심정이 딱 이랬을 것 같아요. '나도 좋은 아버지를 만나
　　　　고 싶다.'

1 조선통신사, 상반된 보고 하던 날

1 칼레 해전: 해양 패권을 장악하고 아메리카 식민지에서 부를 축적하던 스페인과 새로운 해양대국으로 떠오른 영국이 맞붙은 사건. 영국은 1588년에 벌어진 이 해전에서 유럽 최강으로 꼽히던 스페인의 무적함대를 격파하고 해상 제국으로 발돋움할 기반을 마련했다.

2 조선통신사(朝鮮通信使): 조선시대 조선 국왕의 명의로 일본의 막부 장군에게 보낸 공식적인 외교 사절. 1404년(태종 4) 조선과 일본 사이에 교린관계가 성립되자, 조선 국왕과 막부 장군은 외교적인 현안을 해결하기 위하여 서로 사절을 파견하였다. 이때 조선 국왕이 막부 장군에게 파견하는 사절을 통신사, 막부 장군이 조선 국왕에게 파견하는 사절을 일본국왕사(日本國王使)라고 하였다.

3 이십팔수체(二十八宿體): 각(角), 항(亢), 저(氐), 방(房), 심(心), 미(尾), 기(箕), 두(斗), 우(牛), 여(女), 허(虛), 위(危), 실(室), 벽(壁), 규(奎), 누(婁), 위(胃), 묘(昴), 필(畢), 자(觜), 삼(參), 정(井), 귀(鬼), 유(柳), 성(星), 장(張), 익(翼), 진(軫). 이상 이십팔수의 각 글자를 한 구에 한자씩 넣어 짓는 시를 말한다.

4 붕당정치(朋黨政治): 조선 시대에, 사림들이 붕당을 이루어 상호 비판하고 견제하면서 행하던 정치. 선조 때에 인사권을 가진 이조 전랑의 자리를 놓고 동인과 서인으로 갈라지면서 시작되어 노·소·남·북의 사색으로 나뉘는 등 조선 후기까지 계속되었다.

5 혼일강리역대국도지도(混一疆理歷代國都之圖): 조선 태종 2년(1402)에 김사형(金士衡) 등이 그린 지도. 현존하는 동양 최고(最古)의 세계 지도이다.

6 전국시대(戰國時代): 1467년 오닌(應仁)의 난을 계기로 시작되어 1573년 오다 노부나가

가 무로마치 막부를 완전히 멸망시킴으로써 100여 년 만에 막을 내렸다. 이 시대에 각지의 유력한 다이묘들은 전국 패권을 노리고 싸움을 지속했다.

7 이토 히로부미(1841~1909): 일본의 정치가. 막부 정권 타도에 앞장섰으며, 총리대신과 추밀원 의장을 지냈다. 주한 특파 대사로서 을사조약을 강제로 체결하였으며, 1905년에 초대 조선 통감으로서 우리나라 국권 강탈을 준비하던 중, 1909년에 하얼빈에서 안중근 의사에게 피살되었다.

8 관백(關白): 일본 막부에서 왕을 앞세워 실질적인 정권을 잡고 정무를 총괄하는 일본의 관직. 율령에는 규정되어 있지 않은 영외관(令外官)으로서, 메이지 유신 이전까지는 조정대신 중에서 사실상 최고 위직이었다.

9 오다 노부나가(1534~1582): 전국시대 말기에 활약한 무장. 각지의 유력한 다이묘들을 굴복시키며 일본 통일의 기반을 닦았으나 부하의 배신으로 목숨을 잃었다. 전투에 조총을 적극 활용하는 등 혁신적인 전술을 쓴 것으로 유명하다.

10 도쿠가와 이에야스(1543~1616): 일본 에도 막부의 초대 쇼군. 처음에 도요토미 히데요시의 밑에 있었으나 그가 죽은 뒤 도요토미 일족을 멸하고 전국(戰國)을 제패하여 에도 막부를 세웠다. 그가 개창한 에도 막부는 19세기 말까지 일본을 통치한다.

11 대동아공영권(大東亞共榮圈): 일본을 중심으로 함께 번영할 동아시아의 여러 민족과 그 거주 범위. 태평양 전쟁 당시 일본이 아시아 대륙에 대한 침략을 합리화하기 위하여 내건 정치 표어이다.

12 고니시 유키나가(?~1600): 일본의 무장. 임진왜란 때에 선봉장으로 조선에 출병하여 평

양까지 침공하였으며, 도요토미 히데요시가 죽은 뒤에 도쿠가와 이에야스와 싸우다 패하여 살해되었다.

13 서대문형무소: 1908년 일제에 의해 '경성감옥'이라는 이름으로 개소되어 1945년 해방까지 유관순, 김구 등 수많은 독립 운동가들이 투옥되거나 목숨을 잃은 곳이다. 해방 이후에도 1987년까지 서울구치소로 이용되면서 민주화 운동 관련 인사들이 수감되는 등 한국 근현대사의 굴곡을 안고 있는 상징적인 장소이다. 1987년 서울구치소가 경기도 의왕시로 이전하면서 과거의 아픔과 그 극복의 역사를 교훈으로 삼고자 1998년 서대문형무소 역사관으로 바뀌었다.

14 조총: 포르투갈 상인으로부터 수입하여 일본이 개량한 총기로, 임진왜란 당시 왜군의 주력무기였다. 이전의 총기보다 발사 속도가 빠르고 사정거리가 길어 하늘을 나는 새도 떨어뜨린다는 의미로 조총이라 불렀다.

15 초유사(招諭使): 난리가 일어났을 때, 백성을 타일러 경계하는 일을 맡아 하던 임시 벼슬.

16 조식(1501~1572): 이황과 함께 영남사림의 거두로 칭송받던 성리학자. 절의와 실천을 강조했다. 임진왜란 때 의병장 가운데 조식의 제자들이 특히 많았던 것도 이런 학풍과 관련 있는 것으로 평가받는다. 이황의 제자들이 주로 남인으로 분류된다면 그의 제자들은 대개 북인을 구성한다.

2 임진왜란 개전, 일본군 부산에 상륙하다

1 정발(1553~1592): 조선 중기의 무신. 자는 자고(子固), 호는 백운(白雲). 임진왜란 때 부산진첨사로 부산에 상륙한 일본군을 맞아 싸우다 전사하였다.

2 송상현(1551~1592): 조선 중기의 문신. 자는 덕구(德求), 호는 천곡(泉谷). 임진왜란 때 동래부사로서 남문(南門)에 올라가 싸움을 독려하다 순절하였다.

3 조복(朝服): 관원이 조정에 나아가 하례할 때에 입던 예복. 붉은빛의 비단으로 만들며, 소매가 넓고 깃이 곧다.

4 『임진동래유사(壬辰東萊遺事)』: 조선 후기 민정중(閔鼎重)이 부산 지역의 임진왜란에 관하여 쓴 책이다. 책은 크게 세 부분으로 나뉘는데 첫째는 임진왜란 당시의 부산진 전투와 동래성 전투의 상황에 대한 기록이고, 둘째는 동래부사로 재임할 당시 본인이 진행한 임진왜란 현창 사업에 대한 기록이며, 마지막 셋째는 이 책을 짓게 된 직접적인 경위에 대해 밝힌 부분이다.

5 진관(鎭管) 체제: 조선 전기의 지방 방위 체제. 중요한 지역을 거진(巨鎭)으로 하고 주변의 여러 진을 거진에 속하도록 하여 지휘한다.

6 을묘왜변(乙卯倭變): 조선 명종 10년(1555)에 왜구가 전라도 남쪽 지방에 침입한 사건. 삼포왜란 이후 조선이 왜구에 대한 무역 통제를 강화하자 당시 일본의 서부 지방에 살던 연해민들이 60여 척의 배를 이끌고 전라남도 강진과 진도 일대에 침입해 약탈과 노략질을 자행했다. 이에 조정에서는 이준경, 김경석 등을 방어사로 임명하여 영암에서 적을 물리쳤다. 이 사건을 계기로 비변사가 상설 기구가 되었다.

7 제승방략(制勝方略) 체제: 유사시에 각 고을의 수령이 그 지방에 소속된 군사를 이끌고 본진을 떠나 배정된 방어 지역으로 가는 분군법(分軍法). 적의 침입에 맞서 각 지역의 군사를 요충지에 집결시킨 다음 중앙에서 파견한 장수가 이를 통솔토록 하는 방법으로 국지전에는 효과를 발휘하였으나 본진이 무너

지면 그 후방은 모두 적에게 노출되는 불리함을 가지고 있었다. 임진왜란 초기 패전의 원인이 되어 이후 폐지되었다.

8 봉수(烽燧) 제도: 고려·조선 시대에, 밤에는 횃불, 낮에는 연기를 올려 변방 지역에서 발생하는 병란이나 사변을 중앙에 알리던 통신 제도.

9 우륵: 신라의 가야금 명인. 대가야 가실왕 때 「상가야(上伽倻)」와 「하가야(下伽倻)」 등 12곡을 지었다. 본디 가야 사람이나 551년 신라에 귀화하였다.

10 신립(1546~1592): 조선 선조 때의 무장. 자는 입지(立之). 여진족 니탕개 등을 소탕하고 중추부동지사, 한성부 판윤을 지냈다. 임진왜란 때 충주 탄금대 전투에서 왜군을 막다가 전사하였다.

11 배수진(背水陣): 강이나 바다를 등지고 치는 진. 중국 한(漢)나라의 한신이 강을 등지고 진을 쳐서 병사들이 물러서지 못하고 힘을 다하여 싸우도록 하여 조(趙)나라의 군사를 물리쳤다는 데서 유래했다.

12 편전(片箭): 시위와 촉 사이의 길이가 짧은 화살. 아기살이라고도 불리는 이 화살을 쏘기 위해서는 대나무를 반으로 쪼갠 형태의 통아라는 기구를 이용한다. 통아는 일종의 총렬로 에너지를 집중시키고 궤도를 안정시켜 편전의 정확성을 높인다. 편전은 일반 화살보다 사거리가 길고 살상력이 뛰어난 것이 특징이다.

13 「신기비결(神器祕訣)」: 조선 선조 36년(1603)에, 함경도 순찰사이던 한효순이 편찬한 병서. 각종 화약 무기의 제작 및 사용법과 고금의 여러 병가(兵家)의 핵심을 모아 수록하였다.

14 다이묘(大名): 일본 헤이안(平安) 시대 말기에서 중세에 걸쳐 많은 영지(領地)를 가졌던 봉건 영주. 무사 계급으로서 그 지방의 행정권, 사법권, 징세권을 가졌으며 군사 사무도 관할하였다.

15 사초(史草): 조선 시대에 사관(史官)이 기록하여 둔 역사 기록의 초고. 사초를 바탕으로 『실록(實錄)』을 편찬한다.

16 남별궁(南別宮): 지금의 서울 중구 소공동 조선 호텔 자리에 두었던 조선 시대의 별궁. 선조 때 의안군(義安君) 성(珹)의 신궁으로서 1593년에 명나라 장군 이여송이 주둔한 이래로 중국 사신이 머무는 곳으로 쓰였다.

17 분조(分朝): 조정을 나눈다는 뜻으로 임진왜란 때, 선조가 본조정(本朝廷)과 별도로 임시로 설치한 조정을 말한다. 선조가 의주 방면으로 피난하면서 세자 광해군을 따로 함경도로 피란시킬 때, 선조가 있던 의주의 행재소와 구분하여 세자가 있던 곳을 이르는 말이기도 하다.

3 조선의 반격, 바다로부터 시작되다

1 격군(格軍): 조선 시대에 사공(沙工)의 일을 돕던 수부(水夫).

2 이억기(1561~1597): 조선 선조 때의 무신. 본관은 전주(全州)이며 자는 경수(景受). 경흥·온성부사를 역임하며 북방 경비에 만전을 기했고, 임진왜란 때에는 이순신을 도와 옥포, 당항포 등의 해전에서 크게 승리하였다. 정유재란 때 원균 휘하의 좌익군을 지휘하여 용전하다가 칠천량 전투에서 원균과 함께 전사하였다.

3 정운(1543~1592): 조선 선조 때의 무신. 본관은 하동(河東)이고, 자는 창진(昌辰)이다.

1591년 녹도만호(鹿島萬戶)로 부임했다. 이듬해 임진왜란이 일어나자 이순신의 선봉장이 되어 옥포, 당항포, 한산도 등의 해전에서 큰 전과를 올렸으나, 그해 9월 부산포 해전에서 전사하였다.

4 근왕병(勤王兵): 임금이나 왕실을 위하여 충성을 다하는 군인.

5 나대용(1556~1612): 조선 선조 때의 수군 장군. 자는 시망(時望)이고 호는 체암(遞菴)이며 전라도 나주 출신으로 본관은 금성(錦城)이다. 거북선의 건조와 병기류 제조 책임자로, 충무공 이순신과 함께 임진왜란 때 큰 공을 세웠다.

6 판옥선: 조선 명종 10년(1555)에 개발된 전투선. 조선 수군의 주력선으로 사용되었으며, 갑판 위에 있는 '판옥'이라는 구조물로 인해 판옥선이라는 이름이 붙었다. 노를 젓는 노꾼은 1층에 전투원은 2층에 배치되었다.

7 백병전(白兵戰): 칼이나 창, 총검 따위와 같은 무기를 가지고 적과 직접 몸으로 맞붙어서 싸우는 전투.

8 아타케부네(安宅船): 임진왜란 당시 일본 수군의 주력함. 안택형선(安宅型船) 또는 장선(將船)이라고도 한다. 배의 앞부분(이물)이 견고한 구조로 되어 있으며, 상갑판 위는 2층으로 되어 있다. 그 한가운데 누각이라는 사령탑이 있는데, 순판이라는 두꺼운 방패 널판으로 상갑판 위에서부터 상부의 뱃집 구조물 둘레를 대었다.

9 세키부네(関船): 일본 전국시대에서 에도시대에 걸쳐 사용된 군함 중 하나. 아타케부네에 비해 공격력이나 방어력은 열악하지만, 회전이 좋고, 속도가 나기 때문에 기동력이 우수했다.

10 총통(銃筒): 조선 시대의 화포로 화약의 폭발력을 이용해 포탄이나 대형 화살 등을 발사하는 무기. 화전(火箭), 화통(火筒), 화포(火砲) 따위를 통틀어서 이르는 말이다.

11 루이스 프로이스(1532~1597): 포르투갈 출신의 예수회 선교사. 임진왜란 시기 일본에서 활동했으며 대항해시대 초기 극동의 역사와 문화, 정치, 사회 등을 유럽에 소개했다. 그가 저술한 『일본사』에는 예수회 신부들의 일본 포교사를 포함하여 전국시대 정치적 혼란과 도요토미 히데요시의 권력 쟁취 과정 등이 실감나게 묘사되어 있다.

12 가부키(歌舞伎): 음악과 무용의 요소를 포함하는 일본 전통극. 고유한 무대에서 양식화된 연기를 보여 주는 대중적 극 양식으로, 에도 시대에 집대성하였다.

13 모쿠소: 김시민의 직책인 목사를 일본 발음으로 읽은 뒤, 다시 비슷한 음의 일본 한자로 표기한 것.

14 곽재우(1552~1617): 조선 중기의 의병장. 자는 계수(季綏), 호는 망우당(忘憂堂). 전장에 나설 때마다 붉은 옷을 입고 싸워 홍의장군이라고도 불렸다. 임진왜란 때 의령(宜寧)에서 의병을 일으켜 큰 공을 세웠고, 정유재란 때 다시 의병장으로 출전하였다. 그 뒤 진주목사, 함경도 관찰사 따위를 지냈다.

15 이치 전투: 1592년 7월 권율 등이 충남 금산의 이치에서 일본군을 막아낸 전투.

16 조헌(1544~1592): 조선 선조 때의 문신이자 의병장. 자는 여식(汝式)이고 호는 중봉(重峯), 도원(陶原), 후율(後栗)이다. 이이의 문인으로 기발이승 일도설(氣發理乘一途說)을 지지하여 스승의 학문을 계승하고 발전시켰다. 임진왜란 때 옥천, 홍성 등지에서 의병을 일으켜 활약하였으나 금산에서 700명의 의

병과 함께 전사하였다. 저서에 『중봉집』이 있으며, 『청구영언』에 시조 세 수가 전한다.

17 류근(1549~1627): 조선 중기의 문신. 자는 회부(晦夫)이고 호는 서경(西坰)이다. 1578년 문장으로 겐소(玄蘇)라는 일본 승려를 놀라게 했고, 임진왜란과 정유재란 때 임금을 모신 공으로 부원군이 되었으며, 벼슬은 대제학과 좌찬성에 올랐다. 저서에 『서경집』이 있다.

18 이여송(?~1598): 중국 명나라의 무장. 자는 자무(子茂). 호는 앙성(仰城). 임진왜란 때에 병사 4만을 이끌고 우리나라를 도우러 와서 고니시 유키나가 군을 무찔렀으나, 벽제관 싸움에서 고바야카와 다카카게에게 크게 패하였다.

19 척계광: 중국 명 말기의 장수. 자는 원경(元敬)이고, 호는 남당(南塘), 맹제(孟諸)이며, 시호(諡號)는 무의(武毅)이다. 왜구의 침입을 물리치는 데 큰 공을 세웠으며, 『기효신서(紀效新書)』 등의 병서를 남겼다.

20 논개(?~1593): 조선 선조 때의 의기(義妓). 진주의 관기로, 임진왜란 때에 진주성이 함락되자 촉석루의 술자리에서 당시 왜장이었던 게야무라 후미스케를 껴안고 남강에 빠져 죽었다.

4 정유재란, 일본군 조선을 다시 침략하다

1 가토 기요마사(1562~1611): 일본의 무장. 도요토미 히데요시 막하에서 무사로 전공을 세우고 영주가 되었다. 임진왜란 때 일본군의 동군을 이끌고 함경도까지 진격하여 선조의 두 왕자인 임해군과 순화군을 사로잡았다. 그러나 함께 출병한 왜군 장수 고니시 유키나가와 의견이 맞지 않아 내분을 겪었으며, 명과 일본의 강화 교섭에 반대하여 전쟁을

계속하자는 주장을 펼치다가 도요토미의 노여움을 사 1596년 본국으로 소환당했다. 이후 도쿠가와 이에야스와 손잡고 세키가하라 전투에서 반대 세력을 격파하고, 도쿠가와가 정권을 잡는 데 기여했다.

2 정탁(1526~1605): 조선 선조 때의 문신. 자는 자정(子精)이고 호는 약포(藥圃), 백곡(栢谷)이다. 좌의정을 지냈으며, 임진왜란 때 왕을 호종한 공으로 서원 부원군에 봉해졌다. 저서에 『약포집』, 『용만문견록』 등이 있다.

3 백의종군(白衣從軍): 벼슬 없이 군대를 따라 싸움터로 가는 것을 말한다.

4 방계승통(傍系承統): 왕실에서는 왕과 정실 왕비 사이에서 태어난 왕자를 직계로 보고, 후궁에게서 난 자식을 '방계'라고 하였는데, 그 방계 자손이 왕위를 잇는 것을 말한다.

5 선위(禪位): 살아있는 왕이 후계자에게 왕위를 물려주는 일로 양위(讓位)라고도 한다. 보통 같은 왕조에서 아버지가 아들에게 왕위를 물려주고 자신은 상왕 또는 상황으로 물러나 있는 것을 말하는데, 중국에서는 아들 대신 혈통이 다른 인물에게 왕위를 물려주는 것을 선양(禪讓)이라고 하여 유교적 이상향의 하나로 여겼다. 선양 역시 선위의 일종이다.

6 심수관(沈壽官): 일본의 한국계 도예가. 임진왜란 때 일본에 끌려와 사쓰마도기를 만든 심당길의 14대손이다. 심수관가는 한국 성을 고집하며 400여 년간 가업을 계승하고 있다.

7 피로인(被虜人): 임진왜란 당시 일본군에 의해 일본으로 끌려간 조선인 민간인들을 부르는 말. 조선에서는 전쟁 중에 사로잡힌 사람이라는 뜻으로 이들을 피로(被虜), 피로조선인(被虜朝鮮人), 부로(俘虜), 부인(俘人)으로 부른 반면, 일본에서는 전쟁에 참가한 군인을 지칭하는 이케도리(生け捕り), 포로(捕虜)

등의 용어를 사용했다. 전쟁 중에 일본군에 끌려간 민간인의 경우는 피로인(被虜人)이라고 부르는 것이 타당하다.

8 페테르 파울 루벤스(1577~1640): 플랑드르의 화가. 바로크 미술의 대표적 작가로, 대담한 명암 표현과 생동적이고 관능적인 표현에 능하였다. 작품에 「야경꾼」, 「마리 드 메디시스의 생애」, 「베누스의 화장」, 「비너스와 아도니스」 따위가 있다.

9 『지봉유설(芝峯類說)』: 조선 중기의 학자 이수광이 광해군 6년(1614)에 간행한 책. 우리나라 최초의 백과사전적인 저술로, 천문, 지리, 병정, 관직 따위의 25부문 3435항목을 고서(古書)에서 뽑아 풀이하였다.

10 비변사(備邊司): 조선 시대에, 군국의 사무를 맡아보던 관아. 중종 때 삼포 왜란의 대책으로 설치한 뒤, 전시에만 두었다가 명종 10년(1555)에 상설 기관이 되었으며, 임진왜란 이후에는 의정부를 대신하여 정치의 중추 기관이 되었다.

11 『이충무공전서(李忠武公全書)』: 정조 19년(1795)에 왕명에 따라 윤행임이 편집, 간행한 충무공 이순신의 전집. 교유(敎諭), 도설(圖說), 세보(世譜), 연표(年表), 시(詩), 잡저(雜著), 장계(狀啓), 난중일기, 부록 따위가 실려 있고, 책머리에는 정조의 윤음(綸音)이 실려 있다.

5 류성룡, 이순신을 전라좌수사로 천거한 날

1 『근사록』: 중국 송나라 때 주자와 제자인 여조겸이 함께 집필한 성리학 입문서. '북송의 네 선생'이라 불리는 주돈이, 정호·정이 형제, 장재의 이야기들을 주제별로 분류 편찬한 선집(選集)이다.

2 도체찰사(都體察使): 국가비상시 왕의 명을 받아서 할당된 지역의 군정과 민정을 총괄하여 다스렸다. 보통 1개 이상의 도(道)를 관할하였고, 종사관이 휘하에 있었다. 의정이 겸임하였다.

3 도제조(都提調): 조선 시대에, 승문원, 봉상시, 사역원, 훈련도감 따위의 으뜸 벼슬. 정승이 겸임하거나 정승을 지낸 사람을 임명하였으나 실무를 보지는 않고 주로 자문을 맡았다.

4 양인개병(良人皆兵): 조선시대 군사 조직의 원칙. 16세 이상 60세에 이르는 양인 장정들은 누구나 군역을 부담하여 현역 군인인 정병(正兵)이 되거나 군인의 비용을 충당하는 보인(保人)이 되어야 했다. 이에 따라 노비는 군역의 의무를 지지 않았으나 필요에 따라 특수군으로 편제되기도 했다.

5 행장(行狀): 한문 문체의 하나. 죽은 사람의 문생이나 친구, 옛 동료, 아들 등이 죽은 사람의 행실을 간명하게 서술한 글이다. 후일 사관(史官)들이 역사를 편찬하는 사료로 쓰거나 죽은 사람의 명문(銘文)이나 전기 등을 제작하는 데 자료로 제공하려는 것이 주목적이다.

6 공물작미법(貢物作米法): 백성들에게 쌀로 공납을 받아 공물을 마련하는 제도.

7 진회(1090~1155): 중국 남송 초기의 정치가. 자는 회지(會之)이다. 악비를 죽이고 주전파(主戰派)를 탄압하면서 금과 굴욕적인 화약을 맺어 간신으로 평가된다.

8 호성공신(扈聖功臣): 임진왜란 때 선조를 모시고 의주까지 호위하여 따랐던 공으로 이항복 등 여든여섯 사람에게 내린 훈호(勳號).

6 동아시아 베스트셀러 『징비록』

1 『간양록(看羊錄)』: 정유재란 때 일본군의 포로가 되었던 강항(姜沆)이 일본에서 보고 들은 것들을 모은 기록. 일본의 풍속, 지리, 인문, 군사 정세뿐 아니라 적국에서 당한 포로들의 참상과 전란에 대비해야 할 국내 정책까지 언급하고 있다. 현종 9년(1668)에 간행되었다.

2 『해사록(海槎錄)』: 1590년 문신 김성일이 통신부사로 일본을 다녀와 기록한 사행록(使行錄).

3 『에혼다이코키』: 임진왜란을 일으킨 도요토미 히데요시의 일대기를 그림으로 기록한 장편 역사 소설로 도요토미 히데요시와 임진왜란에 대한 일본인들의 이미지를 결정지었다는 평가를 받는다. 18세기 말부터 19세기 초까지 일본에서 크게 인기를 끌었다.

4 사천성 전투: 정유재란 때인 1598년(선조 3) 9월 19일부터 10월 1일까지 경상남도 사천성에서 조명연합군과 왜군 사이에 벌어진 전투. 시마즈 요시히로가 인솔하는 군사 7000명이 약 4만 명의 조명연합군과 싸워 승리했기 때문에 일본에서는 이 전투를 벽제관 전투, 울산성 전투와 더불어 임진왜란 3대 전투 중 하나로 꼽는다.

5 호준포(虎蹲砲): 명나라 척계광 장군이 왜구와 싸울 때 조총에 대항하기 위해 만든 소형 대포. 앞부분의 다리 두개에 포신이 끼어 있는 모습이 호랑이가 앉아 있는 모습과 닮았다고 하여 호준포라는 이름이 붙었다. 작고 가벼우면서도 사정거리가 길다는 장점이 있다.

6 등패(藤牌): 등나무의 줄기를 심으로 하고 대나무 껍질을 얽어서 불룩하게 만든 둥근 방패. 한복판에는 귀면(鬼面)을 붙이고 안쪽에는 등나무로 만든 손잡이를 달았다.

7 낭선(狼筅): 가지를 자르지 않고 남긴 대나무를 손잡이로 사용하는 병기이다. 전체 길이는 약 460센티미터 정도이고 끝부분에는 적을 찌르기 위해 철로 된 예리한 날을 부착했다. 자르지 않고 남겨 둔 가지 덕분에 방어 효과가 높다.

8 당파(鐺鈀): 날이 셋 달린 짧은 창. 삼지창이라고도 불린다. 본래 중국 남부 지방의 농민들이 사용하던 쇠스랑에서 비롯된 무기로, 주로 화전(火箭)의 발사대로 이용되었다. 세 갈래로 나뉜 창날이 미숙한 농민 출신 병사들이 왜구의 칼을 방어하거나 빠른 속도로 달려오는 북방 기마병을 정확히 공격하는 데 효과적임이 밝혀지면서 독자적인 공격 무기로 사용되기 시작했다.

9 조목(1524~1606): 조선 중기의 학자. 자는 사경(士敬)이고 호는 월천(月川), 동고(東皐)이다. 문장과 글씨에 뛰어났다. 김성일, 류성룡과 함께 퇴계 이황의 수제자로 꼽힌다. 저서에 『월천집(月川集)』, 『곤지잡록(困知雜錄)』이 있다.

7 광해군 세자 책봉 되던 날

1 내명부(內命婦): 조선 시대에, 궁중에서 품계를 받은 여인을 통틀어 이르는 말. 빈(嬪), 귀인(貴人), 소의(昭儀), 숙의(淑儀), 소용(昭容), 숙용(淑容), 소원(昭媛), 숙원(淑媛), 상궁 등이 여기에 속한다.

2 정명공주(1603~1685): 선조의 첫째 딸로 어머니는 선조의 계비인 인목왕후이다. 광해군이 즉위하여 영창대군을 역모죄로 사사하고 인목왕후를 폐출시켜 서궁에 감금할 때, 공주도 폐서인(廢庶人)되어 서궁에 감금되었다가 인조반정으로 인조가 즉위하면서 공주로

복권되었다.

---

3 유영경(1550~1608): 조선 선조 때의 문신.
   자는 선여(善餘), 호는 춘호(春湖)이다. 과거
   에 급제하여 여러 벼슬을 지냈고, 북인이 대
   소로 분당될 때 소북의 영수가 되었으며, 선
   조 말 광해군 대신 영창대군을 옹립하려다가
   대북 일파의 탄핵으로 사약을 받았다.

4 정인홍(1535~1623): 조선 중기의 문신·학
   자. 자는 덕원(德遠)이고 호는 내암(萊庵)이
   다. 임진왜란 때에 합천에서 의병을 모아 활
   약하여 영남 의병장의 호를 받았다. 대북의
   영수로 광해군 즉위 후에 영의정에 올랐다.
   저서에 문집인 『내암집』이 있다.

이윤석 개그맨. 연세대학교 국문학과를 졸업하고, 중앙대학교 신문 방송학과에서 박사 학위를 취득했다. 경기대학교 엔터테인먼트 경영대학원 겸임 교수를 거쳐 현재 서울예술 전문학교 학부장을 맡고 있다. 1993년 MBC 개그 콘테스트에서 금상을 받으며 개그계에 입문한 뒤 그해 MBC 「웃으면 복이 와요」에서 개그맨 서경석과 콤비를 이룬 코너로 전 국민의 사랑을 받았다. 이후 MBC 간판 예능 프로그램인 「일요일 일요일 밤에」, KBS 「쾌적한 국 미수다」등에 출연하였다. 1995년 MBC방송 연예 대상 신인상, 2004년 MBC 방송 연예 대상 쇼 버라이어티 부문 우수상, 2005년 MBC 방송 연예 대상 코미디 시트콤 부문 최우수상을 수상했다.

최태성 EBS 한국사 강사 및 대광고등학교 교사. 국사편찬위원회 자문 위원 및 EBS 역사 자문 위원으로 활동했으며, KBS 라디오 황정민의 FM 대행진 '별별 히스토리' 코너를 진행했다. 저서로 「중·고등학교 한국사 교과서」, 「고등학교 한국사 역사부도」, 「한눈에 사로잡는 한국사」, 「교과서 밖으로 나온 한국사」 등이 있다.

김범 국사편찬위원회 편사 연구사. 고려대학교 한국사학과를 졸업하고 같은 대학원에서 박사학위를 취득했다. 조선시대 정치사와 사회사를 연구하고 있다. 저서로 「사화와 반정의 시대」, 「연산군: 그 인간과 시대의 내면」, 「민음 한국사: 15세기, 조선의 때 이른 절정」(공저)이 있고, 옮긴 책으로 「유교적 경세론과 조선의 제도들: 유형원과 조선후기」 1·2, 「조선왕조의 기원」, 「무신과 문신」 등이 있다.

계승범 서강대학교 사학과 교수. 서강대학교 사학과를 졸업하고 7년간 대원외국어고등학교에서 역사 교사로 근무했다. 1990년에 공부를 다시 시작해 서강대학교에서 석사 학위를, 워싱턴대학교에서 박사 학위를 받았다. 저서로 「중종의 시대: 조선의 유교화와 사림 운동」, 「정지된 시간: 조선의 대보단과 근대의 문턱」, 「우리가 아는 선비는 없다」, 「조선시대 해외 파병과 한중 관계」 등이 있다.

김병륜 한국국방안보포럼 선임연구위원. 경북대학교 법과대학 공법학과를 졸업하고 《국방일보》 취재기자, 국방부 국방홍보원 전문경력관, 군사편찬연구소 객원연구원을 역임했다. 주요 논문에 「조선 시대 화약 무기 운용술」, 「조선 수군의 진형과 함재 무기 운용」, 「조선 시대 고문서로 본 거북선의 내부 구조」 등이 있고, 저서로 「군사 전문인을 위한 인터넷」, 「그때 그날, 끝나지 않은 6·25 전쟁 이야기」 등이 있다.

김시덕 서울대 규장각한국학연구원 조교수. 고려대학교 일어일문학과를 졸업하고, 일본 국문학연구자료관에서 박사학위를 받았다. 조선·명·일본 간 국제 전쟁으로서의 임진왜란을 중심으로 16~20세기 동부 유라시아 지역의 전쟁사를 연구하고 있다. 고문헌을 비롯한 다양한 자료에 근거해서 전쟁이 초래한 동아시아 차원의 변화와 역사의 흐름을 추적해 왔다. 주요 논문에 「이국 정벌 전기의 세계 ─ 한반도·유구·오호츠크 해 연안」이 있고, 저서로는 「히데요시의 대외전쟁」(공저), 「그들이 본 임진왜란」, 「이국과 일본의 전쟁과 문학」(공저), 「교감 해설 징비록」, 「그림이 된 임진왜란」, 「동아시아, 해양과 대륙이 맞서다」 등이 있다.

김종성 동아시아 역사 연구자. 성균관대학교 사학과 박사 과정을 수료했다. 월간 《말》 동북아 전문기자 및 중국사회과학원 방문학자로 활동했으며, 현재 오마이뉴스에서 '김종성의 사극으로 역사 읽기'를 연재 중이다. 주요 논문에 「1899년 한청통상조약에 관한 고찰」 등이 있고, 저서로 「조선 노비들」, 「왕의 여자」 등이 있다.

박금수 사단법인 전통무예십팔기보존회 사무국장 및 서울대학교 체육교육과 강사. 서울대학교 전기공학부 및 같은 학교 대학원 체육교육과를 졸업했다. 「조선 후기 무예와 진법의 훈련에 관한 연구」로 박사 학위를 받았으며, 주요 논문에 「조선 후기 공식 무예의 명칭 '십팔기'에 관한 연구」 등이 있고, 저서로 『조선의 무(武)와 전쟁』이 있다.

방기철 선문대학교 역사문화콘텐츠학과 교수. 건국대학교 사학과를 졸업했다. 주요 논문에 「조선 초기 교린국 사신의 위차」, 「율곡 이이의 대일 인식」, 「1607년 조·일간 국교 재개 시 피로인의 역할」, 「임진왜란 후 조·일간 국교 재개 과정 연구」 등이 있고, 저서로 『조일 전쟁과 조선인의 일본 인식』, 『한국 역사 속의 전쟁』 등이 있다.

이건하 한서대학교 건축학과 교수. 국립서울과학기술대학교 건축학과 졸업 후, 일본 국립도호쿠대학교 대학원에서 건축학 석사 학위를, 일본 국립도쿄공업대학교 대학원에서 건축학 박사 학위를 받았다. 주요 논문에 「중국 광주성곽의 수로 시설에 관한 고찰」, 「조선 시대 임진왜란기에 축성된 왜성의 배치법에 관한 고찰」, 「고구려 석조 건축의 축조법에 관한 연구」 등이 있고, 저서로 『현대 건축 감상』, 『일본의 건축 문화』, 『독일 성곽 순례』, 『일본의 성곽』, 『조선 시대 왜성』 등이 있다.

이근호 명지대학교 인문과학연구소 연구교수. 국민대학교 국사학과 및 같은 학교 대학원 국사학과를 졸업했다. 주요 논문에 「영조 대 탕평파의 형성과 벌열화」, 「조현명의 현실 인식과 국정 운영론」, 「영조 대 무신란 이후 경상감사의 수습책」, 「영조 대 균역법 시행과 공·사 논의」 등이 있고, 저서로 『왜 조선에는 붕당정치가 이루어졌을까』, 『승정원일기, 소통의 정치를 논하다』(공저), 『한국 역사상 관료제 운영 시스템에 관한 연구』(공저) 등이 있다.

이민웅 이순신 전문 연구가. 해군사관학교 43기로 임관한 뒤, 서울대학교 국사학과를 졸업하고 같은 학교 대학원에서 박사 학위를 받았다. 주요 논문에 「명량해전의 경과와 주요 쟁점 재고찰」, 「조명 연합 함대의 형성과 노량해전」, 「이순신과 원균의 생애와 평가 비교」, 「충무공 이순신에 대한 몇 가지 인식 문제 고찰」 등이 있고, 저서로 『임진왜란 해전사』와 『이순신 평전』 등이 있다.

정진영 안동대학교 사학과 교수. 영남대학교 국사학과를 졸업하고 같은 학교 대학원에서 박사 학위를 받았다. 주요 논문에 「사족과 농민: 대립과 갈등, 그리고 상호 의존적 호혜 관계」, 「섬, 소통의 공간: 김령의 '간정일록'을 통해본 19세기 섬의 형상」, 「섬, 풍요의 공간: 19세기 중반 한 유배객의 임자도 생활」, 「19세기 후반 영남유림의 정치적 동향: 만인소를 중심으로」 등이 있고, 저서로는 『조선시대 향촌사회사』, 『혼인, 세상을 바꾸다: 조선시대 혼인의 사회사』 등이 있다.

최광희 영화평론가. 고려대학교 역사교육과를 졸업했다. YTN에서 6년간 기자 생활을 했으며, 이후 필름2.0의 취재팀장과 온라인 편집장을 거쳐 현재는 서울예술대학교에서 외래 교수로 활동하고 있다. 저서로 『무비스토커: 달짝지근함과는 거리가 먼 영화 같은 인생이여』가 있다.

역사저널

그날

4권

임진왜란

1판 1쇄 펴냄   2015년 10월 8일
1판 11쇄 펴냄   2022년 4월 8일
지은이   KBS 역사저널 그날 제작팀
발행인   박근섭, 박상준
펴낸곳   (주)민음사
출판등록   1966. 5. 19. (제16-490호)
주소   서울특별시 강남구 도산대로1길 62(신사동)
　　　　강남출판문화센터 5층 (우편번호 06027)
대표전화   02-515-2000 | 팩시밀리 02-515-2007
홈페이지   www.minumsa.com

ISBN 978-89-374-1704-7 (04910)

　　　　978-89-374-1700-9 (세트)